설득자

부, 성공, 행복이 따르는 설득 비법

설득자

정흥수(흥버튼) 지음

21세기북스

───── 프롤로그 ─────

세상을 내 편으로 만드는 설득

이 책을 집필하는 1년 동안 실험 하나를 했다. 강연하기로 한 곳마다 이 질문을 던졌다.

"강연을 촬영해 홍버튼 유튜브에 올릴 수 있을까요?"

목적은 하나였다. 설득이 얼마나 성공적인지 보여주고 싶었다. 물론 이 책에 실린 모든 이야기가 설득에 성공한 실제 사례다. 내가 16년간 사회생활을 하면서 성공했고, 나의 수강생 수백만 명이 성공한 설득 중에서도 어렵지만 이뤄낸 설득과 어디서든 통하는 설득, 아무도 알려주지 않은 설득의 비법을 공개했다. 그런데도 궁금했다. 설득은 대체 어디까지 통할까?

▪▪ 진정한 설득은 통하지 않는 곳이 없다

결과부터 말하자면 100퍼센트 성공적이었다. 내가 주로 교육하는 기업은 삼성과 LG, SK, 구글 같은 대기업이다. 보안에 엄격하다. 신기술로 세계 경제에 영향을 미치므로. 나는 강의하러 갈 때면 핸드폰 카메라에 스티커를 붙이고, 노트북 등 전자기기는 사전 승인을 받고, 출입구에서 보안검색대를 통과한다. 이렇게 까다로운 기업이 과연 외부인이 촬영하고, 전 세계인이 보는 유튜브에 영상을 올리는 걸 동의할까?

진정한 설득은 통하지 않는 곳이 없다. 그것은 바로 여기에 대한 답이다.

'이걸 하면 상대방에게 무엇이 좋은가.'

이 책은 처음부터 끝까지 '이걸 하면 상대방에게 무엇이 좋은가'에 대한 설득을 다룬다. 당신이 설득하고 싶은 게 있다면 그건 '당신'이 아니라 '상대방'에게 무엇이 좋은가?

나는 말했다. '내'가 아닌 '기업'이 영상을 찍으면 좋은 점을.

"이번 강연은 특강입니다. 특강은 한 번으로 끝나는데요. 영상이 있다면 직원들이 평생 들을 수 있습니다. 1회 비용으로 평생 교육 효과를 냅니다. 강연은 한 번만 들어도 유익하지만, 시간이 흐르면 희미해지는데요. 영상이 있다면 언제든 복습하고 업무에 적용할 수 있습니다. 이는 조직의 성과와 기업 문화에 긍정적인 영향으로 이어질 겁니다. 그리고 소통이 중요한 시대에 '설득과 대화'를 교육받는 모습은 대내외적으로 기업 이미지 제고에 도움 될 것입니다."

어떤 기업은 사장이 "아주 좋은 기회"라면서 출연을 원해 계열사 임원진이 총출동해 영상을 찍었다. 나는 실험이라서 동의만 얻고 실제로 영상을 찍을 생각은 없었는데, 기업이 적극적으로 나서서 영상을 찍은 적이 많았다. 그중에는 군대도 있었다. 군대야말로 보수적이고, 그만큼 설득이 어려운 곳이 아닌가. 그러나 진정한 설득은 어디서든 성공했다.

비즈니스에서 설득은 오히려 쉽다. 이득, 이점, 수익이 명확하기 때문이다. 어려운 설득은 눈에 보이지 않는 변화가 필요한 관계다. 가족, 친구, 연인, 직원의 태도와 성격, 대중의 인식과 가치관에 영향을 미치는 것은 어렵다. 이보다 더 어려운 것은 나 자신을 설득하는 것이다. 그리고 이 어려운 걸 해내는 것이 진정한 설득이다.

■■ 설득은 부를 창출하는 지름길이다

당신은 설득력이 있는가? 친구에게 무언가를 하자고 하면 선뜻 그러자고 하는가? 가족에게 무엇을 하라고 말하면 기꺼이 그 말을 따르는가? 처음 만나는 사람이 당신의 이야기에 적극적으로 동의하는가? 어떤 고객을 만나든 한 번의 만남으로 계약을 맺고, 오랫동안 신뢰 관계를 유지하는가? 당신이 꿈을 펼치면 그 꿈을 지지하는 사람들이 실질적인 도움을 주는가? 당신은 어떤 도전이든 성공할 거라고 자신하는가? 다시 묻겠다. 당신은 지금 행복한가?

설득을 깨우치면 이 모든 질문에 "그렇다"라고 즉각 답할 수 있다.

솔직히 말해, 나는 예전에 설득력이 없었다. 그냥 없는 정도가 아니라 마이너스였다. 친구한테 뭘 하자고 하면 별로 내키지 않은 표정이었고, 가족한테 어디를 가자고 하면 시큰둥한 반응이었다. 나는 가뜩이나 내성적이고 수줍음도 많은데, 어렵게 꺼낸 말에 상대방이 떨떠름하게 나오면 은근히 상처를 받았고, 그 뒤로는 뭘 하자는 말도 안 꺼냈다.

그래서 나는 부러웠다, 사람들이 따르는 사람이. 그런 사람을 사회에서는 '리더'라고 불렀다. 나는 20년 가까이 리더들을 눈여겨봤고, 교육을 하면서 바로 옆에서 관찰했다. 기업가부터 정치인, 연예인, 운동선수, 스타트업 대표, 전문직 종사자, 학생회장, 군 간부, 임원, 인기 있는 학생 등을 탐구했다. 왜 누구는 사람이 따르고, 왜 누구는 따르기만 하는가. 그 차이는 설득력에 있었다. 누구는 자기가 원하는 것만 말하고, 누구는 사람들이 원하는 것을 이루는 방법을 말하면서 함께 잘 사는 방법으로 설득한다. 후자의 사람들이 리더가 되고, '성공한 삶'을 산다.

부를 축적한 것은 사람들의 마음을 얻은 결과다. 이를테면 세계적으로 유명한 가수는 '행복'을 주는 노래로 대중을 설득한다. 배우는 연기로 '감동'을 주고 설득한다. 사업가는 '편의'를 제공하는 기술로 고객을 설득한다. 작가는 '위안'과 '꿈'을 심어주는 글로 독자를 설득한다. 최고급 셰프는 '오감'을 자극하는 요리로 설득한다. 정치인은 '희망'을 주면서 유권자를 설득한다. 당신이 이루고자 하는 것이 무엇이든 사람들을 설득해야 이뤄진다. 설득은 부를 창출하는 수단이자 동시에 가장 안전한 수단이다.

▎▎ 설득은 다정한 언어다

그런데 설득에 반감을 갖는 사람도 있다. 자신의 이득을 위해 타인을 조종하는 것 같단 생각이 들고, 입발림 소리를 하면서 상대방을 구슬리는 게 탐탁지 않다. 이득이나 수익 같은 물질적인 이야기를 하는 게 속물

같기도 하다. 그러나 나는 설득을 '다정한 언어'라고 여긴다. 왜냐하면 설득은 '상대방이 원하는 것을 얻는 방법'을 말하면서 '함께 행복해지는 삶'을 제시하기 때문이다. 이것은 상대방의 입장에 서서 세상을 바라볼 때 가능하다.

아마 설득에 대해 부정적인 생각이 있다면 그동안 자신의 이득만을 말하는 사람을 만났기 때문일 것이다. 이들처럼 만약 나 역시 '나의 이득'만 말했다면 어땠을까? "강연 영상을 유튜브에 올리면 다른 기업에서도 보고, 제게 강연 요청 문의가 늘어날 것입니다. 또한 출간 제안, 방송 출연까지도 가능하고, 이것은 제가 이루고자 하는 목표이기도 합니다. 사업을 안정화하는 데 도움을 주시기 바랍니다."

결과는 정반대였을 것이다. 그런데 우리 주변에는 자신의 이득만 말하면서 이것이 설득이라고 착각하는 사람들이 실로 많다.

이 책에서 말하는 설득은 완전히 다르다. 단순히 물질적인 부를 창출하는 것만 목적으로 하지 않는다. 더 높은 수준의 가치를 지향한다. 이 책에 나온 설득법으로 당신이 원하는 모든 것을 이룰 수 있다. 그것이 행복이든, 사랑하는 사람의 마음을 얻는 일이든, 일에서 성공하는 것이든, 꿈을 이루는 것이든 사람마다 지향하는 것은 다르겠지만, 다 이뤄질 것이다.

그러므로 나는 당신이 옳은 방향으로 나아가기를 바란다. 무엇이든 '방향'이 중요하다. 무엇을 이룰 것인가, 무엇을 향해 갈 것인가, 무엇을 위해 살 것인가에 대한 답이 있어야 의미 있는 설득에 성공할 수 있다. 그 답은 각자의 가슴속에 있다. 스스로 찾아야 한다. 나는 '다정한 세상'을 이루기 위해 교육을 하고, 이 책을 쓴다. 따라서 다정한 설득으로 우리가 행복해지는 방법에 중점을 뒀다. 그것이 내가 추구하는 방향이다.

■■ 설득자, 소원을 스스로 이룬다

나는 설득을 깨닫고 인생이 바뀌었다. 그래서 최대한 말을 아낀다. 말하는 대로 다 이뤄지기 때문이다. 소원을 이뤄주는 램프의 요정 지니를 품고 있는 것 같달까. 지니와 다른 점이 있다면, 원하는 게 있으면 지니가 아니라 스스로 이룬다는 점이다. 그것도 빠르고, 기분 좋게. 이 점이 중요하다. 행복해야 한다. 우리가 사는 건 행복하기 위해서 아닌가? 당신이 이 책을 펼친 이유는 궁극적으로 행복하기 위해서일 것이다.

이 책은 당신에게 행복을 줄 것이다. 실적을 끌어올리고, VIP 고객을 충성 고객으로 만들고, 무례로부터 나를 보호하고, 반박하는 사람을 내 편으로 만들고, 껄끄러운 관계를 청산하고, 협상의 달인이 되고, 처음 보는 사람과 든든한 파트너가 되고, 답답한 직원을 출중한 직원으로 변모시키고, 일에서 탁월해지고, 자신의 가치를 높이고, 사랑하는 사람과 더 행복하게 지내고, 낯선 사람과도 잘 지내고, 내 인생을 주도하는 리더가 되고, 가장 어려운 나 자신을 설득할 것이다.

『설득자』를 처음 읽을 때는 차례대로 읽자. 그다음에는 목차를 보면서 필요한 부분을 보고 일상에 적용하자. 나라면 이 책을 적어도 10번 넘게 정독할 것이다. 나는 인생을 바꾸는 책을, 아무도 알려주지 않은 삶의 지혜를 공개한 책을, 그 세계에 깊이 몸담은 사람이 밝혀내는 놀라운 진실이 담긴 책을 반복적으로 읽는다. 그렇게 내 삶을 변화시킨다. 이 책도 당신의 삶을 끝없이 격상하고, 행복하고, 안전하게 만들 것이다.

이 책을 쓰면서 설득의 비법이 더욱 정교화됐고, 나를 포함해 수많은 수강생에게 적용한 결과 설득이 통하는 속도가 계속 단축됐다. 여기저기에서 지니가 소원을 들어주고, 세상을 변화시키는 모습을 목격했다. 그럴 때마다 처음처럼 매번 놀란다. 설득하는 사람은 일상이 급변하고, 예측이 불가한 시대에도 오롯이 자신의 길을 걸어갈 수 있다. 이제 당신이 설득자가 될 차례다. 꿈을 이루기 위한 전진을 시작하자.

2025년 늦가을
정흥수

차례

프롤로그 | 세상을 내 편으로 만드는 설득　　　　　　　　　　　005

1장 » 부를 창출하는 설득 비법

- **아름답게 세일즈한다**　　　　　　　　　　　　　　　019
- 한 사람을 만족시킨다　　　　　　　　　　　　　　　026
- **결정적 계기를 묻자**　　　　　　　　　　　　　　　033
- VIP 고객을 사로잡는 비결　　　　　　　　　　　　　040
- **고객의 동선을 따라간다**　　　　　　　　　　　　　047
- 고객을 유혹하는 글쓰기　　　　　　　　　　　　　　053
- **매진을 목표로 홍보한다**　　　　　　　　　　　　　059

2장 » 사람이 따르는 리더의 언어

- 직원을 변화시키는 피드백　　　　　　　　　071
- 좋은 관계를 맺는 대화법　　　　　　　　　078
- 타운홀 미팅 잘하는 법　　　　　　　　　　085
- 탁월하게 보고하기　　　　　　　　　　　　095
- 언론을 홍보 수단으로 활용한다　　　　　　102
- 일타강사의 교육법　　　　　　　　　　　　111
- 리더의 식탁은 경청의 자리다　　　　　　　118

3장 » 성공하는 설득의 7가지 원칙

- 상대방이 얻을 것을 말한다　　　　　　　　129
- 상대방의 관점으로 설득한다　　　　　　　　135
- 불편을 없애면 매혹된다　　　　　　　　　　142
- 설명하는 대신 이야기한다　　　　　　　　　149
- 머리가 아닌 마음을 공략한다　　　　　　　　155
- 긍정의 언어로 무장한다　　　　　　　　　　161
- 그 자리에서 결정하도록 한다　　　　　　　　168

4장 » 부정적인 상황을 반전시키는 설득의 힘

- 반문을 대비하기 179
- 반대는 진짜 반대가 아니다 185
- 반대편을 설득하는 최후의 전략 191
- 불리한 전세를 뒤집어 승리하는 법 196
- 손해를 보지 않고 협상하기 203
- 불평하고 싶다면 요구한다 210
- 수세에 몰린 상황을 역전의 기회로 217

5장 » 설득력을 높이는 기본기

- 분노를 현명하게 다루기 227
- 무례는 넉살로 받아치기 234
- 논리력이 돋보이는 7가지 방법 241
- 똑 부러지게 말하자 248
- 타인의 호의를 끌어내는 진솔함 256
- 누구에게나 호감을 얻는 법 262
- 다정한 언어로 해석하는 능력 267

6장 » 나를 설득하면 세상을 얻는다

- 다정하기 위한 각고의 노력 277
- 나를 이해하는 확실한 방법 283
- 쓰면서 발견하는 내 목소리 290
- 하루를 48시간으로 사는 법 297
- 이상을 실현하는 루틴의 힘 305
- 오리지널, 본질에 충실하기 311
- 지금 내 앞에 있는 가족을 사랑해 318

에필로그 | 나의 가치를 높이는 설득　　329

1장.

부를 창출하는 설득 비법

> **아름답게 세일즈한다**

부동산 투자 전문가가 찾아왔다. 그는 유튜브 라이브로 수업 상품을 판매하는 것이 고민이라고 했다.

전문가 이걸 해야 할지 고민이에요. 이렇게까지 팔지 않아도 먹고살 수 있는데, 왜 해야 하는지 모르겠어요.
나 상품을 만든 것 자체가 팔기 위해서인데, 왜 파는 게 불편해요?

■■ 말의 격을 높이면 고객의 격이 높아진다

그는 15년 넘게 강의를 한 베테랑 강사였고, 베스트셀러도 쓴 작가였다. 자신의 분야에서 탄탄한 입지를 다졌고, 자수성가로 부를 축적하고 수강생들의 삶도 윤택하게 만들었다. 오랫동안 따르는 수강생도 많았다.

그에게 유튜브 라이브로 상품을 판매하는 건 새로운 시도였다. 한두 차례 해봤는데, 이 수강생들이 문제였다. 기존 수강생들과 달랐다. 괜한 말을 만들어 불만을 제기하거나 분위기를 흐렸고, 투자에 실패했다며 홧김에 환불을 요구하기도 했다.

나는 지난 유튜브 라이브에서 어떻게 말했는지 물었다.

"돈이 없어도 부동산 투자를 시작할 수 있어요." "돈 버는 방법은 따로 있어요." "1억 버는 방법 알려드릴게요." "지금 집 안 사면 큰일 나요." "다 하는데, 왜 안 하세요?" "0원으로 시작할 수 있어요." "뺑뷰, 이런 게 돈 되는 집이에요." "당장 안 하면 후회할 거예요." "6개월 안에 3,000만 원 벌 수 있습니다."

해결의 실마리를 찾았다. 문제는 바로 이런 말이었다. 세일즈를 할 때는 과장해서 말할 때가 있다. 자극적인 말로 시선을 끌고, 위협적인 말로 조급하게 만들고, 지금 사지 않으면 사라지는 혜택을 강조해 결제하게 만들고, 당신만 모르고 있다고 말하면서 그 세계로 끌어들인다. 인스타그램이나 유튜브 광고에서 쉽게 접할 수 있는 문구다. 자꾸 '돈'을 말하면 '돈'을 좇는 사람이 모인다. 마치 도박처럼 충동적인 성향을 가진 사람을 자극하고, 단기간에 요행을 꿈꾸는 사람을 불러 모은다.

부동산 전문가는 내 의견에 동의하면서 말했다.

"유튜브로 수업을 판매하면서 마케팅 수업과 세일즈 수업을 들었어요. 거기서 배운 거예요. 저도 입에 안 붙고 가치관에 충돌도 생기고 힘들었는데, 팔려면 그래야 하는 줄 알았어요."

자극적인 말로 팔지 않아도 된다. 부동산 투자는 가정의 경제를 탄탄하게 하고, 꿈을 심어준다. 아름답게 세일즈하자. 본질이 아름다우면 아름답게 팔 수 있다. 꿈을 좇는 사람을 불러 모으자.

▮▮ 아름답게 세일즈하기

제일 먼저 '돈'이라는 단어를 쓰지 않기로 했다. 단어를 쓸 때는 사회적 의미를 고려한다. 어감, 말 그대로 '말이 주는 느낌'을 생각한다. 일상적으로 우리는 "돈 없어", "돈 좀 빌려줘"라고 하지만, 비즈니스 미팅에서는 "돈이 얼마나 듭니까?" 대신 "예산이 얼마나 듭니까?"라고 말한다. 돈은 상품의 가치를 떨어뜨리는 말로도 쓰이기 때문이다.

나는 홈쇼핑 방송에서 "단돈 19,900원밖에 안 해요"라고 말했다가 선배 쇼호스트에게 훈계를 들은 적이 있다. 내가 '단돈'이라고 강조한 순간 고객은 19,900원이라서 사는 사람이 된다. 저렴해도 물건이 좋아야 사고, 비싸도 물건이 좋아야 산다. 그날의 깨우침은 나의 관점을 바꿔놓았다. "가격이 너무 싸요"는 싼값을 강조한 말이다. 본질은 품질이 좋은 상품이 가격까지 좋다는 것이다. 우리는 좋은 상품을 사고 싶다. 거기에 가격까지 좋으면 금상첨화다. 의미를 정확히 말하자.

"이렇게나 품질이 좋은데, 가격이 19,900원이에요."

의미는 통하고, 표현은 아름다워지고, 고객까지 높여준다. '싸다'라는 말도 가치를 떨어뜨린다. '저렴하다', '합리적인 가격이다'라고 표현하자. 더 진심을 담아 사실을 말하는 것도 좋다. "오늘 최초로 드리는 가격 조건입니다", "크게 마음먹고 제조사와 합의한 금액입니다"는 어떨까.

나는 부동산 전문가에게 "돈 없어도 시작할 수 있어요" 대신 "자본 없이도 시작할 수 있어요"라고 바꾸자고 했다. 투자에 어울리는 단어는 자본이다. 단어를 고를 때는 그 자리에 쓰면 제일 잘 어울리는 단어를 우선 채택한다. 다른 문장도 바꿔보자.

▌ 모두를 포용하는 말을 하기

"돈 버는 방법은 따로 있어요."
이 말은 당신만 아무것도 모르고 있다면서 '무지를 깨우치는 효과'와 '위기의식'을 주지만, 다정하지 못하다. 표현을 고심할 때는 '이 말이 누군가에게 상처가 되지 않을까, 누군가를 소외시키지 않을까'를 기준으로 판단한다. 모두를 포용하는 말은 고객을 늘린다. 좋은 상품이라면 모든 사람에게 판매해야 한다. 그래야 세상이 좋아진다고 나는 믿는다.

"원하는 인생을 사는 방법을 알려드릴게요."
진짜 하고 싶은 말은 이것이다. 돈은 원하는 인생을 살기 위한 수단이다. 우리는 돈 걱정을 하지 않고, 자녀가 먹고 싶은 거 먹고, 하고 싶은 거 하고, 하나라도 더 해주고 싶다. 그들이 자라면서 꿈을 꾸고, 안전한 환경에서 공부하고, 웃으면서 살기를 바란다. 자식에게 든든한 울타리가 되고 싶고, 사랑하는 사람을 지키고 싶다. 가족이 있어 없던 용기도 나고 책임감도 생긴다. 그 마음으로 우리는 성실하게 각자의 하루를 보낸다. 그 마음을 담아 진심을 전하자.

"1억 버는 방법 알려드릴게요."
부동산 투자로 1억 원만 버는가? 작은 빌라를 구입해 첫 집을 장만

했다고 하자. 나도 무언가를 할 수 있다는 자신감을 얻는다. 월세와 전세로 때마다 이사했지만, 이제는 내 집에서 살 수 있다. 더는 집을 걱정하지 않고, 일에 전념할 수 있다. 가족과 안락한 집을 터전 삼아 살 수 있다.

"내 집이 생기면 진짜 좋은 점이 뭔지 아세요? 안정감, 자신감, 희망이 생겨요."

더 좋은 가치를 이야기하자.

■❚ 마음에서 우러나는 이야기를 하기

진정한 세일즈는 '자기 이야기'로 판매하는 것이다. 홈쇼핑에서 쇼호스트는 자기 이야기로 상품을 판매한다. '마이 스토리'라고 일컬으며 교육도 받는다. 예를 들어, 커튼을 팔 때는 집에 설치해서 일주일 정도 써본다. 방송에서는 암막 커튼을 치고 자면 잠이 얼마나 잘 오는지, 해가 쨍쨍한 한낮에는 얇은 커튼 하나만 쳐도 분위기가 얼마나 근사해지는지 소개한다. '내가 써본 경험'과 '느낌', '좋은 점'을 말하면서 판매한다.

"(자기 이야기) 주말에 푹 잤어요. 제가 역 근처에 살아서 밤에도 불빛이 새어 들어오는데요. 암막 커튼을 치고 자니까 아침이 상쾌해요. (상품 장점) 암막 커튼은 빛 차단율이 99.9%로 높아요. 천을 세 겹으로 덧대 원단을 마감했어요."

이처럼 상품의 장점이 일상에서 어떤 '가치'로 발휘되는지 자신의 경험을 이야기하면 효과적이다. 고객은 경험담을 들으면서 공감하고 집에 커튼을 치면 어떨지 상상한다. 이 방법을 세일즈에 녹여보자.

부동산 전문가는 자기 이야기를 하는 걸 망설였다. '구질구질한 이야기'라면서 꺼렸다. 나는 실제 경험담이야말로 마음에 울림을 준다고 설득했다. 투자에 성공해 가장 좋았던 점이 무엇인지 물었다.

"아이들에게 소꿉친구를 만들어준 거예요. 저는 어릴 때 이사를 40번 넘게 다녔어요. 친구를 사귈 수가 없었죠. 하지만 우리 애들은 동네 어디를 가도 아저씨, 아줌마가 다 친구 엄마, 친구 아빠예요. 그게 부러우면서 만족스러워요."

그는 이 이야기를 포함해 유튜브 라이브 방송에서 더 많은 자기 이야기를 꺼냈다. 부동산 투자로 얻은 행복과 풍요로운 마음, 가족에게 든든한 언덕이 되어준 성공, 주변 사람들의 안정과 변화를 이야기했다. 그리고 가장 높은 매출을 기록했다. 아름다운 세일즈로 아름다운 매출을 이루었다. 내가 가장 뿌듯했던 것은 그의 즐거워하는 모습이었다. 그는 진심 어린 이야기가 많은 이에게 힘이 되는 걸 알았고, 세일즈의 방향성이 보인다고 했다. 유튜브를 그만둘까 고민했던 모습은 사라지고, 곧장 새로운 방송을 준비했다.

> **핵심**
>
> ## 아름답게 세일즈한다
>
> (본질) 상품의 본질에 접근해 세일즈 방향을 정한다.
> (포용) 누구에게도 상처를 주지 않는 말로 모두를 포용한다.
> (고객) 돈이 아니라 꿈을 좇는 사람을 고객으로 만든다.
> (진심) 마음속에서 우러나는 자기 이야기를 하자.

> **실천**
>
> ## 아름다운 세일즈 방향 잡기
>
> (본질) 상품의 본질은 무엇인가? 고객이 얼마나 행복해질 수 있는가?
> (모두) 내가 자주 쓰는 말 중에 모든 고객을 포용하기 위해 바꿀 말이 있는가?
> (향상) 당신이 만나고 싶은 더 나은 고객은 어떤 사람인가?
> (진심) 그들에게 진심으로 전하고 싶은 이야기는 무엇인가?

한 사람을 만족시킨다

자동차 판매점에 갔더니 딜러가 몇 가지를 물어보았다.

딜러 미리 보신 차가 있나요? 예산은 얼마쯤 생각하세요? 지금은 어떤 차를 타세요?

나 SUV로 바꿀까 싶어서 한번 보러 왔어요.

딜러는 내가 얼마짜리 차를 살 사람인지 가늠하는 듯했다. 어느 브랜드를 가나 비슷했다. 나는 마음에 드는 차가 없어 2년 가까이 물색했다. 새 차를 처음 운전한 날, 놀라서 소리 내어 말했다.

"왜 이걸 아무도 얘기해 주지 않은 거야?"

▮▮ 고객 한 사람에게 딱 맞는 것

내가 놀란 이유는, 막히는 올림픽대로에서 운전하는 게 즐거웠기 때문이었다. 운전한 지 20년 만에 처음이었다. 예전에는 올림픽대로를 탈 일이 있으면 항상 다리를 건너 강변북로로 돌아갔다. 강변북로는 한강 위에 있어 막혀도 한강이 보여 참을 만했지만, 올림픽대로는 막히면 한강이 잘 보이지 않아 답답했다. 그런데 SUV를 타니까 시야가 높아져 올림픽대로에서도 한강이 시원하게 잘 보였다. 오히려 드라이브하는 기분까지 났다.

막히는 도로 위에서 SUV의 장점이 발휘됐다. 그런데 왜 아무도 이 이야기를 하지 않았을까. 정체된 도로에서도 운전하는 게 즐거울 줄 알았더라면 나는 차를 더 일찍 바꿨을 것이다. 딜러들은 제조사가 신차를 내놓으면서 강조한 점을 그대로 전달하는 데 그쳤다. 바뀐 디자인, 승차감과 하차감을 설명했다.

어떤 딜러는 신차 구매 혜택이라면서 내장된 음악을 1년 동안 무료로 들을 수 있다고 강조했다. 그 브랜드의 다른 매장, 다른 딜러도 똑같이 설명했다. 그건 내게 혜택이 아니었다. 나는 애플 뮤직을 구독 중이고, 나만의 플레이리스트가 있어 다른 음악이 무료여도 들을 이유가 없다. 딜러들이 말한 정보는 검색만 해도 쉽게 얻을 수 있고, AI가 더 잘 알려준다. 이 시대에 사람이 사람을 설득하기 위해서는 '고객 한 사람이 원하는 것을 해결해 주는 능력'이 필요하다. 모든 고객에게 할 수 있는 말이 아니라, 고객 한 사람에게 꼭 맞는 이야기로 설득해야 통한다.

■■ 고객이 원하는 가치는 무엇인가

고객이 원하는 '가치'는 무엇인가. 가치는 눈에 보이지 않는 이점, 이득, 혜택을 뜻한다. 이는 예산이나 차종을 묻는 것과는 다르다. 예를 들어, 영어를 공부하는 것은 영어 그 자체를 위해서라기보다 다른 무언가의 가치를 얻기 위해서다. 영어를 잘해서 원하는 직장에 취업하고 싶은 소망, 다른 세계를 체험하고 삶을 확장하고 싶은 희망, 세계로 진출해 사업을 넓히고 싶은 욕망을 이루고자 한다. 이것이 영어가 주는 가치다.

자동차도 마찬가지다. 자동차를 소유하려고 사는 사람은 드물다. 자동차를 타고 무언가를 얻기 위해 구매한다. 보통 자동차는 이동 수단으로서의 가치를 지닌다. 이를테면 일터에 갈 때 이동 시간을 단축하고, 만원 지하철을 타지 않아 에너지를 절약하고, 노트북과 서류, 도시락까지 싣고 다녀 편리하고, 운신의 폭이 넓어져 퇴근 후에는 트렁크에 넣어둔 운동화로 갈아 신고, 강변이나 공원을 달려 건강한 습관을 만들 수 있다. 이런 것들이 자동차가 주는 가치다.

자동차에 내장된 기능도 여러 가지 장점이 있지만, 하나의 장점은 여러 가지 가치로 파생된다. 예를 들어, 차체가 높은 것은 SUV의 장점이다. 이 장점이 주는 가치는 시야가 탁 트여 막히는 도로에서도 답답하지 않다, 운전의 피로도가 줄어든다, 운전의 즐거움 덕분에 장거리 운전도 두렵지 않다, 예전보다 출장도 가뿐하게 떠날 수 있어 커리어에 도움이 된다, 여행에 대한 기대도 생겨 더 많은 경험을 누릴 수 있다 등이 있다.

이 가치를 모든 고객에게 말할 필요는 없다. 주목할 점은 고객 한 사람이 자신의 삶에서 무엇을 추구하는지, 그 삶에 이 상품이나 서비스가 어떤 가치를 줄 수 있는지 말하는 것이다. 이것이 설득이다. 가치로 설득하면 고객이 생각해 둔 예산보다 훨씬 높은 금액의 상품도 판매할 수 있다. 고객이 원하는 것을 알 수 있는 유일한 방법은 대화다. 특히 직접 매장까지 찾아온 고객은 뚜렷한 목적을 가지고 방문한다. 그런 고객을 놓치지 말자. 대화를 나누면 설득의 방향이 보인다.

▮▮ 고객이 원하는 가치로 설득하기

고객이 SUV를 보러 왔다고 하면 예산에 맞는 차를 무조건 보여주기 전에 더 질문하자. 내가 딜러였다면 이렇게 말할 것이다.

딜러   왜 SUV로 바꾸려고 하세요? (의외로 "왜?"라는 질문을 하지 않는다. 구매에는 뚜렷한 목적이 있다. 예산이 높을수록 그 목적은 더욱 뚜렷하다.)

고객   승용차를 15년 정도 타서 SUV로 바꿔볼까 해서요. (고객은 자신이 진짜 원하는 게 무엇인지 잘 모를 때가 많다. 처음부터 확실히 말하는 사람도 흔치 않다.)

이때 "혼자 타세요, 가족과 타세요?"라고 묻는 경우가 많은데, 정보 위주의 질문이다. 우리가 알고자 하는 건 '고객이 원하는 가치'다. 가치를 향한 질문이어야 고객도 가치를 말한다.

딜러   이전에 타던 차는 어떤 게 불편하셨어요? (원하는 것은 원하지 않는 것에서 비롯한다. 대부분 '불편, 불만, 불평'에서 기인한다.)

| 고객 | 승용차라 낮아서 짐을 싣고 다니는 게 불편해요. 출장이 많은데 몸을 숙여서 짐을 꺼내는 것도 힘들고, 트렁크 공간도 작고요.

계속 질문하자. 자동차가 줄 수 있는 가치도 여러 가지가 있듯, 고객이 없애고 싶은 불만도, 고객이 원하는 가치도 여러 가지다.

| 딜러 | 운전을 자주 하시나요? 주로 어느 도로를 이용하세요? (고객이 주행하지 않는 상황에서 짐을 싣고 내리는 게 불편하다고 말했다면 주행 중에는 무엇을 원하는지 알아내자.)
| 고객 | 거의 서울에서 운전하는데요. 여기저기 다녀요. 강변북로나 올림픽대로도 가고, 서울 시내 운전도 자주 해요.
| 딜러 | 주로 몇 시에 움직이세요?
| 고객 | 출퇴근 시간대에도 운전하고, 오후나 저녁에도 다니고요. 주로 막히는 길을 다녀요.

고객이 '막히는 도로에서 운전하는 불편함'을 토로했다. 그렇다면 차체가 높다는 SUV의 장점을 단순히 승하차가 편하다는 점을 넘어, '운전의 즐거움'이라는 가치로 설득한다.

"SUV가 좋으실 겁니다. 막히는 길을 가지 않을 수는 없지만, 막히는 길에서 답답하지 않을 수 있어요. SUV는 차체가 높아서 개방감이 좋아요. 버스를 타면 시야가 높아 바깥 풍경이 잘 보이잖아요. 승용차를 타면 차체가 낮아서 막히면 앞뒤가 잘 안 보여 답답하지만, SUV를 타면 답답함이 줄어요. 때로는 막힐 때 쉬는 기분까지 느낄 수 있어요."

'짐을 싣고 내리기 편하다'라는 장점도 가치로 설득한다.

"트렁크에 짐을 싣는 게 번거로우면 여행이나 출장 갈 때 불편하잖아요. 짐이 많으면 더 불편하죠. (트렁크 공간을 보여주면서) SUV는 트렁크가 자랑입니다. 문만 열면 허리를 굽히지 않아도 짐을 싣고 꺼내는 게 편해요. 공간에 대한 부담이 사라져서 출장도, 여행도 자주 갈 수 있죠. 실제로 SUV로 바꾸고 캠핑이 취미가 됐다는 고객도 많습니다."

내가 차를 산 딜러는 나에게 맞추기 위해 노력했다. 자동차의 기능을 설명하기 전에 어떤 기능을 주로 쓰는지 물었고, 왜 차를 바꾸는지 궁금해했다. 시승할 때는 익숙한 길로 운전할 수 있도록 융통성을 발휘했다. 나는 시승까지 포함해 두 시간 가까이 그와 대화했다. 딜러와 대화하면서 오랜 고민을 끝내고 차를 바꾸고 싶은 마음이 강하다는 걸 알아차렸다. 그리고 구매를 결정했다. 고객의 문제를 해결하고, 고객이 원하는 가치를 함께 찾자. 고객 한 사람을 탐구하자.

> **핵심** ## 고객 한 사람에게 맞추기

- (고객) 고객 한 사람에게 초점을 맞춘다.
- (가치) 고객이 원하는 삶이 무엇인지 궁금해하자.
- (불편) 원하는 것은 원하지 않는 것에서 비롯한다.
- (해결) 고객의 불편함을 해결하자.

> **실천** ## 고객은 무엇을 불편해할까?

- (목적) "왜 이걸 사고 싶으세요?"
- (불편) "그동안 어떤 점이 불편하셨어요?"
- (가치) "앞으로 어떤 기능이 있으면 좋으시겠어요?"
- (해결) "이 상품이 그 문제를 해결할 수 있어요."

결정적 계기를 묻자

피아노를 배우려고 학원에 전화했다.

나   피아노 학원에 다니고 싶은데요. 수업은 몇 분 정도 하나요?

원장   20분 정도요. 회원분들은 보통 주 3회 오세요. 레슨이 없는 날에는 혼자 연습할 수 있어요.

나   주말에도 하시나요?

원장   주말에도 하지만, 레슨은 평일에 하면 더 좋아요. 아이들도 다녀서 연습은 오후 5시 이후나 저녁에 하실 수 있어요. 원하시는 곡이 있으면 그걸로 해도 좋고, 학원에 있는 악보도 좋고요.

나   저는 쇼팽 곡을 치고 싶은데 가능할까요?

원장   그럼요, 집이 가까우세요? 한번 학원 나오셔서 상담해 보세요.

나는 아직도 피아노 학원에 가지 않았다. 상담하러 나오라는 말에 다니고 싶은 마음이 사라졌다. 내가 학원에 간다면 수업을 받으러 가는 거지, 상담하러 가는 게 아니다. 내가 알고 싶은 건 학원 정보가 아니었다. 나는 쇼팽의 〈즉흥 환상곡〉을 잘 치기까지 얼마나 시간이 걸리는지, 쇼팽을 치기 위한 레슨 과정은 어떤지 궁금했다. 왜 원장은 아무것도 묻지 않았을까? 직접 만나서 상담하면 뭔가 다른 이야기를 할까? 단 한 번의 연결로 고객을 사로잡을 수 있다.

▮▮ 행동에는 결정적 계기가 있다

내가 원장이었다면 이런 질문을 했을 것이다.
 "왜 피아노를 치고 싶으세요?"
 "지금 피아노를 다시 배우고 싶은 계기가 있나요?"
 "혹시 연주를 앞두고 있나요?"
 "쇼팽을 좋아하는 특별한 이유가 있으세요?"
 "〈즉흥 환상곡〉을 고른 이유는 무엇인가요?"
 "피아노를 꾸준히 치셨나요?"
 "바로 쇼팽을 치고 싶으세요?"
 "시간적 여유가 있으면 기본기를 다지면서 할 수도 있는데, 속성으로 배우고 싶으세요, 아니면 장기적으로 배우기 원하세요?"
 나는 원장이 내게 관심이 없다고 느꼈다. 질문하지 않으면 상대방은 관심이 없다고 여긴다. 좋은 대화는 상대방을 알아가는 대화다. 상대방이 무엇을 원하는지, 어떤 삶을 사는지, 그 속에서 내가 제시할 수 있는 해법은 무엇인지 대화로 찾아가는 것이다. 내가 피아노 학원에 전화를 걸었다는 건 배울 의지가 확고하다는 뜻이다. 전화를 잘 하지 않는 시대에 전화까지 걸었다면 동기가 확실하다. 행동에는 '결정적 계기'가 존재한다. 그러나 이는 묻지 않으면 알 수 없다.

　사람은 저마다 고유한 삶의 목적과 고유한 행동의 이유가 있다. 내가 피아노를 배우려는 건 스트레스를 해소하기 위해서였다. 피아노 건반을 누를 때 감각을 좋아하고, 심란할 때 피아노를 치면 차분해지고, 피아노 소리도 좋아해 자주 피아노 연주를 듣는다. 쇼팽의 〈즉흥 환상곡〉은 굉장히 빠른 곡으로, 듣자마자 압도됐다. 좋아하는 쇼팽의 곡을 내 손으로 치고 싶었다. 감정의 등락을 겪을 때 피아노로 다스리고 싶었다. 하지만 이런 이야기는 묻지 않으면 추측할 수 없고, 고객도 놓친다. 나는 그 마음으로 학원을 등록하려고 전화했지만, 원장은 자기가 하고 싶은 말만 하고 나에게 무엇도 묻지 않았으므로 배우고 싶은 마음이 사라진 것이었다.

■■ "어떤 게 궁금하세요?"

나는 20대 초반에 아나운서를 꿈꿨고, 여러 학원에서 상담을 받았다. 그중 내 마음을 끌어당긴 유일한 원장님이 있었다.
　"어떤 게 궁금하세요?"
　그전까지는 어느 학원에서도 나에게 질문하지 않았다. 내가 프로필을 작성하고 대기실에 앉아 있으면 상담 선생님이 본원 출신 지상파 아나와서 합격률을 자랑하고, 수업 방식을 설명했다. 나는 30분 동안 설명을 들었고, 상담 횟수가 늘어가는 만큼 학원 광고지가 쌓여갔다. 그런데 이 원장님은 달랐다.

나는 처음으로 내 이야기를 했다.

"저는 대학교를 졸업한 뒤에 아나운서를 준비 중인데, 한참 뒤처진 것 같아 걱정이에요. 다른 지망생들은 어릴 때부터 학교 방송부에서 실력을 쌓기도 하는데, 제가 지금부터 준비해도 될지 불안해요."

"그럼요, 되지요. 홍수 씨 나이보다 더 늦게 준비해서 KBS에 합격한 아나운서도 있어요."

이어지는 원장님의 이야기를 들으면서 마음이 점점 가벼워졌다. 꿈을 꾸는 데 늦은 나이는 없다고 마음속으로 의지를 다졌다.

내가 진짜 알고 싶었던 건 아나운서가 되는 법이 아니었다. 늦은 나이에도 아나운서가 될 수 있다는 '확신'이었다. 그것이 내가 학원을 방문해 상담을 받은 이유였다. 확신이 생기니 원장님을 믿고 의지하고 싶었다. 학원을 열심히 다녔고, 아나운서가 됐고, 앵커로 일하면서도 수업을 지속해 방송 실력을 다졌다. 경력이 쌓인 뒤에는 방송국에 인재가 필요하면 원장님 제자 중에 추천을 받기도 했다. 질문 하나를 계기로 수년간 원장님과 돈독한 신뢰 관계를 유지했다.

■■ 질문에 질문을 더하기

나는 강의를 앞두고 기업 임직원과 미팅을 자주 가진다. 미팅은 마치 인터뷰와 같다.

"훙버튼은 어떤 회사인가요? 그동안 교육한 기업에서 많은 변화가 있었을 것 같은데, 어떤 점이 달라졌나요? 우리 회사에서 임원 교육을 하면 어떤 식으로 진행할지도 궁금합니다."

보통 회사에 일을 맡기기 전에 그 회사의 능력을 판단하기 위해 여러 가지 질문을 한다. 그리고 대부분 질문을 받으면 힘껏 대답하려고 한다. 회사가 잘하는 점을 증명해야 할 것 같아서 연혁과 성과, 대표와 직원의 프로필을 상세히 설명하고, 회사 소개서도 공유하고, 발표도 한다. 하지만 나는 회사 소개서를 보여준 적이 없다. 만들지도 않았다. 그들이 진짜 궁금한 건 '나'나 '우리 회사'가 아니다. 그들이 '원하는 것을 이뤄줄 수 있느냐'다. 나는 수업을 원하는 결정적 계기를 알아내기 위해 질문한다.

"주로 리더들을 대상으로 교육하는데요. (살짝 답변한 뒤 바로 질문한다.) 이 회사에서는 어떤 리더를 원하나요? 직원들은 어떤 임원을 선호하나요? 이전에 말하기 교육을 한 적이 있나요? 특별히 지금 이 시기에 말하기 교육을 진행하는 이유가 있나요? 교육을 통해 얻고자 하는 결과는 무엇인가요? 임원에게 바라는 모습이 있나요?

기업 임직원들은 줄줄이 원하는 것을 이야기한다.

"구성원이 임원의 소통 방식을 어려워하는 경우가 많아요. 눈치를 보니까 제대로 의견을 못 내기도 하고요. 반대로 임원은 자신이 해온 방식대로 하면 구성원에게 안 통하니까 답답해하고요. 또 대외적으로 소통이 중요한 시점인데, 본인 분야에서 출중한 임원이 고객사나 언론사, 외부 관계자를 만나면 대화를 잘 못해요. 스몰토크나 아이스 브레이킹도

약하고, 다른 분야 사람들과 무슨 이야기를 할지 몰라서 그런 자리를 힘들어해요."

나는 듣고, 또 질문한다. 그리고 마지막에 말한다.

"상상 이상의 좋은 결과가 나올 겁니다!"

모든 미팅은 100퍼센트 성공적이다. 미팅을 진행한 뒤 강의로 연결되지 않은 일은 한 번도 없다. 이 방법으로 국내 대기업은 물론 외국계 기업 강의까지 모두 하고 있다. 이야기를 털어놓는 것만으로 자신이 원하는 게 무엇인지 깨닫는다. 그 순간 해결책도 선명해진다. 사람들은 자기 이야기를 하고 싶은 욕구가 있다. 비즈니스 상황에서는 이런 욕구가 더욱 강화된 채 만난다. 서로 원하는 것이 선명해지면 결과도 창대하다. 길이 명확해져서 원하는 목적지에 더 빠르게 도달할 수 있기 때문이다. 고객을 사로잡고 싶다면 결정적 계기를 묻자.

> **핵심**

결정적 계기를 묻자

- **계기** 행동에는 결정적 계기가 있다.
- **의중** 상대방의 질문 아래에 숨은 이유를 궁금해하자.
- **지금** 지금 변화를 원하는 이유를 묻는다.
- **재차** 여러 가지 질문을 하면 알아서 줄줄이 말한다.

> **실천**

비스니스 미팅에서

- **계기** "이 일을 하려는 계기가 있나요?"
- **질문** "어떤 게 가장 궁금하세요?"
- **지금** "특별히 지금 하려는 이유는 무엇인가요?"
- **목표** "앞으로 어떻게 바뀌기를 바라세요?"

VIP 고객을 사로잡는 비결

여기에서 말하는 VIP 고객은 구매력을 포함해 사회적인 지위와 역량을 갖춘 사람을 뜻한다. VIP 고객 한 사람의 신임을 얻으면 사업은 승승장구한다. VIP 곁에는 VIP가 존재하기 때문이다. 좋은 고객은 사업의 존속에 영향을 미친다. 좋은 고객이 많아질수록 사업은 번창한다. 나에게도 VIP 고객이 여럿 있다. VIP 고객 중에서도 VVIP 고객이 있는데, 처음 만났을 때 그는 기업 부사장이었고, 현재는 대표의 자리에 있다. 내가 VIP를 사로잡은 설득의 비결은 무엇이었을까?

■ 감정을 묻기

어느 날, 나는 보고 잘하는 법에 관한 교육을 의뢰받고, 기업 부사장과 미팅을 진행했다.

부사장	흥버튼은 주로 어떤 교육을 하나요?
나	부사장님은 본인이 어떻게 되기를 바라세요?

대답하지 않고 바로 질문해도 된다. VIP는 시간의 가치를 중요하게 여기기에 신속함을 선호하는 경향이 있다. 누차 이야기하지만, 그가 궁금한 건 '내'가 아니라 '자신의 문제를 해결할 수 있는가'다.

부사장	보고할 때 회장님이 끝까지 제 말을 들어주기를 원합니다. 회장님이 보고 중간에 끼어들 때가 있는데, 그 자리에 있는 다른 임원들까지 제 말에 끝까지 귀 기울이면 좋겠어요.

여기까지 듣고 나서 보고 잘하는 법에 관한 수업 방식을 설명할 수도 있다. 하지만 과연 이게 전부일까? 행동에는 결정적인 계기가 있고, 행동에는 감정이 따른다. 나는 그 '감정'에 주목했다.

나	왜 그걸 원하세요? 회장님이 말을 끊을 때 부사장님은 어떤 기분이었나요?
부사장	기분이요. 음, 무시받는 것 같아서 썩 좋지는 않았죠. 자존심도 상하고요. 제가 미국에서 오래 있었는데, 영어로 발표하면 박수를 받고, 손정의 회장님 앞에서도 당당하게 발표했는데, 여기서는 완전히 반대니까 적응이 안 돼요. 위축돼요. 새로 부임해서 낯선데, 모두 제 말에 주목하면 좋겠어요.

나   그러면 부사장님은 조직에서 신뢰받고, 안정적으로 자리를 잡고 싶으신가요?

부사장   정확해요.

부사장이 원한 건 보고를 유창하게 하는 걸 넘어, 위축감에서 벗어나는 것과 회장에게 신임과 존중을 받는 것이었다. 예전처럼 당당함을 느끼며 보고하길 원했다. 자신감을 되찾고, 성취감을 느끼기를 바랐다. 감정을 아는 것은 중요하다. 감정은 우리가 무엇을 원하는지 정확히 알려준다. 그 결과, 나는 '보고 잘하는 법'이 아니라 '당당하게 사람들을 주목시키는 법'이 해결해야 할 과제라는 것을 발견했다.

■■ 실력을 바로 보여주기

나는 부사장이 원하는 것을 바로 알려줬다.

"앞으로 문장을 끊어서 말해보세요. 짧은 문장으로 말하면 청중의 집중력이 높아져요. 부사장님은 '-데'라는 어미로 문장이 이어지는 습관이 있어요. 말이 길어질 것 같아서 사람들이 중간에 말을 끊는 거예요. 문장을 매듭지으면서 말하면 듣는 사람은 이해가 잘되고 더 집중해요. '음, 어'라는 간투사도 자주 쓰는데요. '음, 제가 보고할 때' 이런 식으로요. 문장 앞머리에 간투사가 계속 나오면 문장이 길어지죠? 말하기 전에는 소리를 내지 마세요. 목소리를 낮춰볼까요? 부사장다운 권위를 목소리로 나타낼 수 있어요. 낮은 음성은 신뢰감을 줘요. 복식호흡으로 말하면 우렁찬 소리가 나오죠. 일어나서 저를 따라 해보실까요?"

나의 코칭은 미팅이 끝날 때까지 이어졌다. 그다음 날부터 수년째 수업을 하고 있다. 그는 최고의 수강생이자 지지자다. 새벽 4시에 일어나 배운 걸 복습했고, 일상에 바로바로 적용했다. 회장의 극찬을 받은 건 물론이고, 언론과 고객사, 비즈니스 협상에서도 괄목할 만한 성과를 보였다. 그리고 이 성과를 발판 삼아 대표로 승격했다. 일대일 수업으로 시작한 내 강의는 구성원에게 뻗어나갔고, 다른 기업까지 연계했다.

나는 VIP 고객뿐만 아니라 어떤 고객이든 처음 만난 순간에 원하는 것을 바로 준다. "수업을 받으면 알게 될 거예요"라고 말하는 대신 그 자리에서 즉각적인 변화를 보여준다. 그러면 내 실력을 설명할 필요가 없다. 회사 소개서나 유튜브 영상보다 막강한 위력으로 고객에게 강력한 신뢰를 얻는다. 지체할 이유가 무엇인가. 어차피 우리는 마음이 맞아 미팅에서 만났으니 멋진 미래로 돌진하자.

▌▌ 적극적으로 나서기

25년 차 보험 설계사를 만났다. 그는 여러 번 보험왕으로 선정될 정도로 그 분야의 실력자였다.

설계사　지금까지의 실적은 지인 소개가 컸는데, 이제는 계약을 안 한 새로운 고객까지 잡고 싶어요.
나　　　그동안은 어떻게 계약하셨어요?

설계사	거의 상담 전화를 통해서요. 끊기 전에 "한번 고민해 보시고 연락 주세요"라고 말했어요. 연락이 오는 고객이 있으면 계약했어요.
나	왜 고민해 보라고 하셨어요? 적극적으로 계약을 권하지 않은 이유가 있나요?
설계사	너무 적극적으로 영업하면 고객이 부담스러워할까 봐요.
나	왜요? 그 보험이 고객에게 정말 필요한가요?
설계사	필요해요. 특히 화재보험에 가입하지 않은 집이 많은데, 한 달에 2만 원 미만이라 보험비가 저렴하고, 그 비용으로 가장 큰 재산인 집을 지킬 수 있어요. 다른 건 몰라도 화재보험은 꼭 가입하는 게 좋아요.
나	고객에게 지금처럼 말한 적 있으세요?
설계사	아니요, "화재보험도 있으면 좋죠" 정도로만 말했어요.

"화재보험도 있으면 좋죠"는 있어도 그만, 없어도 그만인 것처럼 들린다. 그가 판매에 적극적이지 않은 이유는 자신의 이미지를 생각해서다. 고객을 생각하면 적극적으로 행동한다. 내가 고객에게 적극적인 이유는 그들을 위해서다. 그들이 원하는 것을 발견했고, 그것을 이루는 방법을 알기 때문에 적극적으로 돕는다. 상품이나 서비스가 탄생하는 이유는 궁극적으로 타인에게 도움을 주기 위해서다. 상품과 서비스에 자신이 있다면 적극적으로 나서자. 그게 고객을 위하는 길이다.

■■ "한번 해보세요" 대신 "꼭 하세요"

자신 있게 말하자. "하시면 좋죠"가 아니라 "꼭 하세요", "다 안 해도 이건 하세요"라고 말하자. 한번은 한 고객이 내게 문의했다.

"제가 직장을 그만두고 육아를 한 지 2년째예요. 경력도 단절되고, 몇 년간은 육아만 할 것 같은데, 선생님의 온라인 수업을 들어도 될까요? 괜히 시작해서 열심히 하지 못해 실패할까 봐 걱정돼요. 저처럼 직장에 다니지 않는 사람도 수업을 들을 필요가 있는지 고민이에요."

"당연히 도움이 되죠. 아이가 엄마의 말을 따라 할 테니까요. 자신의 인생은 물론, 아이와 가족, 나아가 앞으로 만나는 모든 사람에게 긍정적인 영향을 미칠 거예요."

그는 바로 온라인 수업을 시작했다.

"수업은 몇 번 정도 들어야 효과적일까요?"라고 묻는 VIP 고객에게도 나는 확신에 차서 말한다.

"한 번의 수업만으로도 완전히 달라집니다."

나는 단 한 번의 충격적인 변화를 추구한다. 그리고 이 충격적인 변화를 지속한다. 이렇게 말해도 교육이 한 번으로 끝난 적은 없다. 수년째 이어진다. 맛집에서 먹은 맛있는 음식은 먹자마자 눈이 번쩍 뜨일 정도로 충격을 준다. 한 번 매료되면 먼 길이어도 계속 찾아간다. 좋은 상품과 서비스도 마찬가지다. 한 번의 놀라운 변화는 계속 경험하고 싶게 만든다. VIP를 사로잡을 만한 품질을 갖췄다면 VIP는 단골이 되고, 알아서 소문을 내며 강력한 지지자가 된다. 진짜 좋은 상품과 서비스라면 자신감으로 VIP를 사로잡자.

핵심
VIP 고객을 사로잡기

- (감정) 어떤 감정을 느끼고 싶은지 묻는다.
- (실력) 눈앞에서 생생하게 실력을 보여준다.
- (적극) 고객의 입장에서 적극적으로 나선다.
- (우수) 높은 품질이라는 확신을 갖는다.

실천
VIP 고객을 만나면

- (감정) "그동안 어떤 감정을 느끼셨어요?"
- (실력) "바로 보여드릴게요. 직접 해보세요."
- (적극) "꼭 하세요. 오늘부터 행복해지세요."
- (확신) "당연히 도움이 되죠."

고객의 동선을 따라간다

나는 사무실을 정할 때 공유 오피스를 쓰기로 했다. 내가 선택한 공유 오피스는 서울 강남에만 열여덟 개 지점이 있었는데, 그중에서 하나를 골라야 했다. 어떤 곳이 수강생이 오기에 가장 좋을까? 나는 수강생 입장에서 동선을 생각하면서 강남 전역을 걸었다. 고객의 동선은 '설득의 비언어'다.

▌▌고객의 동선을 직접 따라가기

내가 중요하게 고려한 점은 '수강생이 오기 편한가'였다. 흥버튼 수업은 6주나 8주 과정으로 열린다. 매주 오려면 오는 길이 편해야 한다. 한 번 수업에 등록하면 계속 오고 싶을 테니(나는 한 번 고객은 영원한 고객이라고 여긴다) 최대한 고객이 오기 편한 동선인지에 중점을 두고 살폈다. 강의실이 편하고 안전한 건 기본 조건이다. 고객이 상상 이상의 만족감을 느낄 때 수업에 매료돼 발걸음을 지속한다. 나는 체크리스트를 만들었다.

공유 오피스 지점별 체크리스트

① 지하철역 출구에서 나오자마자 보이는 게 무엇인지: 안전한 느낌이어야 한다.
② 가까운 출구에 에스컬레이터가 있는지: 그래야 편하게 올라온다.
③ 엘리베이터가 있는지: 몸이 불편하거나 짐이 많을 때 유용하다.
④ 출구에서 건물까지 오르막인지 평지인지: 평지가 오기 편하다.
⑤ 출구에서 건물 입구까지 도보로 얼마나 걸리는지: 짧아야 힘들지 않다.
⑥ 주말, 평일, 시간별로 혼잡한지: 붐비지도 휑하지도 않아야 한다.
⑦ 주변에 술집이 많은지: 술집과 멀고, 취객이 없어야 한다.
⑧ 동네 분위기는 어떤지: 깔끔하고 세련된 분위기가 말하기 교육과 어울린다.
⑨ 건물 입구 계단이 높은지: 높이가 낮은 계단이어야 가뿐하게 올라온다.
⑩ 계단이 있다면 몇 칸인지: 많으면 늦을 때 뛰어야 해서 번거롭다.
⑪ 자주식 주차장인지: 주차도 중요하다. 나의 주요 고객은 성인 리더이기 때문이다. 기계식 주차장은 주차 시간이 더 걸리고, 고장 우려가 있다.
⑫ 주차장 진입로가 여유로운지: 폭이 넓어야 운전에 서툴러도 안심한다.
⑬ 주차장 내부 경사도가 가파른지: 가파르지 않아야 운전할 때 두렵지 않다.
⑭ 주차 요금이 있는지: 입차 직후부터 과금하는지, 분당 요금을 본다.
⑮ 건물 엘리베이터는 몇 대인지: 여러 대가 있고 넓을수록 좋다.
⑯ 건물 입주사 실태는 어떤지: 마주치는 사람들의 분위기도 본다.

지하철역 출구부터 스톱워치를 켜고 걸어서 몇 분이 걸리는지 측정

했다. 체크리스트 항목마다 기록하고, 특징을 상세히 적었다. 사진과 동영상을 찍으면서 열여덟 개 지점을 걸어 다녔다. 이런 체크리스트를 만든 이유는 내가 어딘가에 꾸준히 가지 않는 이유를 알기 때문이다. 어떤 곳은 흡연 구역을 지나서 불쾌했고, 어떤 곳은 대중교통으로 가기 힘들었고, 어떤 곳은 드나드는 사람이 지나치게 많고 번잡해 신경이 곤두섰다. 이런 부정적인 경험이 내 발길을 가로막았다.

최종적으로 삼성역 지점을 골랐다. 지하철역에서 건물까지 걸어서 3분 정도 걸렸다. 길가에는 약국과 카페가 있었고, 횡단보도를 건너지 않고 건물까지 평지로 이어졌다. 건너편에는 백화점과 호텔이 있었고, 술집은 거의 보이지 않았다. 늦은 시간에 수업이 끝나도 안심할 수 있었다. 로비는 넓고, 휠체어 진입로를 포함해 낮은 계단 네 칸으로 이뤄졌다. 출입문은 세 개, 엘리베이터는 비상용까지 합쳐 일곱 대였다. 퇴근 시간에도 붐비지 않았다.

주차장 진입로는 폭이 넓고 경사가 심하지 않아 차가 동시에 나와도 어렵지 않았다. 1층부터 지하 5층까지 자주식 주차장이 넓었다. 1층에는 두 명의 경비가 24시간 상주해 안전했다. 지하에는 대형 식당가가 있고, 지상에는 스타벅스와 은행, 법인회사가 입주해 건물도 깔끔했다. 지하철역 출구에는 에스컬레이터가 없었지만, 바로 옆에 엘리베이터가 있었다. 나머지도 모두 만족스러워 이곳으로 계약했다. 수강생들은 전국에서 찾아와 수업에 꾸준히 참여했다.

■■ 꼼꼼할수록 고객에게 사랑받는다

앞으로 고객이 찾아온다면 이 방법을 적용하자. 나는 수강생들에게 오는 길과 주차 안내를 꼼꼼하되 간명하게 설명한다. 지하철역 출구에서 강의실까지 걸어오는 길을 찍은 영상을 보낸다. 도보로 3분 거리라 영상도 3분 미만이다. 주요 거점을 찍은 사진도 보낸다. 건물 내부 주차장 형태와 요금, 저렴한 외부 주차장 이용 방법과 추천 주차장을 안내한다. 메시지는 '더 보기'를 누르지 않고 한눈에 보이는 분량으로 쓴다. 수업 당일에 한 번 더 메시지를 보낸다. 수강생이 메시지를 받았다는 걸 잊어버리고 오다가 헤매는 걸 방지하기 위해서다.

외부 고객과 미팅할 때도 똑같이 안내한다. 홈페이지나 SNS에 오는 길을 올린 게시물 링크를 보내는 것도 방법이지만, 개별로 안내하면 더욱 친절하게 느껴진다. 주차 할인이 된다면 사전에 고객 주차 등록을 하는 건 당연하다. 여기에 더해 주차장 사진과 어떤 구역에 주차하면 건물에 빠르게 들어올 수 있는지 안내한다. 주차장이 협소하면 서둘러서 오라는 말 대신 주차 자리를 맡아두거나 인근 주차장까지 대안을 제시한다.

고객은 들뜬 마음으로 방문한다. 나는 고객이 그 마음을 지속할 수 있도록 노력한다. 친절한 길 안내를 받은 수강생은 호감을 안고 수업에 온다.

"이렇게 친절하게 안내해 주셔서 정말 감사합니다."
"제가 길치라 처음 가는 곳을 늘 헤매서 걱정했는데, 동영상 보면서 오니까 한 번에 찾아왔어요."

처음 가는 곳에 대한 긴장과 불안은 누구에게나 조금씩 있다. 그 불안을 잠재우면 큰 보상이 따른다.

■■ 고객 입장에 서서 기획하기

나는 '오피스 제주'의 단골이다. 오피스 제주는 제주도에 있는 워케이션 공간이다. 이번 책까지 총 네 권의 책을 이곳에서 썼다. 1층에는 넓은 업무 공간이 있고, 일에 몰입할 수 있도록 꾸며져 있다. 독립되거나 개방된 업무 공간이 있고, 책상 간격이 널찍해 각자 일에 집중할 수 있다. 한쪽에는 노트북 받침대부터 모니터, 키보드, 헤드셋 등 디지털 도구가 있고, 간단하게 끼니를 해결할 수 있는 토스트, 땅콩버터 등이 있다. 이 모든 게 숙박객에게는 무료다.

2층과 3층에 있는 숙소는 소품 하나에도 섬세함이 돋보인다. 침대 옆에는 무선 충전기가 있고, 넉넉한 옷장에는 속옷이나 양말을 담는 바구니도 마련돼 있다. 층간소음을 방지하기 위한 슬리퍼도 있고, 캐리어를 올려놓는 받침대와 비데, 제주산 간식이 준비되어 있다. 복도에는 고객이 마음껏 쓰도록 새 수건을 정리해 두었다. 이곳에서 직접 머무르고 움직인 사람만이 꾸밀 수 있는 동선이다. 이는 고객의 입장에 서서 기획했기 때문이다.

마스다 무네아키는 『지적 자본론』에서 말했다.

"고객이 실제로 존재하는 장소에서, 고객의 입장에 서서 정말로 가치 있는 게 무엇인지를 생각할 수 있어야 힘 있는 기획을 만들어낼 수 있다."

나는 오피스 제주에 오면 하루에 열여섯 시간씩 글을 쓴다. 밥 먹고 자는 시간 외에는 집필에 몰두한다. 첫 책 『말 잘한다는 소리를 들으면 소원이 없겠다』를 쓸 때부터 마음에 든 곳이었고, 여전히 올 때마다 놀란다. 고객의 입장에 서서 동선을 기획하자. 그 시선이 고객을 매료시킨다.

핵심 | 고객의 입장에 서서 기획하기

- (동선) 동선은 설득의 비언어다.
- (꼼꼼) 고객은 꼼꼼할수록 감동한다.
- (간명) 명료하되 간단하게 안내한다.
- (섬세) 섬세한 기획을 위해 직접 움직이자.

실천 | 고객의 입장에 서서 바라보기

- (동선) '고객은 이곳에서 어떻게 움직일까?'
- (꼼꼼) '여기에 무엇이 있으면 만족할까?'
- (간명) '고객에게 필요한 최우선 정보는 무엇일까?'
- (섬세) '어르신이라면? 아이라면? 몸이 불편하다면?'

고객을 유혹하는 글쓰기

합격하는 자기소개서는 자질과 능력만 말하지 않는다. 이 자질과 능력으로 회사를 얼마나 성장시킬지, 어느 정도의 수익을 가져다줄지를 연계해 회사를 설득한다. 상품 소개도 마찬가지다. 상품 정보를 나열하기만 하면 매력이 없다. 주인공은 상품이 아니라 '상품을 쓰는 고객'이다. 상품이 고객의 삶을 어떻게 바꿀지, 고객에게 어떤 이득을 줄지 설득하자. 나는 고객을 유혹하는 글을 써서 상품을 매진하기 위해 주력한다. 매진을 거듭한 설득반 소개 글을 살펴보자.

■ 1. 핵심 메시지를 강조한다

"자기계발의 최정점, 말하기 능력을 가지세요."
첫 문장으로 고객을 사로잡는다. 설득반으로 얻는 것을 한 문장으로 말하면서 간단명료하게 핵심을 담았다. 첫 문장에 힘을 준다. 글자 수는 열여덟 자다. 한 문장은 한눈에 들어오는 길이가 좋다. 그래서 광고 카피도 최대 스무 자 이내다.

▌2. 생생한 후기를 보여준다

"인생이 달라졌어요. 그동안 발표를 무서워했는데, 이제는 재미있어요."
"처음 보는 사람도 제 이야기에 귀를 기울여요!"
"어디를 가도 제가 말을 제일 잘해요."
"임원으로 승진했습니다."
"투자 유치에 성공했습니다. 말하기 수업을 듣기 잘했어요."
설득반 수강생 후기다. 후기를 본 고객은 자신의 성공적인 미래를 그리고, 수업을 신뢰한다. 호기심도 자극한다. 결정에는 감정이 영향을 미친다. 후기를 자세히 보면 조금씩 차이 나는 결과를 볼 수 있다. 발표, 대화, 사회생활, 투자 유치까지 성공한다는 것을 간접적으로 나타냈다. 더불어 자신감, 성취감, 자존감이 높아진 것을 알 수 있다. 백 마디 말보다 진실한 후기로 많은 메시지를 전할 수 있다.

▌3. 고객이 얻을 것을 직접적으로 말한다

"이 수업을 들으면 올해는 당신의 해가 될 겁니다. 더 이상 말하기가 두렵지 않습니다. 어디서든 말의 힘으로 당신이 원하는 것을 얻습니다. 수강생들의 감동적인 변화가 당신의 삶에도 펼쳐질 겁니다. 모든 수업은 발표와 개별 코칭으로 이뤄집니다. 성인이면 누구든 올 수 있습니다. 두려워하지 마세요. 발전하고 싶은 마음만 있으면, 친절하고 다정하게 성공적인 설득의 세계로 이끌어드리겠습니다."

"올해는 당신의 해가 된다"라는 강한 자신감으로 수업의 포부를 밝혔다. 고객의 신뢰를 단단히 쌓기 위해서다. 말하기에서 두려움이 사라지고 원하는 것을 얻을 수 있다고 선언했다. "발표와 개별 코칭"을 강조해 그룹 수업이지만, 일대일 맞춤으로 진행하는 점을 강조했다. "성인이면 누구든"이라는 말로 '내가 참여해도 될까?' 하는 걱정을 잠재웠다. '친절하고 다정하게'라는 수식어로 수강생의 선택에 힘을 보탰다. "성공적인 설득의 세계"라는 말로 호기심을 증폭했다.

■ 4. 깔끔하게 정리한다

"설득반 수업을 들으면 어떻게 달라지는가?"
  ① 원하는 인생을 산다.
  ② 뛰어난 발표로 자신감을 얻는다.
  ③ 어디서든 주목받는다.
  ④ 상대방의 변화를 이끈다.
  ⑤ 원하는 것을 얻는다.
  ⑥ 꿈을 꾸고 원하는 삶을 산다.

⑦ 타인을 도우며 더없는 행복을 느낀다.

앞에서 서술한 내용에 번호를 매겨 정리했다. 중요한 내용은 반복해서 말하면 강조 효과가 있다. 행운의 숫자 7을 사용했다. 개인적으로 숫자 7을 좋아하기도 하지만, 좋은 점이 다섯 개보다 두 개나 더 많으면 더 좋을 거라 생각하지 않겠는가?

■■ 5. 고객 한 사람에게 집중한다

"설득반은 소수로 진행하는 만큼 자신에게 꼭 맞는 말하기를 심도 있게 배울 수 있어 짧은 기간 동안 폭발적으로 실력이 늡니다. 소수 인원을 밀착 코칭합니다. '나'는 어떻게 말하는 사람인가를 정확히 알 수 있습니다. 자신의 꿈을 이루는 말하기를 알려드립니다."

소수 수업인 점, 다시 한번 일대일 맞춤 수업처럼 진행하는 점을 드러냈다. '나 자신'을 알 수 있고, '나의 꿈'을 이룰 수 있다고 힘주어 말했다.

■■ 6. 결정하라고 말한다

"최고에게 최고를 배우세요. 저 역시 무언가를 배울 때 최고에게 배웁니다. 시간이 중요하기 때문입니다. 여러분도 최선의 선택을 위해 이 글을 읽고 있을 거예요. 당신의 선택은 최고의 결과로 증명될 겁니다."

"최고에게 최고를 배우세요"라며 최선의 결정을 내리라고 확실히 말했다.

▌▌ 7. 결정에 도움 되는 이력을 밝힌다

"저는 강의한 지 10여 년이 넘었습니다. EBS 〈지식채널e〉에서 신년 특집 시리즈로 대화법을 전했고, CBS 〈세상을 바꾸는 시간, 15분〉에 출연해 당당하게 말하는 방법을 강연했고, 넷플릭스 〈모태솔로지만 연애는 하고 싶어〉에도 커뮤니케이션 전문가로 출연했습니다. 현재 KBS 라디오 〈말 트고 마음 트고〉에 고정 패널로 출연하고 있습니다. 『설득자』, 『사랑은 모든 걸 이기니까요』, 『대화의 정석』, 『말 잘한다는 소리를 들으면 소원이 없겠다』를 썼습니다. 삼성, LG, 구글 등 기업을 포함해 정부 기관에서 리더가 말을 잘하도록 돕고 있습니다. 온라인 클래스 플랫폼 클래스101, 클래스유, 인프런 등에서 최고의 강사로 자리매김하고 있습니다. 저는 나아갈 곳이 더 많은 사람입니다. 저와 함께하시면 말하기는 물론 인생을 행복하게, 그리고 가치 있게 사는 방법까지 배울 수 있습니다."

이력으로 고객을 설득한다. 고객이 나에게 배우면 좋은 이유를 전문성으로 표현했다. 수많은 일을 했지만, 고객의 결정에 도움을 주는 이력을 선별했다. 방송은 교육 목적으로 출연한 프로그램만 넣었고, 여러 권의 책을 썼다는 사실로 신뢰도를 높였다. 국내 유수의 기업에서 강의하고, 그중에서도 리더를 언급해 높은 수준의 강의를 진행하는 점을 시사

했다. 아나운서, 쇼호스트 등의 방송 경력은 담지 않았다. 방송할 사람을 교육할 게 아니기 때문이다. 설득반 대상은 리더다.

  나는 상품 소개를 쓸 때 며칠을 고민하다가 구상이 잡히면 하루 동안 쓴다. 더는 고칠 데가 없을 때까지 수정한 뒤 완료를 누른다. 게시한 글은 수정하지 않는다. 자기소개서를 쓸 때와 유사하다. 나는 모집 전형이 뜬 날부터 수없이 고치고, 서류를 전송한 뒤 기도했다. 면접관이 자기소개서에서 내 진심과 전문성, 비전을 발견해 주기를 바랐다. 자기소개서로 면접관을 설득하듯 상품 소개로 고객을 설득한다.

핵심   고객을 유혹하는 글쓰기

- [설득] 상품 소개 말고 고객을 설득하는 글을 쓴다.
- [대상] 주인공은 상품이 아닌 상품을 사용할 고객이다.
- [첫눈] 스무 자 이내 첫 문장으로 고객을 사로잡는다.
- [정리] 고객에게 중요한 것만 담는다.

실천   유혹하는 상품 소개 쓰기

- [유혹] 고객이 상품에 유혹될 만한 최고의 매력은 무엇인가?
- [첫눈] 그 매력을 딱 한 문장으로 표현한다면?
- [입증] 신뢰할 만한 후기가 있는가?
- [정리] 한눈에 들어오도록 덜어낼 건 덜어내자.

매진을 목표로 홍보한다

인사팀 대표님, 열심히 홍보해 주신 덕분에 수업이 매진됐어요.
출판사 작가님, 책 홍보 열심히 해주셔서 감사합니다.
백화점 강사님, 모객 파워가 대단하십니다.

나는 쇼호스트였다. 홈쇼핑은 방송 시간 동안 판매해야 하는 매출 목표가 있다. 목표 이상을 팔아 재고를 소진하면 '매진'이다. 내가 홈쇼핑에서 남의 물건을 팔 때는 매진에 최선을 다하지 않았다. 내가 만든 물건이 아니라 마음이 움직이지 않았다. 그러나 사업을 시작한 뒤로는 오직 매진을 목표로 열정적으로 홍보한다.

■ 모집과 동시에 매진이 목표

나는 독서 모임이나 수업을 열면 '모집과 동시에 매진'을 목표로 한다. 독서 모임 트레바리에서는 두 개의 모임을 운영한다. 〈대화의 정석〉과 〈문학 덕질〉이다. 한 시즌은, 한 달에 한 권씩 넉 달 동안 네 권의 책을 읽는다. 내 독서 모임은 '1분 컷'이라 불린다. 신청 페이지가 열리자마자 1분 안에 매진되기 때문이다. 일반적으로 모임을 열면 정원이 찰 때까지 모집 기한을 둔다. 나는 모집과 동시에 매진이 목표기에 모집 첫날을 마감일로 정한다.

이 목표를 달성하기 위해 미리 홍보를 진행한다. 가령 〈문학 덕질〉 시즌1은 헤르만 헤세의 『데미안』, 『크눌프』, 『싯다르타』, 『수레바퀴 아래서』를 읽는 모임이었다. 나는 책 네 권을 세워두고 사진을 찍었다. "드디어 내가 사랑하는 헤르만 헤세의 책을 함께 읽는 날이 왔다. 두근거리는 마음으로 글을 쓴다"라는 내용과 함께 모집 날짜를 공유한다. 홍버튼 SNS인 인스타그램, 유튜브, 틱톡, 스레드, 링크드인, 페이스북에 게시물을 모두 올린다.

모집 첫날에 또 게시물을 올린다.

"보자마자 신청하세요."

게시물과 스토리에 모두 올린다. 유튜브를 제외하고 나머지 게시물에는 신청 링크를 댓글에 따로 남긴다. 그래야 노출이 잘된다. SNS는 사용자 데이터를 보면서 계속 변화하기 때문에 쓰다 보면 자연스럽게 노하우가 생긴다. 최근 게시물에도 댓글에 링크를 남긴다. SNS 첫 화면인 피드에는 링크를 올릴 수 있다. 나는 링크트리를 활용해 모집이 필요할 때마다 새로운 링크를 최상단에 올려둔다.

'정원 마감'도 끝까지 챙긴다. 매진이 됐어도 환불이 발생할 수 있다. 한 명이 환불하면 즉시 신청 링크를 SNS에 올린다.

"지금 한 명 자리 났어요!"

매진으로 모임이 마감되면 게시물을 또 올린다.

"모집 마감됐습니다. 감사합니다. 곧 만나요!"

모임 첫날, 멤버들은 말한다.

"이 모임에 오려고 얼마나 애썼는지 몰라요."

"제가 턱걸이로 들어왔을 거예요. 한 명 자리 난 거 보고 들어왔어요."

"경쟁이 치열하더라고요. 2년 동안 기다린 끝에 와서 정말 기뻐요."

▮▮ 모든 수업은 전석 매진시킨다

어떤 규모든 매진이 목표다. 홍버튼 소규모 수업을 비롯해 구글에서 200명을 대상으로 여는 수업, 백화점 문화센터 수업, 도서관 북토크, 기업 강의까지 적극적으로 알리고 매진시킨다. 1분 컷이라는 별명은 삼성전자에서 강의할 때 처음 붙었다. 삼성전자 한 부문에서 7만 명 구성원을 대상으로 자율 신청받는 소규모 수업을 1년 가까이 진행했다. 이를 SNS에 홍보했고, 사내 교육에 관심이 없었던 직원들이 게시물을 보고 신청하면서 모든 수업은 열리자마자 마감됐다.

규모가 큰 기업, 공공기관, 군대, 학교 등에서 강의를 진행하면 내게 교육 인원을 몇 명 정도 원하는지 물을 때가 있다. 나는 말한다. "가장 큰 강의실에 최대 몇 명이 들어올 수 있나요? 제가 홍보할 테니 제일 큰 강의실을 주세요." 나는 최대한 많은 인원과 함께하고 싶기 때문이다. 수강생은 삶에 보탬이 되고, 기업은 직원들의 성과에 도움이 되고, 백화점이나 도서관은 고객 확보에 이롭고, 나는 다정한 세상이라는 꿈을 이룰 수 있어 즐겁다. 모두에게 좋은 수업이기에 홍보에 박차를 가한다.

홍보가 잘돼 정원을 2,200명까지 기존보다 세 배 이상 늘린 적도 있다. 온라인 클래스 기업 인프런에서 새해를 맞아 내게 온라인 라이브 강연을 요청했다. 나를 포함해 연사는 모두 네 명이었다. 내 강의 주제는 '일 잘하는 사람은 이렇게 말합니다'였다. 처음 계획한 정원은 700명이었는데, 나보다 앞서 강연했던 다른 연사가 800명을 모집했다고 직원이 말해줬다. 온라인 라이브라서 정원을 더 늘릴 수 있다고 했다. 나는 열렬히 홍보했고, 역대 가장 많은 2,200명을 모집했다.

■■ 홍보의 진수는 진심

내가 홍보에 최선을 다하는 이유는 자신 있기 때문이다. 말하기를 두려워했던 어린 시절의 나도 배우고, 경험하고, 부딪치면서 말 잘하는 사람으로 성장했다. 나를 변화시켰다면 모두를 변화시킬 수 있다는 믿음을 체득했다. 10년 이상 강의했고, 수많은 수강생의 괄목할 만한 변화를 지켜봤다. 믿음은 확신으로 자라 긍지로 뿌리를 내렸다. 나는 초고 집필 기간을 제외하고 강의를 쉬지 않는다. 양은 질을 보장한다. 효과적이니 자신 있게 오시라고 말한다.

홍보할 때는 일정과 커리큘럼 등의 정보만을 담지 않는다. 진심을 담아 짤막한 글을 쓴다. 게시물이 턱없이 길면 읽기가 힘들다. 한 문단 정도만 쓴다. 〈문학 덕질〉을 홍보할 때는 소설을 읽지 않는 사람들이 소설을 읽으면 무엇이 좋을지 고민했다. 더 많은 고객을 확보하기 위해서였다. 소설을 좋아하는 사람이 아닌 소설을 안 좋아하는 사람마저 고객으로 만들면 매진은 물론이고, 사업에 이득이 커진다. 보통 소설을 읽지 않는 사람들은 자기계발서나 경제경영서처럼 직접적으로 메시지를 주는 책을 좋아한다. 나는 그 '기능'에 주목했다. 소설을 읽으면 이야기의 힘과 표현 방식을 배울 수 있고, 그로 인해 말하기 실력을 키울 수 있다는 점을 강조했다.

여기에 '진정성'을 전달했다. 나는 헤르만 헤세를 사랑해 스위스 몬타놀라에 있는 헤세의 무덤에 간 적이 있다. 묘비 앞에서 『싯다르타』를 들고 사진을 찍었고, 『대화의 정석』에 헤세박물관 도장을 받으며 기뻐하는 영상도 찍었다. 이 사진과 영상을 시일을 두고 차례로 SNS에 올렸다. 그를 향한 나만의 사랑 이야기였다. 열정적인 게시물을 자주 접하면 고객의 마음이 움직인다. '저 정도로 헤세를 좋아한다고?' 헤세에 대해 새로운 관점이 보이고, 특별한 이야기에 흥미가 생긴다. 진심은 마음으로 전달된다.

■■ 자신감이 홍보를 성공시킨다

구독자와 팔로워 수가 많으니 홍보가 잘되는 거라고 생각할 수도 있다.

나는 예전에 에어비앤비를 운영한 적이 있다. 3년간 서울에서 숙소 세 개를 운영했고, 만실이었고, 5.0점 만점을 받은 슈퍼 호스트였다. 에어비앤비는 따로 홍보한 적이 없었다. 숙소 고객은 외국인이라 홍보할 방법도 딱히 없었다. 나를 전혀 모르는 외국인이 내가 꾸며놓은 집을 보고 온다는 게 흥미로웠다. 홍보를 따로 하지 않았지만, 운영이 잘된 이유는 무엇이었을까?

숙소를 소개하는 글 자체가 홍보였다. 사진 순서부터 소품, 숙소 위치와 인테리어, 집에 대해 하나씩 소개하는 내용이 모두 홍보와 직결됐다. 나는 내 고객이 우리나라에 와서 안전하고 즐겁게 여행하다가 돌아가기를 바랐다. 그 마음을 담아 숙소를 정했고, 꾸몄다. 숙소의 제목은 "깨끗하고, 역에서 1분 거리, 햇살 가득한 집"이었다. 여행지에서 사람들이 공통적으로 느끼는 불편을 없애고, 상쾌한 여행의 시작이 느껴지도록 썼다. 이건 내가 여행자로 외국에 갔을 때 가장 원하는 점이기도 했다.

소개 글의 첫 문장은 "인천공항에서 집까지 비를 한 방울도 맞지 않고 오는 집"이라고 썼다. 여행할 때 이런 숙소가 있다면 얼마나 편한가? 내가 관리하기 편한 집이 아니라 고객이 오기 편한 집을 선정했다. "짐을 맡기는 건 물론이고 아무 때나 체크인 가능"한 점도 강조했다. 게스트가 예약하면 체크인 하루 전날부터 방을 비웠다. 세계 각지에서 몇 시에 오든 도착하자마자 기다리지 않고 체크인할 수 있었다.

물품도 하나씩 사진을 찍었다. 부엌 선반과 수납장과 옷장, 서랍 하나하나를 직접 열어서 본 것 같은 느낌을 주었다. 특히 장기 숙박객을 유치하고 싶어서 오래 머물 고객의 마음을 두드렸다. 나도 한 숙소에 오래 머물려고 살펴보다 보면 궁금한 점이 생겼다. '이 집에는 멀티탭이 있을까?', '소금과 후추는 있을까?', '쓰레기는 어떻게 버리지?', '청소기는 있나?' 누구든 자기 집처럼 지낼 수 있도록 없는 물건이 없게 했다. 숙소를 오픈하기 전에는 3주 이상 그 집에서 지내면서 집을 꾸몄다. 침대에 누워 손을 뻗으면 협탁에 무엇이 있으면 좋을지부터 화장실 선반을 열면 무엇이 있어야 고객의 기분이 좋을지 세밀하게 고려했다. 결국 내가 살고 싶은 집을 완성했다. 그래야 어떤 고객이 와도 흡족하다.

체크인할 때부터 체크아웃할 때까지 게스트를 만난 적이 없었지만, 전 세계에서 온 게스트가 만점과 장문의 후기를 남겼다. 내가 후기를 남겨달라고 요청한 적도 없었다. 좋은 후기가 쌓이니 자연스럽게 선두에 노출됐다.

재능 중개 플랫폼인 숨고와 탈잉에서 말하기 수업을 시작할 때도 마찬가지였다. 그때 나는 모든 SNS를 다 합쳐도 팔로워가 몇천 명밖에 되지 않았다. 따로 홍보도 하지 않았고, 후기를 써달라는 요청도 안 했지만, 수강생들은 진심을 담은 후기를 남겼다. 내 수업은 가장 많은 고객 수와 가장 높은 점수로 플랫폼마다 압도적인 1등을 차지했다.

> **핵심**　　　　　　　　　　　**진정한 홍보는 진심에서 비롯한다**

- (매진) 모집과 동시에 매진을 목표로 한다.
- (첫날) 모집 첫날 매진을 위해 홍보한다.
- (예고) 판매 개시일을 홍보하면서 기대감을 준다.
- (자신) 상품에 자신 있다면 홍보에 박차를 가한다.

> **실천**　　　　　　　　　　　　　　**새로운 홍보 글 쓰기**

- (매진) 재고가 넉넉하더라도 이번에 판매할 수량을 정한다.
- (매출) 개시 첫날 목표 매출은 얼마인가?
- (예고) 최소 판매 개시 2주 전부터 홍보한다.
- (자신) 자신감 있게 홍보를 밀어붙인다.

2장.

사람이 따르는
리더의 언어

직원을 변화시키는 피드백

리더는 일을 못 하는 직원을 보면 답답하다. '일을 왜 저렇게 하는 거야?' 의문이다. 좋은 말이 안 나오지만, 화를 누르면서 물어본다.

리더   내가 진짜 궁금해서 묻는 건데, 왜 이렇게 한 거야?
팀원   (의아한 눈길로) 아… 그게… 죄송합니다.
리더   아니, 혼내려고 그러는 게 아니라 진짜 궁금해서 묻는 거야.

피드백 수업에서 리더들은 내게 묻는다.
"도대체 어떻게 말해야 직원이 비난받는다고 생각하지 않고, 피드백을 편하게 수용할까요?"

▪▍ 부정적인 피드백은 효력이 없다

대부분은 피드백을 지적이나 평가라고 여긴다. 어떤 조직은 피드백이 활발했지만, 서로를 공격하는 말이 난무했다. 한 팀장은 다른 팀장에게 이렇게 피드백했다.

"팀장님은 머릿속에 있는 생각을 늘어놓으면서 말하는 습관이 있는데, 무슨 말인지 못 알아듣겠어요. 생각은 혼자서만 하시고요. 정리한 뒤에 중요한 내용만 말해주세요."

다들 무덤덤해서 나 혼자 놀랐다. 직원들 모두 날 선 피드백에 익숙해져 있었다. 자신이 솔직한 성격이라서 돌려서 말하지 못한다고 하지만, 비난이 습관으로 고착된 것이다.

직급이 높으면 공격적인 피드백이 잦다. 한 대표는 직원들의 책상이 너저분한 게 못마땅했다. 사무실에 들어가자마자 직원들에게 물었다.

"왜 자기 자리를 정리하지 않죠? 그 상태로도 집중이 되나요?"

직원들은 일제히 입을 다물었다. 대표는 깔끔한 업무 환경을 만들자는 뜻으로 한 말이었지만, 대표의 뜻을 알아들은 직원이 몇 명이나 있을까? 아침부터 대표가 큰소리를 내서 사무실 분위기만 나빠지지 않았을까? 다음 날부터는 직원들이 책상 정리에 신경을 쓸 수도 있다. 하지만 직원 스스로 문제의식을 느껴서 바뀐 게 아니다. 성질 고약한 대표를 피해 눈치껏 하는 행동이다.

인간은 존중받고 싶은 욕구가 강하다. 자신이 가치 있는 존재로 받아들여지기를 원한다. 잘못한 점, 고칠 점, 부족한 점, 개선할 점을 말하다 보면 부정적으로 흘러갈 수밖에 없다. 더 높은 곳으로 올라가고, 더 많은 사람을 내 편으로 만들려면 피드백 방식부터 바꾸자.

■ 피드백은 해결과 미래형으로

앞으로 피드백은 '상대방의 입장에서 이렇게 하면 무엇이 좋은지'로 설득하자. 기준의 중심에 '나'를 두는 게 아니라 '상대방'을 둔다. 다들 이렇게 하니까 따라가야지가 아니라, 이게 옳으니까 이렇게 하라는 게 아니라, '당신에게 도움이 되니까'로 설득하는 것이다. 잘못을 알려줄 필요도 없다. 중요한 건 지금까지 뭘 잘못했는가가 아니라 앞으로 어떻게 행동할 것인가다. 미래에 주목한다.

미래로 향하는 피드백은 '해결'에 초점을 둔다. 과거형이 아닌 '미래형'으로 말한다. "왜 자기 자리를 정리하지 않죠?"가 아니라 "앞으로 자기 자리를 정리합시다"라고 말하는 것이다. 잘못에 초점을 맞추면 과거를 지적하는 부정적인 피드백이 나오지만, 해결에 초점을 맞추면 미래로 나아가는 긍정적인 피드백이 나온다. 시간의 의미를 가진 부사어를 문장 앞에 붙이면 미래로 향하는 피드백이 쉬워진다. '이제부터는, 앞으로는, 다음부터는, 지금부터는, 내일부터는'으로 시작해 보자.

그리고 '이유'를 덧붙이자. 행동만 요구하면 명령이나 지시처럼 들리지만, 이유를 덧붙이면 리더의 생각과 의도가 함께 전달돼 방향을 잡아준다. 리더는 방향을 제시하는 사람이다. 왜 그 길로 가야 하는지 깨닫게 하자. 스스로 생각을 바꾸게 하는 피드백이 스스로 행동하게 만든다.

"(미래형) 앞으로 자기 자리를 정리합시다. (이유) 우리 회사는 거래처 직원과 고객이 자주 오는 곳이에요. 사무실에 들어오자마자 보이는 첫인상이 회사의 이미지를 결정해요. 언제나 깔끔한 상태를 유지해 고객에게 좋은 첫인상을 심어줍시다."

▍▍어려운 피드백을 잘하는 방법

성과 피드백은 지표가 명확해서 피드백하기가 그나마 편하다. 하지만 업무 태도와 성격에 관한 피드백은 어렵다. 민감한 부분이기 때문이다. 한 팀장이 팀원들에게 피드백을 받았는데, 다수의 팀원이 팀장과 대화하는 게 불편하다고 했다. 인사팀에서는 직원들과의 커뮤니케이션 방식을 개선하라고 했다. 팀장은 내게 질문했다.

"팀원들에게 뭐라고 물어봐야 해요? '나랑 대화하는 게 왜 불편해?'라고 물어보는 것도 이상하잖아요."

이때 좋은 방법은 '나'를 중심에 두지 말고, '상대방'을 중심에 두고 질문하는 것이다. 팀원 각자에게 물어보자.

"어떻게 대화하는 걸 선호하세요?"

저마다 원하는 방식이 있다. "팀장님과 대화하는 게 불편해요"라고 말한 이유는 팀원 각자가 원하는 부분이 충족되지 않아서다. 대체로 사람은 자기가 원하는 것을 잘 모르거나 표현하기 어려울 때 상대방을 지적하는 쪽을 택한다. 이는 상대방을 비난하려는 의도보다는 자신이 원하는 것을 표현하는 데 서툴기 때문에 나타나는 반응이다.

그런데 이런 지적을 받으면 '내'가 변해야 한다고 여겨서 '나'에게만 몰두한다. 그 결과 상대방이 원하는 것이 무엇인지 생각하지 못한다. 앞으로는 '나를 떠나서' 상대방이 원하는 걸 생각하자. 그러면 나를 향한 비난이 아니란 걸 깨닫고 상처받지 않는다. 팀원에게 물어보면 각자 선호하는 대화 방식을 말할 것이다. 누군가는 팀장이 질문을 많이 해서 자기가 이야기하도록 이끌어주기를 바랄 수 있고, 누군가는 팀장의 조언을 듣고 싶을 수도 있다. 대화해 봐야 알 수 있다.

▮▮ 원하는 것이 있다면 '나'를 주어로

앞에서 나온 날 선 피드백은 어떻게 바꿀 수 있을까? "팀장님은 머릿속에 있는 생각을 늘어놓으면서 말하는 습관이 있는데"라는 문장은 과거형이고, 주어가 상대방이라 비난으로 들린다. 원하는 것이 있다면 상대방의 문제를 지적하기보다는 '나'를 주어로 '내'가 원하는 것을 요구하자. 더하여 그것을 했을 때의 '상대방의 이점'을 말하면서 변화를 이끌어내자. 태도는 옳고 그름이 없고, 서로 맞춰나가는 것이다. 그러므로 설득이 필요하다.

"팀장님, (요구) 앞으로 중요한 내용은 정리해서 말해주세요. (상대방의 이점) 그러면 제가 팀장님의 생각을 더 잘 알아들을 수 있어요. (이유) 저는 이것저것 들으면 생각이 복잡해져서 헤매게 돼서요. 부탁합니다."

이 자리에는 평소 말수가 없는 팀장이 있었다. 활기차고 발랄한 팀장이 그에게 피드백했다.

"팀장님, 낯을 많이 가리시나 봐요? 항상 조용히 계셔서요."

그는 말수가 없는 팀장과 친해지고 싶어서 이렇게 말했다. 낯을 가리는 듯한 표정에 쉽게 다가가지 못했기 때문이다. 그러나 이 말을 듣는 상대방은 어떻게 느낄까? '내가 그렇게 낯을 가리나' 하고 생각하게 될 것이다. 정작 팀장의 본심은 헤아리지 못한다. 이와 비슷하게 "차가워 보여요. 무서워요. 어려워요"라는 말도 오해를 낳는다. 대부분 이렇게 말하는 이유는 "당신과 친해지고 싶은데, 제가 용기가 부족해서 쉽게 다가가지 못하겠어요"라는 뜻을 담고 있기 때문이다. 그런데 이렇게 본심을 말하는 것도 용기가 필요한데, 어려우니까 진심을 전하기보다는 상대방에 대한 인상을 이야기하는 것이다. 이러한 말을 들은 사람은 자신에게 문제가 있는지 생각하게 된다. 실제로 이 글을 쓰기 얼마 전에도 어떤 상무는 내게 물었다. "직원들이 제가 무섭대요. 어떻게 해야 돼요?"

이제부터 이런 말을 들으면 상대방에게 질문하자. 당신을 탓하는 게 아니라 그들이 원하는 게 있다는 걸 알아채자.

"왜요? 제가 어떻게 하면 좋겠어요?"

그러면 상대방이 원하는 이야기를 할 것이다. 대신 웃으면서 말해야 상대방이 편하고 솔직하게 이야기한다.

발랄한 팀장은 자신의 진심을 다시 전했다.

"팀장님, 저는 팀장님과 더 친해지고 싶어요. 그런데 항상 조용하게 계셔서 제가 말을 걸면 업무에 방해될까 봐 그냥 지나간 적이 많았어요. 보통 언제가 여유로운 편이세요?"

진심을 표현하는 건 어렵지만, 한번 해보면 생각보다 쉽다는 걸 깨달는다. 회사라는 이유로, 어른이라는 이유로 감정을 통제하지만, 진심은 어디서나 통한다. 마음을 주고받는 건 인간관계에서 꼭 필요하다.

핵심 | **직원을 변화시키는 피드백**

- (이점) 이걸 하면 상대방에게 좋은 점을 말한다.
- (미래) 과거가 아닌 미래를 중심으로 말한다.
- (주어) 바라는 점이 있다면 '나'를 주어로 설득하자.
- (질문) 부정적 피드백을 들었다면 상대방에게 무엇을 원하는지 묻자.

실천 | **긍정적으로 피드백하기**

- (이점) "앞으로 이렇게 해주세요. 그러면 OO해서 OO님에게 좋아요."
- (시점) "이제부터는, 앞으로는, 지금부터는, 다음부터는, 내일부터는"
- (주어) "저는 OO해 주시길 바랍니다."
- (상대) "어떤 방식을 선호하세요?"

좋은 관계를 맺는 대화법

여성 임원   남성 임원은 상사랑 담배도 피우고 사우나도 가서 친해지는데, 저는 아무래도 한계가 있어요.

남성 임원1   부사장님과 골프도 치고 등산도 가는데, 뭔가 어려워요. 가깝다는 생각이 안 들어요. 제가 내향적이라서 그런가, 일상적인 대화도 부자연스러워요.

남성 임원2   본사에서 새로 CEO가 왔는데, 어디부터 어디까지 말해야 하나 싶어요. 이런 게 조직 개편 때마다 신경 쓰여요.

임원들의 고민에는 공통점이 있다. '내'가 어떻게 말할지만 생각한다. 바로 이 점이 거리를 만드는 이유다.

▮▮ 내가 거리를 두고 있을지도 모른다

나는 여성 임원에게 물었다.

"그 상사는 담배 피우거나 사우나 하면서 대화하는 걸 좋아한대요?"

"글쎄요. 직접 물어본 건 아니지만, 남성 임원들은 그런 식으로 상사와 접촉하니까요."

묻지 않으면 모른다. 상사는 마음속으로는 귀찮을 수도 있다. 상사와 잘 지내고 싶다면 그가 어떤 걸 좋아하는지 직접 물어보자. 대화가 어려운 건 상사라서가 아니다. 내가 상사에게 진심으로 관심을 가지지 않기 때문일지 모른다. 그 사람이 아니라 '직책'에만 관심이 있는 걸지 모른다. '내'가 어떻게 자리를 잡을지 고민하느라 다른 사람에게 관심을 두지 않는 것이다. 어려운 사람이 있다는 건 '내'가 그 사람과 거리를 두고 있다는 뜻을 내포한다. '어떻게 다가가지?', '무슨 말을 하지?'라는 문장의 주어는 '나'다. 상대방을 알기 위해서는 '상대방'을 중심에 두고 이야기하자.

상사와 친해지고 싶다면 본심을 털어놓자. "사장님과 가깝게 지내고 싶은데요. 제가 어떻게 다가가는 게 좋으세요?"라고 물어보자. 자신과 친해지고 싶다는 마음을 드러내는 사람을 냉정하게 내치기는 쉽지 않다. 무례한 말도 아니다. 눈치껏 알아서 하거나 주변 사람이 사장을 대하는 태도를 따라 해봤자 진짜 통하는 방법은 따로 있을지도 모른다. 새로 온 CEO에게 "어떤 부분에 대해 가장 듣고 싶으세요?"라고 물어보자. 혼자 아무리 궁리해도 답은 나오지 않는다. 해답은 상대방에게 있다.

■ 사람을 알아가는 대화

상사가 어려운 건 직위가 갖는 무게 때문이다. 앞으로는 '사람'을 보자. '그는 무엇에 관심이 있을까?'를 궁금해하자. 그렇다면 장소가 어디든 시간이 짧든 상관없이 서로를 알아가는 대화가 가능해진다. 엘리베이터에서 마주쳐도, 보고를 마치고 나오면서도 짧은 대화로 의미 있는 관계로 진전시킬 수 있다.

나는 회사에 다닐 때, 하루는 사무실에서 멍하니 앉아 있었다. 그때 본부장이 사무실에 들렀고, 선배들과 소파에 앉아 담소를 나눴다. 본부장이 나에게도 오라고 했다. 나는 그들 곁으로 자리를 옮겼지만, 담소에 끼지 않고 우두커니 앉아만 있었다.

본부장	흥수 씨는 오늘 무슨 방송을 했어요?
나	본부장님은 사는 게 재미있으세요?
선배들	(갑작스러운 질문에 일순 조용해졌다.)
나	저는 왜 살아야 하나, 생각하고 있었어요. 인생은 불행과 행복의 연속인 것 같아요. 그런데 불행이 길고 행복은 너무 짧아요. 행복이 오는 순간, 불행이 올까 봐 겁이 나요. 이런 게 인생인가요? 본부장님은 저보다 오래 사셨으니까 잘 아실 것 같아서요. 어떠신지 궁금해요.
본부장	저도 재미없어요. 아들은 군대 갔고, 딸은 미국에 유학 갔고, 애들 엄마는 자기 인생 살겠다고 놀러 다녀요. 집에 가면 혼자예요. 그래서 여기 와서 여러분과 말동무하는 거예요. 사무실에서도 저 혼자예요. 행복한 날보다 그렇지 않은 날이 더 많아요. 다들 그렇지 않나요?

본부장은 다른 선배에게도 물었다. 이날 같이 있던 10여 명은 사는 게 무엇인지, 행복은 무엇인지, 불행을 어떻게 견디는지 서로 이야기했다. 술 한 방울 없이 사무실에 둘러앉아서 의미 있는 대화를 나눴다. 나는 인생 선배인 그들의 삶이 궁금했다. 다들 진심을 느꼈기 때문인지 좋은 대화가 이어졌다. 그 후 엘리베이터에서 본부장을 만나면 평범한 인사 대신 안부를 물었다.

"본부장님, 아드님은 휴가 나왔나요?"

관계가 친밀해지는 건 좋은 대화 한 번으로도 충분하다.

■■ 사람을 향해 질문하기

본부장은 내게 "무슨 방송을 했는지"를 물었지만, 나는 답하지 않았다. 형식적인 질문이기 때문이다. 본부장은 진짜 궁금해서 질문한 게 아니라 그저 말을 건네기 위해 물어보았다. 대화에는 빈말이 많다. "오는 데 불편하지는 않으셨어요?", "식사하셨어요?" 등 진짜 하고 싶은 말은 따로 있는데, 먼저 인사치레로 대화를 시작한다. 밥을 먹었는지, 오는 길이 험난했는지 궁금하지 않으면서 묻는다. 이런 대화 방식의 이유는 좋은 질문에 서툴러서다.

좋은 관계를 맺고 싶다면 '사람'을 향한 질문을 던지자. "인생의 행복이 무엇일까요?"가 아니라 "(당신은) 언제 행복을 느끼나요?", "당신에게 행복은 무엇인가요?", "(당신은) 어떨 때 행복하세요?"가 좋은 질문이다.

나는 본부장을 향해 물었다.

"본부장님은 사는 게 재미있으세요?"

인생의 행복과 불행에 관한 본부장의 경험을 듣고 싶었다. 그의 이야기를 통해 내 삶을 반추하고 싶었다. 그는 자신에게 질문했기 때문에 기꺼이 자기 이야기를 들려줬다. 사람은 자기 이야기를 하기 좋아한다. 타인이 자신의 이야기에 관심을 보이기를 바라고, 자기가 누구인지 이해받고 받아들여지기를 원한다. 만일 내가 행복에 대한 철학적인 질문을 했다면 어땠을까?

"행복이 무엇이라고 생각하세요?"

"가족과 행복하게 사는 거."

"맛있는 거 먹고 싶은 만큼 먹는 거."

이런 뻔하고도 얕은 대화를 했을 것이다. 사람을 향해 물어봐야 사람을 알 수 있다. 그가 살아온 이야기, 그의 관점, 시선, 가치관, 깨달음을 알 수 있다.

'나는 상사의 인생에 관심이 없다'라고 생각할 수 있다. 상사와 친하게 지낼 마음이 없다고도 생각할 수 있다. 관심을 둔다고 친하게 지내는 게 아니다. 타인에게 억지로 관심을 가지라는 말도 아니다. 대화의 이점은 궁극적으로 '나'를 안다는 것이다. 나는 이날의 대화로 인생은 불행과 행복의 연속이라는 것, 그 교차점에서 나름의 행복을 찾아야겠다고 다짐했다. 그들에게 고마웠다. 거기까지다. 따로 연락하거나 안부를 챙기지 않는다. 그날, 그 순간 좋은 대화를 했다면 충분하다.

■■ 친하게 지내는 것 대신 잘 지내기

좋은 대화를 나누고, 개인적인 이야기를 나누면 너무 사적인 거 아니냐고 할 수도 있다. 사람을 알아가는 대화를 한다고 해서 친해지는 게 아니다. 상대방에게 진정한 관심을 보인다고 해서 친해지지도 않는다. 친한 사이는 아무 때나 통화할 수 있고, 농담도 할 수 있는 사이다. 단순히 대화를 나눴다고 해서, 몇 번 밥 먹고, 한두 번 여행을 간다고 해서 되는 게 아니다. 친한 사이의 필수 조건은 '시간'이다. 서로를 알아가기 위해 얼마나 많은 시간을 보냈느냐가 중요하다.

우리가 친한 사이인가의 기준은 말하지 않아도 서로의 행동과 표정을 읽을 줄 아는 것에 있다. 가령 손톱을 물어뜯으면 "뜯지 마"라면서 말린다. 그 행동이 유별나 보이고, 손톱에 세균도 있고, 좋지 않아 보이니까. 하지만 그 사람을 알면 왜 손톱을 물어뜯는지 이해한다. 하지 말라는 말 대신 "불안해? 무슨 걱정 있어? 얘기해 봐"라고 말한다. 이것이 친한 사이다.

성인은 하루에 여덟 시간 정도 일한다. 한 직장에서 오래 근무하면 같은 공간에서 오랜 시간을 보내서 친하다고 여길 수 있다. 그러나 회사에서는 대부분의 시간을 일하는 데 할애해서 서로를 알아가는 시간을 충분히 가질 수 없다. 가장 오래 보는 사람이 직장 사람들이라서 친하다고 착각할 수 있지만, 직장 사람들과는 농담이 통하지 않을 때가 있다. 말하지 않아도 서로를 해석할 수 있는 사이가 될 때까지 농담은 말실수가 되거나 상처가 될 수 있다.

인간관계에서 가장 안전한 방법은 '잘 지내는 것'이다. 친하게 지내려면 시간이 필요하고, 시간은 인간이 통제하지 못한다. 잘 지내는 건 존중하고 배려하는 것이다. 무엇을 싫어하고 좋아하는지 알고, 그 사람을 있는 그대로 배려하는 것이다. 이미 가족과 사랑하는 친구, 친한 동료가 있을 것이다. 그들과 만나서 친하게 지내기에도 인생은 짧다. 다른 사람과는 잘 지내는 데 주력하자. 친절하게 대하자. 이 정도의 안전한 관계를 많은 사람이 선호할 것이다.

핵심 — 좋은 관계를 맺는 대화법

- [거리] 어색한 사람이 있다면 내가 거리를 두고 있을지도 모른다.
- [사람] 주제가 아닌 사람을 알아가는 대화를 나누자.
- [인간] 사람을 향한 질문을 하자.
- [관계] 친하게 지내기보다 잘 지내자.

실천 — 어려운 사람을 떠올리자

- [거리] 직책을 떠나 사람을 바라보자.
- [사람] 그 사람의 무엇이 궁금한가?
- [관계] 나와 연관 짓지 말고 사람 자체에 호기심을 두자.
- [질문] 어떤 질문이 떠오르는가? 세 가지를 써보자.

타운홀 미팅 잘하는 법

'타운홀 미팅'은 수평적인 조직문화를 위해 큰 홀에 전체 구성원이 모여서 소통하는 자리다. 미국에서 정책 결정권자나 선거 입후보자가 지역 주민들을 초대해 정책이나 주요 이슈를 설명하고 의견을 듣는 비공식적 공개회의에서 출발했다. 우리나라에서는 주로 스타트업에서 실리콘밸리 문화를 따라 하면서 타운홀 미팅이 퍼졌다. 하지만 타운홀 미팅을 어려워하는 리더가 늘고 있다. 어떻게 하면 구성원의 마음을 모을 수 있을까?

■■ 긍정적인 미래를 보여주기

타운홀 미팅을 앞둔 대표가 있었다. 구조 조정으로 인력의 70퍼센트를 감축한 뒤 열리는 미팅이었다.

| 대표 | 회사가 처한 상황 때문에 어쩔 수 없이 큰 폭의 인원 축소를 감행할 수밖에 없었습니다. 안타깝게도 함께 일한 동료들을 떠나보내야 했지만, 이런 일이 다시는 발생하지 않도록 대표로서 뼈를 깎는 노력을 하겠습니다. 이런 상황까지 오게 해서 죄송한 마음이 큽니다. 다시 한번 이 자리를 빌려 죄송하다는 말씀을 드립니다. 우리 회사가 다시 일어서기 위해 어떤 노력을 해야 하는지 이어서 보시겠습니다.

연설문을 들으니 미래가 막막하게 느껴졌다. 대표에게 몇 가지를 확인했다.

나	더 이상의 인력 감축은 없나요?
대표	네, 최종 확정된 인원입니다.
나	이미 구조 조정을 한 지 꽤 됐죠? 얼마나 걸렸나요?
대표	6개월 전부터 했고, 희망퇴직 신청도 받았습니다. 꼭 필요한 인재에게는 함께해 달라고 설득해 남은 직원도 있고, 떠난 직원도 있습니다.
나	그렇다면 남은 인원이 회사를 다시 일으킬 직원들이네요?
대표	그렇습니다.

남은 직원들은 핵심 인재다. 회사 위기로 구조 조정을 단행했지만, 끝난 일이다. 타운홀 미팅은 남은 직원들과 미래를 도모하기 위해 마련한 자리다. 이들이 듣고 싶은 이야기는 우리 회사가 다시 일어나기 위한 전략과 이 회사에 있어도 괜찮은지 불신을 잠재울 계획, 나의 선택에 확신

을 주는 다짐, 다시 도약할 비전과 전략이다. 죄송하다는 말은 그만해도 된다. 여러 번 했기 때문이다. 이제는 의기투합할 때다. 새로운 출발에 의미를 둔다. 전면 내용을 수정했다.

■┃ 모든 문장에 전략과 방향을 담기

"우리는 새로운 도약을 앞두고 있습니다."
  첫 문장이 중요하다. 구성원의 머릿속에 긍정적인 미래를 각인시킨다.
"5년 뒤 업계 1위는 물론, 미국 시장으로 확장해 안정적인 사업 구조로 자리매김할 겁니다."
  가까운 미래의 비전을 제시한다. 그 미래가 현실이 될 것이라고 상상하게 한다.
"이를 위해 3개월 안에 사무실을 이전하고, 하반기에는 정부 기관과 긴밀하게 협력해 예산을 지금보다 세 배 늘리기로 협의를 마쳤습니다."
  미래 계획을 구체적으로 말한다. 자세히 말하면 믿음이 간다.
"현재 회사의 자본금은 100억 원, 부채는 50억 원이고, 정부 보조금 100억 원이 올해 10월까지 투입될 예정입니다."
  경영 상태를 투명하게 공개한다. 집안의 대소사를 알면 일원은 책임감을 느낀다.
"다시 말해, 앞으로 석 달 뒤면 회사는 정부 보조금만으로도 부채를 해결하고 흑자 전환을 할 수 있습니다."
  복잡한 이야기가 의미하는 바를 알기 쉽게 전한다. 듣는 사람이 이해해야 설득도 잘된다.

"흑자는 더 커질 겁니다. 여러분은 핵심 인력입니다. 우리는 작지만 강합니다. 각 분야의 전문성을 갖춘 인재가 모인 만큼 더 빠르게 도약할 거라고 확신합니다."

직원의 불안을 해소한다. 사실을 기반으로 마음을 들뜨게 한다. 설렘은 동기를 부여한다.

대표는 미래를 확신하고 있었다. 이전의 연설문을 준비한 이유는 구성원에게 낮은 자세를 보이고 사과해야 한다는 임원들의 의견이 있었기 때문이다. 몇 번이나 사과했다면 이제는 행동할 때다. 사과한다고 용서되는 게 아니다. 개선책이 확실하고, 빠른 실현으로 회복을 증명해야 다시 신뢰를 얻을 수 있다. 더 나은 미래를 약속하고 철저한 대책을 마련해야 구성원이 한뜻으로 재건을 돕는다.

■ 좋은 질문이 나오도록 발표하기

타운홀 미팅에서 어려운 건 질문 시간이다. 현장에서 질문이 나오지 않으면 난처하다. 리더는 대개 질문이 없으면 관심이 없다고 생각한다. 우리나라는 학교에서도 토론이 익숙지 않았고, 공개적으로 질문하는 일도 드물었다. 이를 염두에 두고 발표자가 애초에 좋은 질문이 나오도록 발표하자. 질문을 이끌어내는 것도 발표자의 역량이다. 발표를 어떻게 하느냐에 따라 질문의 참여도가 확연히 달라진다.

회사의 입장을 대변하는 식으로 말하면 좋은 질문이 나오지 않는다.

예를 들면 한 임원이 타운홀 미팅에서 말했다.

"3월부터 5월 사이가 가장 바쁜 시기입니다. 지금이 바로 그 시기죠. 이 시기에 신규 해외 거래처를 확보해야 올해 사업은 물론 내년까지 걱정 없이 사업을 이끌어갈 수 있습니다. 더 노력해 주시기 바랍니다. 지금부터 질문받겠습니다."

구성원에게 회사를 위해 좀 더 일해달라는 것이다. 타운홀 미팅이라는 형식만 달라졌을 뿐, 내용은 과거의 일방적인 소통에 머물러 있다. 쌍방향 소통을 위해서는 세 가지를 적용하자. 하나, 구성원의 의견을 듣고 회사 운영에 반영할 예정이라면 발표 초반에 미리 밝히자. 질문 참여도를 높일 수 있다. 둘, '여러분'이라는 단어를 일부러 쓰자. 청중을 부르는 효과가 있고, 청중은 집중한다. 셋, '함께', '이야기 나누자', '논의하자'라는 단어를 쓰자. 구성원들의 일체감과 소속감이 높아진다.

"여러분과 함께 신규 해외 거래처를 효과적으로 확보하는 방안에 관해 이야기 나누겠습니다. 3월부터 5월이 중요한 시기죠. 올해와 내년 사업의 운명을 결정하는데요. 논의를 통해 여러분이 제안한 우수한 전략을 사업에 반영해 추진할 계획입니다. 큰 틀에서 해외 거래처 확보 전략을 잡았습니다. 먼저 들으신 뒤에 논의를 이어가겠습니다."

▋▍ 논의할 부분을 계속 짚기

발표 중간에 또 회사 대변인처럼 말할 수 있다. 이를 방지하기 위해서 발표하면서 질문을 섞어보자.

"여러분은 그동안 이 점에 대해 어떻게 생각하셨나요? 이 부분도 함께 의논해 보면 좋겠습니다. 저는 10년째 임원 자리에 있고, 회사에 다닌 지 30년이 넘다 보니 특히 신입 사원분들의 생각이 궁금합니다. 그 시절에는 신선한 의견이 많이 떠오르잖아요. 질의응답 시간에 여러분의 다양한 의견을 말씀해 주시기 바랍니다."

이렇듯 질문형으로 말하면 자연스럽다. 친구에게 재미있는 드라마를 이야기할 때, "넷플릭스에서 그 드라마 봤어?"라고 물으면서 대화를 이어나간다. 발표에서도 질문형으로 말하면 듣는 사람은 생각하게 되고, 그 순간 발표의 참여자가 되면서 소통이 이뤄진다. 타운홀 미팅에서도 마찬가지다. 대답을 듣기 위한 질문이 아니라 '환기'를 위한 질문이다. 구성원은 질문을 듣는 순간 무의식 중에 답을 고민하면서 집중한다. 또한 정말 궁금해서 묻는 것이라고 표현하자. 구성원이 어떤 이야기를 해도 안전하다고 느끼도록 말하자.

"정말 바보 같은 질문이라고 생각하는 것도 좋아요. 예상 밖의 시선으로 상황을 바라볼 수 있습니다."

구성원들이 공감하도록 말한다.

"저 역시 이런 자리에서 질문하는 게 쉽지 않습니다. 하지만 수평적으로 의견을 활발하게 논의할 필요가 있습니다. 그래야 개인적으로도 사업적으로도 성장할 수 있어요. 이런 질문을 해도 되나 하는 것일수록 환영합니다."

■■ 적극적으로 말해 참여도를 높이기

가령 "마케팅팀에서 노력해 준 덕분에 광고 효율이 크게 올랐습니다. 감사합니다"라고 말한다면, 포괄적이라 뻔한 칭찬 같고 진정성이 없다. '구체적인 사실'을 언급하고 '이름'을 부르자.

"(구체적인 사실) 최근 한 달 동안 마케팅팀의 업무 강도가 높았는데요. 밤새 일하는 직원도 많았습니다. 덕분에 광고 효율이 지난 분기보다 무려 120퍼센트나 치솟았습니다. (호명) 애써주신 정흥수 팀장님, 이다정 과장님께 큰 박수 부탁드립니다."

청중이 많다면 모두와 눈을 맞춘다. 청중의 집중력을 끌어올리는 것은 발표자의 '또렷한 시선, 눈빛, 눈 맞춤'이다. 눈을 맞추는 것은 상대방의 존재를 인식한다는 뜻이다. 한 문장에 한 사람을 본다. 한 문장에 여러 사람을 보면 시선이 분산돼 한 사람을 보는 느낌을 주지 못한다. 시선이 빨라지면 말도 빨라진다. 한 문장에는 서술어 하나를 담아 문장을 매듭짓는다. 그래야 짧은 문장에 한 사람씩 바라보면서 지그시 눈을 맞출 수 있다.

만약 앉아서 미팅을 한다면 등받이에 몸을 기대지 않는다. 기대면 자세가 흐트러진다. 관심 있는 사람과 이야기하면 상체가 상대방 쪽으로 쏠린다. 구성원 전체와 이야기할 때는 상체를 구성원 쪽 가까이에 둔다. 더 적극적인 사람처럼 보인다. 방석 앞부분에 걸터앉자. 허리를 꼿꼿이 세울 수 있고, 상체를 돌려 전체 구성원과 눈을 맞출 수 있다. 눈을 보는 게 어렵다면 상대방의 속눈썹을 센다고 생각하자. 자연스럽게 시선을 맞출 수 있다. 라이브나 촬영을 한다면 카메라도 사람이라고 생각하고

렌즈를 보자. 시선이 자연스러워진다.

▌▌ 질문의 수준을 높이는 방법

사전에 질문을 받는다면 의논하고 싶은 점을 구체적으로 밝히자. 그렇지 않으면 사적인 질문이나 시답잖은 질문이 나온다. 어떤 회사는 사전 질문에 "대표님, 피부 관리는 어떻게 하세요?"가 있었다. 이런 게 진짜 궁금한가? 분위기를 밝게 만들기 위해서라고 하겠지만, 중요한 논제를 논의하면서 적극적인 소통을 하는 게 모두에게 이롭다. 시간을 중요한 곳에 쓰자. "궁금한 게 있으면 질문 남겨주세요"라고 하는 대신 구체적으로 밝히자.

논제가 '임금 인상'과 관련 있다면 "올해 임금인상률은 7퍼센트입니다. 이와 관련해 궁금한 사항을 남겨주시기 바랍니다"라고 말한다.

논제가 '신규 채용'과 관련 있다면 "3년 안에 신규 채용 인력을 확대할 전망입니다. 본인이 인사팀장이라면 면접에서 어떤 질문을 할 건가요?"라고 묻는다.

질문을 받으면 기분 좋게 받아치자.

"훌륭한/흥미로운/신선한/참신한/기발한/좋은 질문입니다."

"미처 생각지 못한 부분이었는데, 질문해 주셔서 감사합니다."

"맞아요. 많은 직원이 이런 부분에 공감하고 궁금해할 거라고 예상돼요."

난감한 질문이 나왔다면 "난감하네요"라든가 "그건 담당자한테 물어봐야죠"라는 말은 삼가자. 그 순간 분위기가 싸늘해져 다음 질문도 나오지 않을 수 있다. 긍정적으로 반응해야 질문이 늘어난다.

"생각이 필요한 질문이네요."

"조금 숙고한 뒤에 이야기해도 될까요?"

"어려운 질문이지만, 논의가 필요한 부분이에요."

"예리한 질문입니다."

"이 질문이 나오면 어쩌나 고민했는데, 올 것이 왔군요."

답변은 최소 1분 이상, 3분을 넘지 않도록 하자. 오래 말하면 다음 질문에도 길게 답할까 봐 질문하지 않을 수 있다. 전자시계로 시간을 확인하면서 간명하게 말하자.

> **핵심**
>
> ## 전체 구성원을 사로잡기 위해서
>
> (전략) 모든 문장에 전략과 방향을 담는다.
> (진솔) 솔직하고 진솔하고 긍정적으로 발표한다.
> (해설) 전략이 의미하는 바를 알기 쉽게 설명한다.
> (반응) 부정적인 질문이나 난감한 질문에도 긍정적으로 반응한다.

> **실천**
>
> ## 발표를 앞두고 있다면
>
> (목적) 발표에서 보여주고 싶은 건 무엇인가?
> (전략) 무엇을 우려하는가? 무엇을 기대하는가? 진솔하게 말하자.
> (한팀) 회사를 대변하기보다는 우리는 한 팀이라고 의식하자.
> (일체) "여러분, 함께, 논의하자, 이야기 나누자, 머리를 맞대자"를 쓰자.

탁월하게 보고하기

보고를 시작할 때 대부분 제목과 목차를 읽는다.

임원 상반기 경영 실적 성과 보고를 시작하겠습니다. 먼저 간략히 전년 동기 성과를 살펴보고, 이어서 올해 상반기 매출과 영업이익을 보고, 내년에 선보일 상품 기획에 대해 보고드리겠습니다.

형식적인 말은 설득력이 떨어진다. 상대방을 설득하기에도 시간이 부족하다. 주제를 언급하지 말자. 보고에 참여하는 사람은 이미 주제를 알고 있다. 함께 제목을 보고 있지 않은가? 목차도 읽지 말자. 기억에 남는 목차가 있는가? 마치 드라마 초반에 이렇게 말하는 것과 같다. "주인공 두 명이 나오고, 이들이 만난 계기에 이어 역경을 헤쳐나가는 사건이 벌어질 예정입니다." 드라마를 보고 싶은 마음이 안 든다. 궁금해지지 않는다. 보고도 마찬가지다. 앞으로 탁월하게 하자.

■ 초반에 중요한 것을 요약하기

중요한 내용은 초반에 요약해서 말한다. 초반 1분만 들어도 무엇이 중요한지, 무엇에 집중할지 인지하도록 말한다. 청중은 초반에 가장 집중력이 높다. 그 집중력을 잡아야 마지막까지 보고를 귀담아듣는다. 상사가 말을 끊는 이유는 참을성이 없어서가 아니다. 중요한 이야기가 나오지 않아서다. 방송 뉴스는 헤드라인부터 시청자의 이목을 잡는다. 헤드라인은 보통 하루에 일어난 수많은 일들 중 제일 중요한 뉴스를 다섯 개이하로 간추려 1분 안에 말한다. 다음은 KBS 뉴스 헤드라인이다.

오늘 또 전국 호우… 밤부터 남부 확대
오늘 오전부터 중부지방을 시작으로 전국에 많은 비가 내리겠습니다. 남부지방에는 밤부터 내일 새벽까지 시간당 70mm 안팎의 매우 강한 비가 내릴 것으로 예보됐습니다.

'방송법' 밤샘 무제한 토론… 오후 표결 전망
어제 국회 본회의에 상정된 방송법 개정안에 대한 야당의 무제한 토론이 현재도 이어지고 있습니다. 종결 시점인 오늘 오후에는 표결이 진행될 것으로 보입니다.

"젤렌스키 포함 3자 회담"… "유럽 배제 안 돼"
밴스 미국 부통령이 트럼프와 푸틴, 젤렌스키가 함께하는 3자 휴전 협상을 추진하고 있다고 밝혔습니다. 유럽연합은 유럽을 배제해서는 안 된다며 외교장관회의를 긴급 소집했습니다."

짧은 문장만 봐도 무슨 일이 일어났는지 알 수 있다. 주요한 정보가 들어갔기 때문이다. 앵커는 요약하는 사람이다. 가령 기자가 2분짜리 기사를 자세히 보도하기 전에 앵커는 20초 내외로 핵심을 간추려 말한다. KBS 앵커는 방송법 뉴스를 이렇게 보도했다.

"개혁 입법에 속도를 내는 민주당은 언론개혁 입법인 '방송 3법' 가운데 방송법 개정안을 오늘 본회의에 상정했습니다. 국민의힘은 언론 장악을 위한 악법이라며 필리버스터, 즉 무제한 토론으로 맞서고 있습니다. 국회 연결합니다."

■▮ 미래의 기대 수익을 전망하기

앵커처럼 보고 초반에 핵심을 요약한 뒤 이어서 자세히 말하자. 예를 들어, 해외 시장을 개척하면서 수출액이 급격하게 늘어난 화장품 기업에서 상반기 경영 실적을 보고한다. 형식적인 보고는 이렇다.

"(첫 장) 상반기 경영 실적 성과를 보고드리겠습니다. (다음 장) 먼저 자사 브랜드 수출 현황을 살펴보고, 전년도 동기 대비 매출액을 비교한 다음, 아시아와 북미 지역 경쟁사 분석과 자사의 하반기 출시 신제품과 목표를 말씀드리겠습니다."

핵심이 빠져 있다. 중요한 정보를 초반에 담자. 요약의 기준은 청중이 이것만 들어도, 뒤에는 듣지 않아도 내용의 핵심을 이해하는 것이다.

"(성과) 올해 상반기 실적이 창립 이래 최대 증가폭을 기록했습니다. (매출액) 상반기 매출액은 7,000억 원으로 지난해 같은 기간보다 37퍼센트 상승했습니다. (의미) 이는 최대 증가폭을 기록했던 3년 전보다 두 배 높습니다. (이유) 지난해 공을 들인 미국과 일본 등 해외 진출이 자리를 잡으면서 실적을 견인하고 있는데요. (전망) K-뷰티에 대한 관심이 이어지고, 올해 해외 마케팅 인력을 두 배 증원한 만큼 수출 호조세는 앞으로 3년간은 이어질 것으로 보입니다."

실적 보고에서 중요한 건 '미래 전망'이다. 지난 성과를 분석해 미래 성과를 높이기 위해 보고하는 것이다. 매출을 늘리고, 시장을 확장하고, 고객을 증가시킬 방안을 밝히자. 단순히 "이번 경영 실적은 이렇습니다" 하고 끝낼 게 아니라 앞으로 어떻게 더 이익을 늘릴지 담아야 한다. 진행 상황 보고와 함께 그 상황을 바탕으로 매출을 어떻게 끌어올릴지 말하자. 보고에는 '어떻게 수익을 낼 것인가'에 대한 전략을 담아야 한다. 회사는 이익을 창출하는 집단이라는 점을 기억하자.

▮▮ 투자가 필요하면 적극적으로 설득하기

한 임원이 사장 보고를 앞두고 있었다. 해외 공장의 열악한 근무 환경을 개선하는 방안에 관한 보고였다.

임원   해외 공장에서 틀을 제작하는데, 이 틀에 붓는 물질을 만들려면 직원이 용광로처럼 뜨거운 데 서서 긴 막대기로 저어야 합니다.

열기가 굉장히 뜨겁고 위험해서 인력 채용이 어렵습니다. 이런 환경을 개선하기 위해 3D 프린터를 구매할 것을 제안합니다.

내가 사장이라고 생각하면서 보고를 들었지만, 확 끌리지 않았다.

나	예산이 얼마나 들죠?
임원	3D 프린터 한 대가 5억 원이에요.
나	그런데 왜 비용을 언급하지 않았죠?
임원	비싸니까요. 이 돈이면 해외에 공장 하나를 지을 수 있어요.

비용이 많이 들수록 설득이 필요하다. 현재 상황이 썩 좋지 않아서 위험을 방지하는 여러 방안을 도입하지 않았는가? 회사는 비용이 적게 드는 현 상태를 유지하려고 할 것이다. 많은 보고가 의사결정을 필요로 한다. 그리고 대부분 비용이 든다. 그러므로 설득해야 한다. 지출이 아닌 투자라는 것을, 이번 결정이 우리 회사의 미래 먹거리를 책임질 기회라는 것을, 어차피 바꿔야 한다면 먼저 실행하는 게 장기적으로 비용을 줄이고 기술을 익히는 데 효과적이라는 것을 말하자.

■■ 더 나은 미래를 제시하기

설득은 '이것을 하면 무엇이 좋은가?'에 대한 답이다. 회사 보고라면 '회사가 이것을 하면 무엇이 좋은가?'에 대해 답해야 한다. 위험을 강조해도 설득되지 않는 이유가 여기에 있다. 위험에서 벗어나는 게 좋은 것인가? 위험에서 벗어나면 무의 상태다. 좋은 게 아니라 0의 상태인 것이다. 좋으려면 다른 무언가 좋은 것을 제시해야 설득된다. 회사는 위험에서 벗어나든, 현재 상태를 고수하든 그보다 더 좋은 건 '수익을 내는 것'이다. 투자하면 그 이상의 가치가 돌아오기를 바란다. 3D 프린터를 도입하면 어떤 점에서 이득이 발생하는지 구체적으로 제시해야 설득된다. 보고는 더 나은 미래를 제시하는 자리다. 개선점은 간명하게, 수익 창출 전략은 구체적으로 말하자. 개선점을 말할 때는 중요 정보를 담아 요약한다. 이렇게 바꿀 수 있다.

"현재 공장 구조 과정은 열악합니다. (동영상 재생) 사람이 직접 용광로 앞에서 녹인 재료를 젓고 있는데요. 매우 뜨거워서 주변에 다가가는 사람이 없습니다. 저는 이곳에서 10분 동안 서 있는 것도 어려웠고, 온몸이 땀으로 젖었습니다. 담당 직원은 화상에 대비해 두꺼운 옷을 입은 채 서서 아홉 시간을 일합니다. 평균 근속 기간은 3개월, 최대 9개월로 짧습니다. 열악한 환경에 일하려고 왔던 사람도 나가버려 인재 채용이 어렵습니다."

그다음은 투자를 설득한다. 3D 프린터기 도입으로 얻을 수 있는 이득을 강조한다."

"3D 프린터 한 대가 있으면 사람이 위험을 감수할 필요가 없습니다. 생산성도 훨씬 큽니다. 그동안 틀을 하루 열 개를 생산했다면 3D 프린터는 100개 이상 생산할 수 있습니다. 현재는 수작업이라 디자인을 빠르게 변경하기 어려운데요. 3D 프린터는 신규 디자인 수요를 빠르게 적용해 원하는 대로 시제품을 만들 수 있습니다. 고객사의 의견을 적극 수용해 제품 출시도 빨라집니다. 5억 원을 투자해 3D 프린터 한 대를 산다면 2년 안에 투자금 회수는 물론, 앞으로 50억 원, 500억 원의 수익을 낼 수 있습니다. 그리고 이는 우리 회사가 나아갈 방향입니다."

핵심 — **탁월하게 보고하기**

- [요약] 보고 전체 내용의 핵심을 초반에 요약해 말한다.
- [1분] 1분만 들어도 무슨 내용인지 알 수 있도록 말한다.
- [수익] 수익에 어떤 영향을 미치는지 말한다.
- [투자] 개선점이 아닌 미래 이득에 주목한다.

실천 — **1분 안에 보고하기**

- [요약] 보고에서 가장 중요한 다섯 가지는 무엇인가?
- [간명] 육하원칙을 바탕으로 구체적이되 1분 안에 말한다.
- [수익] 성과 보고든, 개발 과제 보고든, 연구 결과 보고든 수익까지 말한다.
- [핵심] 내용을 잘 모르는 사람이 봐도 알 수 있도록 핵심을 뾰족하게 말한다.

언론을 홍보 수단으로 활용한다

글로벌 기업 홍보팀은 적대적인 태도인 기자를 상대하는 방법을 알고 싶어 했다. 이 기업은 새로운 서비스를 국내에 론칭하기 위해 정부에 공공자료를 요청했지만, 보안 이슈로 대립이 이어졌다. 이처럼 기업이 사회적 이슈로 입방아에 오를 때 언론을 적이 아닌 내 편으로 만드는 방법은 무엇일까? 어떤 이슈든 언론을 '홍보 수단'으로 활용할 수 있다.

▮▮ 기사에 실리고 싶은 말을 하기

사회적 이슈가 생기면 기업 이미지에 타격을 입는다. 이로 인해 기업에서는 기자 간담회를 앞두고 마음을 단단히 먹는다. 기사를 곱게 쓸 생각으로 오지 않을 기자들에 대비한다. 반론을 제기할 질문에 대해 일일이 반박할 근거를 모은다. 현재 언론이 잘못 알고 있는 사실을 요목조목 짚어서 오해를 없애려고 한다. 이 기업도 기자 간담회를 연 목적은 '오해를 정정하기 위해서'였다. 그러나 이런 마음을 먹으면 부정적인 단어로만 이야기하게 된다.

"며칠 전 나온 기사에서는 '정부와 의견 차이가 크게 벌어지고 있다'라고 했는데, 사실과 다릅니다. 정부와 조율하는 상황인데, 뭘 잘 모르는 분들이 이렇게 기사를 내면 기업은 아무것도 못 합니다." 듣는 기자는 어떻겠는가? '사실과 다르다', '뭘 잘 모르는 분들'이라는 단어에 꽂힌다. 부정어는 자극적이기 때문이다. 게다가 그 기사를 보지 않았던 기자까지도 '정부와 의견 차이가 크게 벌어지고 있다'라는 새로운 사실을 알게 돼 또 부정적인 시각을 갖는다.

진짜 하고 싶은 말이 있으면 그 이야기부터 하자. 오해나 잘못된 기사를 바로잡는 것은 뒤로 미루자. 중요한 건 기업에서 선보이려는 서비스가 우리나라에 얼마나 긍정적인 영향을 미칠지 알리는 것이다. 기자를 기자가 아니라 한 명의 소비자라고 여기고, 그들이 그 서비스를 이용하고 싶게 만들면 기사는 호의적으로 바뀐다. 서비스의 이점, 우리나라의 경제와 일상에 미칠 긍정적인 영향을 이해하기 쉽게 말하는 데 주목하자.

부정어를 쓰려면 효과적으로 쓴다. "이 서비스는 우리나라의 5년 뒤 미래를 획기적으로 바꿔놓을 다신 없을 서비스입니다.", "이 서비스가 우리나라에 도입되면 관광 수요가 늘고, 지방 경제를 다시 살릴 수 있는 대안이 됩니다. 그렇지 않으면 결과는 그 반대가 되겠죠." 상대방을 부정적으로 겨냥하는 말 대신 우리 경제의 미래를 함께 살리는 서비스라는 것을 '강조하는 효과'로 부정어를 쓰는 게 좋다.

▌▌ 어떤 이슈든 잔칫상을 차리기

안 좋은 이슈로 기자 간담회를 열면 분위기가 초반부터 얼어붙어 있다. 음식은커녕 음료도 준비하지 않는 경우가 많다. 좋은 일로 모이는 게 아니라는 생각 때문에 건조한 분위기로 일관한다. 관계자는 검은색 옷을 입고 브리핑을 준비한다. 기자들에게 강한 인상을 심어주기 위한 계책이다. 어디 한번 질문해 보시지, 다 맞서줄 테니까! 하는 태도다. 기자의 적대감에 기업에서도 적대감으로 맞서는 것이다. 과연 이게 도움이 될까?

기자가 적대감을 품고 적대적인 기사를 쓴다고 해서 기업에 직접적인 타격을 미치는가? 이 사례의 경우 진짜 문제는 정부와의 타협이지 언론 보도가 아니다. 기자는 언론사의 수많은 기자 중 한 사람일 뿐이다. 직접적으로 커다란 영향을 미칠 수 없다. 물론 여러 기사가 사실을 확인하지 않고 기사를 따라 쓰면 골치 아픈 일이 생기지만, 언제든 탁월한 설득으로 언론을 유리한 쪽으로 돌릴 수 있다. 그러기 위해 어떤 이슈든 기자를 환대하자.

나는 지인이 서울 성수동 신축 아파트 입주를 앞두고 함께 하자 보수 점검을 하러 간 적이 있다. 고가의 아파트인 만큼 눈에 불을 켜고 만반의 준비를 했다. 집주인과 나, 부동산 전문가 이렇게 셋은 합심해서 점검 목록을 나눠 들고, 손전등과 펜을 준비해 비장하게 아파트를 방문했다. 그런데 막상 집에 들어가 점검한 시간은 20분이 채 되지 않았다. 집이 잘 지어져서 감탄하면서 기분 좋게 나왔다. 뒤늦게 깨달았다. 아파트 측은 더욱 만반의 준비를 한 것이었다.

우리처럼 입주민들은 눈에 쌍심지를 켜고 왔을 것이다. 이에 대비해 아파트 측은 하자 점검 현장을 축제장으로 만들었다. 단지에 들어서자 자몽에이드, 카페라테 등을 주는 커피차와 소시지, 츄러스를 주는 간식 차, 그리고 첫 방문을 기념하는 폴라로이드 사진 행사가 있었다. 탁자에는 가발과 왕관, 귀여운 동물 머리띠 등의 장식이 깔려 있었고, 곳곳에 물안개도 뿜어져 나와서 마치 롯데월드에 온 것 같은 착각이 들었다.

우리는 입주 절차를 들은 뒤 한 손에는 따뜻한 라테를, 한 손에는 달달한 츄러스를 들고 집으로 올라갔다. 하자를 잡아내려는 마음은 이미 사라진 뒤였다. 부엌 아일랜드 식탁에 옹기종기 모여 소시지를 한 입 베어 물고, 집을 둘러보면서 우리는 말했다. "역시 새 아파트라 좋네!", "집이 너무 깔끔하고 예뻐요!", "와 경치가 정말 좋다!" 보수할 게 보이면 손으로 만져본 뒤 별거 아니라면서 넘기기도 했다. 바로 이런 전술이 필요하다.

적대감을 가득 품은 사람일수록 내 편으로 만들어야 한다. 그것도 아주 기분 좋게. 사람은 감정적이다. 감정을 어떻게 느끼냐에 따라 그날의 기억이, 그날 기사의 방향이 달라진다. 그 아파트는 수십억 원을 호가한다. 아마 기자보다 입주민의 적대감이 더 클 것이다. 부동산 자산은 개인에게 중요하고, 잘못되면 막대한 타격을 입으니까. 그런데 아파트 단지는 내내 축제였다. 우리는 이르게 점검을 끝낸 뒤 폴라로이드 사진을 세 장이나 찍고 웃으며 헤어졌다.

기분을 좋게 만들자. 물 한 병이라도 준비하자. 책상만 놓고, 와이파이가 잘 되는지만 확인하지 말자. 어떤 이슈든 기자를 환대하자. 우리가 준비한 곳에 부른 손님이다. 더욱더 기분 좋게 입구에서부터 기자를 맞이하자. 나는 긴장되는 강연에 갈 때 강의를 잘하려고 하는 건 당연하고, 그 이상으로 철저히 준비한다. 밝은 태도를 유지하고, 입구에 가까이 앉아 있고, 미리 나와서 인사를 하면서 눈을 맞춘다. 그렇게 환대로 시작하면 청중의 반응은 대단히 호의적이다.

■■ 기사의 방향을 주도하기

단어를 특정한다. 빤한 상황에서 두드러지는 건 참신함, 신선함, 돌발적인 것들이다. '특정한다'라는 단어가 눈에 띄었을 것이다. 나의 전략이 통한 것이다. 자주 쓰지 않는 단어지만, 정확한 표현이다. 뜻이 알맞게 들어맞고, 일반적으로 쓰지 않는 단어는 도드라져서 기억에 남는다. 기자의 뇌리에 박힐 단어를 쓰자. 내가 한 말을 기자가 그대로 받아쓰도록 유도한다. 기자는 녹음을 하면서 취재하고, 이를 토대로 기사를 쓴다. 내게 유리한 단어를 고르자.

기사 분량은 한정적이다. 방송 기사는 길어도 2분 내외, 신문 기사도 신문지 칸에 들어갈 만큼 할당된다. 압축적이고 힘 있는 단어를 쓰자. 특히 서술어에 주목한다. 이를테면 '정말 열심히 했습니다' 대신 '사력을 다했습니다, 전념했습니다, 불태웠습니다, 분투했습니다' 등으로 단어의 힘을 이용한다. 한자어가 무게감 있다. 기자는 사실을 있는 그대로 전달한다. 인터뷰이가 한 말을 윤색하거나 각색하지 않고 그대로 인용한다는 것을 기억하자.

기자 간담회에서 실적 발표를 한다면 영업이익을 해석하자. 예를 들어보자. "컨슈머 부문은 올해 상반기 매출액은 330억 원으로, 1년 전 같은 기간보다 12% 상승했습니다. 영업이익은 100억 원으로 1년 전보다 16% 상승했습니다." 그다음 이 수치가 의미하는 바를 긍정적으로 풀어낸다. "이는 5년간 상반기 매출액 중 가장 높고, 영업이익은 지난 7년간 전체 영업이익 중에서 제일 많습니다." 가장 높은 금액이라면 '사상 최대, 무려 5배나 높은' 등의 표현도 적절하다.

전망을 말할 때 신경 쓰자. 보통 기사 말단에 관계자 전망이 실린다. "앞으로도 노력하겠습니다"보다 더 멋지게 표현하자.

"앞으로의 3년은 시험의 해가 될 겁니다."

"다가오는 새해는 다시 도약하는 원년이 될 겁니다."

"미래 5년을 낙관합니다."

"시간은 우리 편입니다. 믿고 나아갈 겁니다."

강한 의지를 품고 말하자. 어디서든 볼 법한 표현은 지양하자. 겸손할 필요 없다. 내가 맞이할 미래를, 회사의 환한 전망을, 가슴속에 뛰고 있는 말을 하자.

■■ 세심하게 사전에 확인하기

촬영 예정이라면 배경을 확인한다. 기자에게 문의한다. 어디에서 촬영하는지, 배경 색깔은 어떤지 확인한다. 기자가 미리 알려줄 때도 있지만, 그렇지 않은 경우가 삼백 배는 더 많다. 당신의 이미지를 결정하는 사진이다. 평생 온라인에 남을 것이다. 세심하게 확인하자. 이전에 비슷한 촬영을 했다면 관련 영상이나 사진을 참고하도록 보내달라고 요청하자. 기자는 매일 현장을 취재하고 기사를 쓰느라 분주하다. 직접 챙겨야 한다.

크로마키 촬영은 초록색이나 파란색이 배경이다. 블라인드를 내리고 촬영한 뒤 편집하면서 배경을 넣는다. 보통 기상캐스터가 크로마키 앞에서 날씨를 전한다. 크로마키 앞에서 찍는다면 초록색 또는 파란색의 옷이나 넥타이를 피한다. 나는 적어도 두 벌 이상의 옷을 챙겨 간다. 스튜디오가 상황에 따라 갑자기 바뀔 수 있어서 미리 준비한다. 사안에 따라 옷을 선택하자. 안 좋은 상황이라면 어두운 옷을 입지만, 이외에는 자신을 돋보일 색상의 옷을 고르자.

촬영 초반과 중간중간 자신의 모습이 어떻게 나오는지 확인하자. 사진 촬영이라면 어색한 자세로 멀뚱히 있지 말자. 카메라 속에 내가 어떻게 나오는지 보자. 머리카락이 흘러나오지 않는지, 잔머리가 흩날려 지저분해 보이지 않는지, 눈곱이나 먼지가 묻어 있지 않은지 살피자. 이건 카메라 감독도 잘 이야기 안 해준다. 작은 거울을 옆에 두고 자주 보자. 왼쪽, 오른쪽, 정면을 다 요구해서 잘 나오는 게 무엇인지 감독과 상의하면서 촬영하자.

▇▌ 제품 시연은 자신감으로

언론과 고객을 초청해 제품을 선보일 때가 있다. 예를 들면 현대자동차에서 신차가 나오면 호텔 연회장에 기자와 VIP 고객을 초청한다. 현대차 경영진은 행사가 시작하면 무대에 올라 인사말을 하고 신차를 소개한다. 대다수는 프롬프터를 활용해 글을 보면서 말한다. 프롬프터를 보면서 말하면 안전하게 발표를 마칠 수 있다. 프롬프터를 보지 않고 말하면 청중과 소통하면서 자연스럽게 발표할 수 있다.

내가 추천하는 건 프롬프터 없이 하는 것이다. 기자 간담회, 제품 시연회, 발표는 모두 듣는 사람이 있다. 대화의 한 형태다. 프롬프터를 보면서 말하는 건 내용을 읽어주는 것과 다름없다. 전달자 역할에 그친다. 아마 여기에 담긴 내용은 이미 보도자료로 뿌린 내용과 별다를 게 없을 것이다. 나는 자동차 기자로 신차 간담회를 많이 갔지만, 기억에 남는 발표가 없다. 발표자가 정확히 전달하는 데만 몰두해 프롬프터를 읽었기 때문이다.

여러 이해관계가 얽혀 있어서 자유롭게 발표를 하지 못할 수도 있다. 그렇다면 프롬프터를 보면서 자연스럽게 말하는 연습을 하자. 원고를 말하듯이 쓴다. 글만 봐도 목소리가 들리는 것처럼 구어체로 쓴다. 문단의 간격도 적절히 띄운다. 숨을 들이마실 틈을 만든다. 말이 빠르면 '숨'이라고 써놓자. 나는 뉴스를 진행할 때 프롬프터를 썼는데, 감정 표현까지 썼다. "미소 짓기, 근엄하게, 눈빛에 힘을 주고." 표정에서도 의미가 전달된다.

발음이 꼬이는 글자는 소리 나는 대로 적는다. '360여 곳을'이면 소리 나는 대로 [삼뱅늉씨벼고슬]이라고 쓴다. 그래야 말이 꼬이지 않는다. 실제 앵커도 이렇게 한다. 프롬프터를 넘기는 사람과 호흡을 맞춰 글이 올라가는 속도를 조절한다. 글자 크기는 크게 해야 잘 보이고, 느긋한 속도로 말할 수 있다. 사람이 많을수록 말하는 속도를 늦춘다. 맨 끝에 앉은 사람의 귀까지 말이 닿을 시간을 고려한다. 말을 느리게 하기보다는 문장 간의 간격을 넓힌다.

시간이 흐르면서 프롬프터에 익숙해질 것이다. 이때부터는 원고의 양을 줄인다. 1~10번까지 번호를 매겨서 제일 중요한 말, 잊지 않고 전해야 하는 내용만 적는다. 그러면 말이 한결 자연스러워진다. 이름, 숫자, 수치 등 정보성 위주로 담자. 제스처와 자세, 눈빛도 계획하자. 배우는 연기할 때 똑같은 장면을 여러 각도로 여러 번 찍는다. 다 똑같은 연기를 해야 한다. 이를 위해 눈썹의 움직임, 뒷모습, 동선까지 철저히 계획한다. 최상의 결과를 위해 연습하자.

핵심 **언론을 내 편으로 유리하게 활용하기**

- (특정) 두드러진 단어를 사용해 기자가 받아쓰도록 유도한다.
- (의미) 기사에 실리기 바라는 말을 직접 한다.
- (확인) 촬영을 한다면 참조 자료를 받는다.
- (소통) 프롬프터를 활용한다면 대화하듯이 글을 쓴다.

실천 **언론 인터뷰를 한다면**

- (특정) 나를 표현하는 특별한 한 문장은 무엇인가?
- (의미) 내가 기사에 쓰인다면 어떤 인물이고 싶은가?
- (계획) 어떤 유형의 인물 기사에 실리고 싶은가? 영상? 기사? 방송?
- (전략) 내가 바라는 이미지로 남기려면 어떤 전략이 필요한가?

일타강사의 교육법

'말하기 일타강사', '최고의 말하기 강사' 방송이나 기업에서 나를 소개하는 말이다. 스스로 이렇게 표현하자니 수줍지만, 내 강의는 독보적이다. 어떤 수강생이든 실력이 빠르게 늘고, 수업을 재밌어하고, 회사에 소개하고, 가족과 친구를 데려온다. 궁극적으로 세상의 모든 교육의 질이 높아지기를 바라기에 나의 교수법 비결을 소개한다.

▌▎ 이것을 배우면 무엇을 얻는가

나는 늘 고민한다. 이 수업을 들으면 수강생은 무엇을 얻는가? 말하기를 배우지 않아도 지금까지 잘 살았는데, 왜 지금 말하기가 필요한가? 수업 때마다 이 고민을 한다. 어제와 오늘은 같지 않고, 수강생도 다르고, 나는 똑같은 내용을 반복하지 않기에 매일 고민한다. 거의 매일 강의를 하지만, 그날 주제에 맞는 새로운 말로 수강생을 설득한다. 10여 년간 강의했지만, 똑같은 말로 시작한 적이 없다.

가령 설득 수업이라면 이렇게 말한다.

"설득을 잘하면 인생이 행복해져요. 누구든 내 편으로 만들 수 있어요. 설득은 상대방의 입장에서 무엇을 원하는지 생각해야 통해요. 설득을 잘하면 타인에게 공감할 수 있어요. 설득력이 높아지면 직장에서는 의견이 쉽게 받아들여지고, 업무 성과를 인정받아요. 사랑하는 사람과 잘 지낼 수 있고, 진심을 주고받을 수 있어요. 여러분은 오늘 인생이 행복해지는 방법을 깨달으실 겁니다."

나를 소개할 때도 설득한다. 내 경력이 수강생에게 어떤 도움을 주는지 말한다. 만일 수강생이 팀장이라면 팀장에게 도움 되는 이력으로 나를 소개한다.

"일주일 전에 제가 한 기업에서 팀장 서른 명을 대상으로 '탁월한 리더의 매력적인 대화법'에 대해 강연했는데요. 어디나 팀장님들이 겪는 고민이 비슷했어요. 구성원을 설득해야 하고, 또 상사를 설득해야 하죠. 아마 여러분도 비슷한 고충이 있을 거예요."

내가 살아온 흔적은 다양한 경험의 축적이다. 이력서의 한 줄을 새겨 넣듯이 몇 단어로 나를 소개하기에는 충분하지 않다. 강의 대상에 따라서 내가 당신에게 도움이 되는 이유, 내가 강사라서 당신에게 좋은 점을 말한다. 나를 소개하면서 오늘 이 자리에 와서 감격스럽다거나 초대해 줘서 영광이라는 말은 생략한다. 감사 인사는 개인적인 소감이므로 강의가 끝난 뒤에 전해도 된다. 교육은 처음부터 끝까지 수강생에게 도움이 되어야 한다고 나는 믿는다.

■■ 이론마다 설득하기

나는 "말을 잘해야 한다"라고 말하지 않는다. 말을 잘하면 수강생에게 무엇이 좋은지를 설득한다. 발음이 어눌해도 진심이 전달될 수 있다. 말하지 않아도 통하는 진심도 있다. 설명이 불가능하지만, 감각으로 전달되는 진심도 있다. 그러므로 설득한다. 수강생은 자신에게 도움이 된다고 하면 호기심이 생긴다. 더욱이 강사가 설득하면 친절하게 느껴진다. 수강생의 태도는 호의적으로 변하고, 교육 효과도 높아진다.

나는 말을 잘하면 좋은 이유를 이렇게 설득한다.

"말을 잘한다는 건 나를 잘 안다는 의미예요. 내가 무엇을 좋아하고 싫어하는지, 앞으로 어떻게 살기를 바라는지, 나에 대해 알면 알수록 분명하게 말할 수 있어요. 만약 왜 달리냐는 질문을 받았는데, 나를 모르면 '운동해야 하니까'라고 할 텐데요. 나를 알면 '예민한 성격인데, 달리면서 인내심이 생겨 다정해졌어'라고 말할 수 있어요. 나를 잘 알면 흔들리지 않고 표현력도 풍부해져요. 결국 말하기를 통해 나 자신을 알 수 있습니다."

전달력에 대해서는 이렇게 말한다.

"신뢰를 얻는 가장 쉬운 방법은 발음을 정확히 하는 거예요. 그러면 유능해 보여요. 좋은 목소리는 듣자마자 집중되잖아요. 누구나 좋은 목소리를 가졌지만, 우물우물 말하거나 말끝을 흐리면서 발음해 좋은 목소리가 잘 들리지 않아요. 자신감도 떨어져 보이고요. 발음이 정확하면 말끝까지 힘이 있고, 자신만의 음색이 시원하게 전달돼요. 목소리 좋다, 자신감 있다는 소리를 들을 수 있습니다."

▮▮ 실습으로 참여를 끌어내기

이론 교육은 듣기만 하면 따분하다. 직접 참여해야 더 재미있다. 나는 수업을 시작하고 10분 안에 바로 실습한다.

수강생에게 말하기 목표를 설정하라고 한다.

"어떻게 말하는 사람이 되고 싶나요? 사람들이 나를 어떻게 느끼기를 바라나요?"

옆 사람과 대화를 시킨다.

"오늘의 실습 짝꿍입니다. 인사하세요."

수강생들이 서로 눈을 맞추고 인사한다. 처음에는 어색해하지만, 모두 잘 따라온다. 생소하면서도 뭔가 재미있고, 일반적인 강의와 다르다고 느낀다. 그다음 3분 동안 대화하라고 한다. 먼저 질문할 사람도 정해준다. 머리카락이 긴 사람, 액세서리를 많이 한 사람, 안경을 쓴 사람. 수강생은 서로를 살피면서 한 번 웃고는 순서를 정한다. 강사가 순서를 정해주면 효율적이다. 안 그러면 순서를 정하다 아까운 시간이 흐른다. 시간은 최상의 가치다. 대화가 시작되면 시끄러울 정도로 모두 즐겁게 대화한다. 인간은 자기 이야기를 하는 걸 좋아한다. 그 사실이 다시 한번 입증되는 순간이다.

이어진 실습에서는 발표할 사람을 찾는다. 직접적인 피드백을 주기 위해서다. 나는 일대일 수업처럼 강의하려고 노력한다. 자신에게 맞는 방법을 피드백하면 교육 효과가 높아진다. 딱 한 사람이라도 발표하고 피드백받는 모습을 보면 이론이 훨씬 더 와닿는다. 그래서 나는 어떤 규모의 수업이든 실습과 피드백을 적용한다.

나는 또 참여를 설득한다.

"말하기는 개인차가 커요. 저희 부모님은 사투리를 쓰시는데, 저는 서울에서 태어나 아직도 부모님 말씀을 못 알아들을 때가 있어요. 저마다 특유의 목소리가 있고, 자라온 환경, 성격, 목표에 따라 말하는 방식이 다르죠. 그래서 말하기는 개인에게 꼭 맞는 방법을 알면 효과적인데요. 그 효과를 위해 제가 왔습니다. 저는 10초만 들어도 어떤 언어 습관이 있는지 다 알아요. 여러분의 목표를 이루도록 도와드릴게요. 나와보실 분?"

■┃ 즉석에서 피드백하기

반응은 뜨겁다. 여기저기서 손을 들고 발표하겠다고 한다. 기업 인사팀에서는 "이렇게 활발하게 참여하는 모습은 처음이에요"라고 말한다. 내 강의가 빛나는 순간이다. 발표가 무서웠던 사람도 안전하다고 생각해서 용기를 낸다. 수업을 시작할 때부터 여태껏 나는 당신을 위해 이 자리에 왔다고 설득했기 때문이다. 수강생이 3분 정도 발표하면 나는 그 자리에서 피드백한다. 즉석 피드백 영상은 홍버튼 유튜브에서 확인할 수 있다.

수강생에게 해줄 말이 아무리 많아도 다섯 가지 이내로 정리한다. 정보가 넘치면 한 번에 받아들이기 힘들기 때문이다. 수강생이 기억할 만큼만 말한다. 피드백의 기준은 '내'가 아니라 '수강생의 목표'다. 나는 지식을 먼저 알게 된 선배처럼 다정하게 피드백한다. '개선하다, 부족하다, 고치다'라는 말을 쓰지 않는다. '발전하다, 바꾸다, 더 낫다, 코완하다'라는 표현으로 대체한다.

예를 들어, 수강생이 당당하게 말하고 싶다고 하면 나는 이렇게 피드백한다.

"'되다' 대신 '하다'로 바꿔보세요. 주체적이에요. 호흡이 가쁘고 말이 빨라요. 문장마다 숨을 들이쉬세요. 당당한 사람은 여유가 있죠? 내 이야기를 먼저 하세요. '투자자를 만날 때 제가'보다 '제가 투자자한테 어떻게 말할지'라고 순서를 바꾸세요. 더 주도적입니다. 시선이 발밑으로 떨어져요. 청중의 눈을 보면서 생각을 떠올리세요. 손을 상체 밖으로 뻗으면서 말해보세요. 당차 보여요."

뛰어난 교육을 하려면 내용을 잘 아는 것 이상의 탁월함이 필요하다. 나는 그 탁월함이 일대일 맞춤형 교육을 할 수 있는 능력이라고 생각한다. 만약 당신이 일대일 교육에 자신 있다면 대규모 강연에도 도전해 보자. 분명히 잘할 것이다. 한 사람의 인생에 변화를 이끌었다면 수많은 사람의 변화를 이끌 능력 또한 가지고 있다. 만약 강연가가 되고 싶다면 일대일 교육부터 잘하면 길이 열릴 것이다.

핵심　　　　　　　　　　　　　　　　　뛰어난 교수법의 비결

- **목표**) 수강생이 수업에서 무엇을 얻을 수 있는가 고민한다.
- **교육**) 이론을 전할 때도 이 내용을 알면 무엇이 좋은지 설득한다.
- **실습**) 다정한 실습으로 빠른 교육 효과를 낸다.
- **즉석**) 바로 그 자리에서 일대일 피드백을 한다.

실천　　　　　　　　　　　　　　　　　일타강사처럼 교육하기

- **목표**) 당신의 수업을 들으면 수강생은 무엇을 얻을 수 있는가?
- **교육**) 이론마다 설득한다.
- **실습**) 당신의 수업에 실습을 적용한다면? 세 개 이상 계획한다.
- **즉석**) 일대일 피드백을 잘하기 위해 관찰력을 기른다.

리더의 식탁은 경청의 자리다

뛰어난 토크쇼 진행자는 패널의 이야기를 유연하게 이끌어낸다. 회사 회식이라면 리더는 진행자가 되자. 구성원의 이야기를 듣기 위해 회식에 가자. 회식이 잘 마무리되려면 구성원이 말을 많이 해야 한다. 그래야 모임 만족도가 높고, 다음 회식에도 또 온다.

▮▮ 리더는 토크쇼 진행자처럼

나는 수업이든 모임이든 참여자가 많은 이야기를 하도록 이끈다. 나와 대화하는 사람들은 별 이야기를 다 한다면서도 재미있어한다. 내가 사람을 향해 질문하고, 경청하기 때문이다. 질문을 잘하려면 경청을 잘해야 한다. 경청을 잘하는 사람은 별로 없다. 나이가 많거나 경험이 많을수록 말도 많아진다. 이런 사회다 보니 이야기를 잘 들어주는 사람이 귀하다. 리더라면 잘 들어주자. 경청만 잘해도 사람을 얻을 수 있다.

진행자처럼 말할 때 유의할 점은 구성원이 공평하게 이야기하도록 신경 쓰는 것이다. 말 많은 한 사람이 이야기를 독차지하게 두지 말자. 말하는 시간을 적절히 분배하자. 말수가 많은 사람이 3분이 넘도록 이야기하면 적당히 끊고, 말수가 적은 사람이 30초를 얘기했다면 질문해서 3분을 채우도록 한다. 말을 짧게 하는 건 말하기 싫어서가 아니다. 말을 길게 해본 적이 별로 없어서다. 자기 이야기가 재미없다는 생각에 말을 빨리 끝내기도 한다. 대화를 잘하도록 진행자가 인도하자.

리더의 질문도 중요하다. 질문하면서 예를 들어주자. 자기 이야기를 보기로 보여주되 구성원이 이야기를 잘할 수 있게 도움을 주는 목적으로 말하자. 가령 허리가 아파서 병원에 가면 의사가 묻는다.

"허리 때문에 다른 데도 아프세요? 다리가 욱신거리면서 찌릿하거나 허리 주변이 쿡쿡 쑤시거나 통증 때문에 30분 이상 걷기 힘들거나, 이 중에 해당하는 증상이 있나요?"

환자가 증상을 잘 말할 수 있도록 의사가 보기를 들어 질문한다. 환자는 대답하기 한결 수월해진다.

회식에서도 응용해 보자. 예를 들어, "요즘 일하면서 어떤 게 재미있어요? 다들 어떤 것을 할 때 보람을 느끼는지 궁금해요"라고 말한 뒤에 자기 이야기를 들려준다.

"저는 신입부터 팀장이 된 지금까지 가장 재미있는 건 긴장감이 끝날 때예요. 임원 보고를 앞두고는 긴장감이 높아지는데, 그만큼 발표 준비를 철저히 해요. 실전에서는 생각한 것보다 부족하다고 느끼지만, 잘 끝났다는 확신이 들 때 짜릿해요. 여러분은 어떤지 궁금한데요. 대리님은 어떠세요?"

■■ 술을 마시는 회식은 그만두자

중요한 일을 수행하고, 위대한 목표를 이루고, 멋진 인생을 일구기 위해서는 '맑은 정신'과 '건강한 신체'와 '튼튼한 체력'이 필요하다. 술은 여기에 아무런 도움을 주지 않는다. 술을 마시면서 긴장을 풀거나 친분을 쌓는 건 낡은 사고방식이다. 실력이 있으면 친분은 따라온다. 적당한 긴장은 일에 무게를 더하고, 진지한 자세로 임하는 데 보탬이 된다. 임직원 간 적당한 거리는 말실수와 언쟁, 물의를 일으킬 언행으로부터 보호할 수 있다. 경솔과 부주의는 술자리에서 빚어진다. 술 마실 시간에 중대한 목표를 이루기 위해 한 걸음 나아가자.

김성훈 업스테이지 대표는 우리나라가 AI 강국으로 도약하는 데 기반을 마련하고자 전력을 다한다. 술은 안 마신다. 김성훈 대표는 산을 달리고, 바다를 헤엄치고, 자전거를 타고 전국을 종주한다. 나머지 시간에는 아내와 시간을 보내고, AI 기술 개발에 열을 올리고, 더 나은 인생을 위해 새로운 것을 배우러 다닌다. 업스테이지는 네이버, SK텔레콤, NC, LG와 함께 국가대표 AI 기업 다섯 곳으로 선정됐고, 이 중 유일한 스타트업 기업이다.

김성훈 대표는 나의 수강생이다. 우리는 수업 이외에 만나면 산이나 강을 달리고, 아침밥을 간단히 먹는다. 나는 사업을 하면서 기업 고객과 교류하기 위해 술을 마시지 않는다. 교류가 왜 필요한가. 목적지가 같고, 실력이 출중하면 열심히 일하면 된다. 알딸딸한 정신과 살짝 긴장감이 풀어지는 게 무엇에 도움을 주는가. 다음 날 일터에서는 다시 나사를 바싹 조여야 하지 않는가. 그럴 바에는 계속 나사를 단단히 조이고 있는 게 효율적이지 않은가? 정녕 술을 마시고 싶거든 친구나 가족과 마시자.

■❙ 모두 즐거운 회식이 되려면

단체 회식은 술보다는 식사를 중심으로 모이자. 가고 싶은 회식이 되려면 많은 사람이 오고 싶은 마음이 들어야 한다. 모두가 식사를 하지만, 모두가 술을 마시지는 않는다. 건강 때문이든 나름의 이유가 있다. 술자리에서 술을 못 마시는 사람은 눈치가 보인다.

우리 직원은 첫 회식 때 "약을 먹고 있어서 술을 못 마신다"라고 했다. 직원은 7년 동안 사회생활을 하면서 회식에는 언제나 술이 따라왔기 때문에 이번에도 술을 마실 줄 알았다고 했다. 무슨 술을 마실 건지 아무도 묻지 않았는데, 먼저 술을 못 마신다고 양해를 구한 것이다. 왜 우리 사회는 술에 관대한가. 왜 우리는 술을 종용하는가. 우리 회사는 술을 마시지 않는다. 맛집에 간다. 어느새 직원은 회식하자고 하면 "이번에는 어디에 가나요? 기대돼요!"라고 말한다.

마이클 거버는 『사업의 철학』에서 고객이 서비스나 제품을 경험할 때 '일관된 경험, 일관된 가치, 일관된 결과'를 얻는 게 중요하다고 말한다. 이를테면 오전 8시에 카페에 가서 향긋한 라테를 마시는 기분을 5일 연속 느끼거나 언제 가도 늘 향긋한 라테를 맛본 사람은 그 카페 단골이 된다. 반대로 어느 날에는 오전 8시에 문이 닫혀 있고, 어느 날에는 라테 거품이 차갑다면 고객은 떠난다. 회식도 마찬가지다. 구성원이 일관된 경험, 가치, 결과를 느끼게 하자.

회식 때는 진짜 맛있는 음식을 먹으러 가자. 메뉴만으로 회식에 오도록 설득할 수 있다. 그럼에도 결연한 의지로 기어코 술을 마시면서 친분을 쌓고 싶다면 차라리 일하면서 마시자. 사무실에 술을 비치해 두는 회사도 더러 있다. 그렇게는 못 한다면 그만 우기자. 마음을 얻는 방법은 진심을 나누는 것이지, 술잔을 기울이는 게 아니다.

▮▮ 대화하기 편한 식당을 찾기

식당은 테이블 간격이 넓어야 좋다. 모르는 사람들 테이블에 우리 대화가 안 들려야 한다. 공간은 여백이 있어야 답답함이 없다. 의자는 등받이가 있어야 한다. 기대앉을 수 있는 편한 의자가 좋다. 스툴이나 벤치형 의자는 등받이가 없어 오래 앉아 있기 불편하다. 호텔 라운지는 근사하지만, 소파는 몸이 푹 꺼져서 식사가 불편하다. 바 의자는 높아서 발이 땅에 닿지 않아 불편하다. 의자에 방석과 팔걸이까지 있으면 더 좋다.

화장실과 분리된 곳에 가되 너무 멀지는 않은 식당을 택하자. 식당 내부에 화장실이 있는 곳이 좋다. 식당을 나가서 화장실을 찾아야 하면 번거롭다. 하지만 화장실 문이 보이는 자리는 피한다. 입맛이 떨어질 수 있다. 화장실은 최소 세 칸 이상인 곳으로 가자. 그래야 정체가 없다. 미리 답사하자.

　소규모 인원이면 룸도 좋지만, 꼭 필요하지는 않다. 매장이 넓으면 홀이라도 테이블 사이가 넓어서 답답하지 않다. 나는 친한 사람과 식사할 때도 룸에 있으면 답답해서 다음 장소로 얼른 이동하고 싶다. 음식 냄새가 가득하고 환기가 잘 안 되니 나갔다가 들어오면 방 안의 공기가 답답하다. 룸은 조용해서 찰나의 침묵이 생기면 누군가가 꼭 말을 꺼낸다. 실없는 농담을 막기 위해서는 열린 공간에 적당한 소음이 있는 넓은 곳이 낫다.

　뷔페는 배불리 먹을 목적이 아니면 추천하지 않는다. 음식을 가지러 가면 대화가 끊어진다. 다 먹은 사람은 다음 요리를 가지러 가고 싶은데, 앞 사람이 얘기하면 기다려야 한다. 말하고 있는데 누가 자리에 일어나면 단지 음식을 가지러 간 것뿐이어도 내 이야기가 재미없는지 고민할 수 있다. 고깃집에 가는 것은 괜찮다. 그렇지만 고기를 구워주는 곳은 대화가 깊어지는 데 한계가 있다. 리더가 고기를 굽자. 고기 굽는 데 자신 없다면 스테이크 집에 간다.

■■ 식사 매너도 비언어다

밥을 함께 먹고 싶은 사람이 되자. 깔끔하게 먹는 방법이 있다. 휴지를 안 쓰는 게 기준이다. 환경에도 좋지 않고 음식물이 묻은 휴지가 식탁 위에 있으면 보기에도 좋지 않다. 음식은 한입에 들어갈 만큼만 뜬다. 흘리거나 입가에 묻는 이유는 과도하게 많은 음식을 입에 넣으려고 하기 때문이다. 적은 양을 천천히 먹으면 깔끔하게 먹을 수 있다. 입술에 묻은 음식을 혀로 닦지 말자. 혀란 원래 입안에 있는 것 아닌가.

음식을 조금 넣으면 삼키고 바로 말할 수 있다. 말하면서 음식이 튀는 건 입안에 음식이 남아 있어서다. 음식을 먹다가 말해야 하면 물 한 모금을 마신 뒤에 입을 열자. 음식이 입술 앞에 오기 전에 입을 벌리거나 혀를 먼저 내밀지 말자. 그릇에 얼굴을 깊이 숙이지 말자. 자세를 반듯하게 유지한 채 음식을 입까지 가져와서 먹는다. 상체를 세운 각도를 유지한다. 그 자세로 먹는 게 불편하다면 평소 자세도 신경 쓰자. 코어에 힘을 주자.

국물도, 면도 후루룩 먹지 말자. 국물을 입안에 넣고 삼키자. 조용히 먹는다고 국물 맛이 안 느껴지지 않는다. 입은 진공청소기가 아니다. 면발을 빨아들이면서 요란스럽게 먹지 말자. "나 면 먹는다!"라고 소문내지 말자. 소리 없이 먹자. "소리 내서 먹는 게 맛있어 보인다. 그게 미덕이다"라고 주장하지 말자. 조용히 먹는다고 칭찬받은 적은 있어도 왜 소리 내서 안 먹냐고 타박하는 사람을 나는 본 적이 없다. 식사를 맛있게 하되 정중하게 먹자.

> **핵심**
>
> ## 리더의 식탁은 경청의 자리다
>
> - [회식] 놀랍도록 맛있는 음식을 먹으러 간다.
> - [진행] 리더는 토크쇼 진행자로 나선다.
> - [보기] 대답을 편히 하도록 보기를 제시한다.
> - [매너] 식사 매너의 격을 높이자.

> **실천**
>
> ## 모임 자리에서 진행자가 되기
>
> - [회식] 최고의 경험이 될 수 있는 식당을 고른다.
> - [진행] 공통적으로 이야기 나누기 좋은 주제로 질문한다.
> - [보기] 대답하기 편하게 내 이야기를 간략히 들려준다.
> - [매너] 혼자 먹을 때도 식사 매너를 지켜야 습관이 된다.

3장.

성공하는 설득의 7가지 원칙

상대방이 얻을 것을 말한다

책을 함께 작업하는 편집자가 작가에게 이메일을 보냈다.

편집자   작가님, 나머지 원고는 한글 문서로 작성해 주세요. (편집자 이득) 그래야 제가 작업하기 편합니다.

같은 말을 이렇게 바꾸면 어떨까?

편집자   작가님, 나머지 원고는 한글 문서로 작성해 주세요. (작가 이득) 그러면 작가님 책이 정교하게 나와 빠르게 독자를 만날 수 있습니다.

■■ 상대방이 이것을 하면 뭐가 좋을까

상대방에게 변화를 요구하면서 자신이 얻을 것만 말하는 사람이 많다. 작가는 이메일을 보고 '내가 왜?'라고 생각할 수도 있다. 편집자가 자신의 편의를 생각하듯 작가도 자신의 편의를 생각하기 때문이다. 작가는 초고를 노션으로 작업해 편집자에게 보냈다. 출판사에서는 한글 문서를 선호했지만, 새내기 작가는 이 사실을 몰랐다. 작가는 노션이 편했고, 한글 문서로 보내려면 비용을 들여 프로그램을 새로 깔아야 해서 불편했다. 이런 상황에서는 '상대방의 이득'을 말해야 설득된다.

편집자의 말은 요구, 요청, 제안이지 설득이 아니다. 요구와 요청은 어떤 행동을 해달라고 청하는 것이다. "창문을 열어달라고 요구했다", "인터뷰를 요청했다"와 같은 것이다. 제안은 의견을 내놓는 것이다. "공원에 가자고 제안했다"가 해당된다. 설득은 '이걸 하면 상대방에게 무엇이 좋은지 말해 변화를 이끄는 것'이다. 창문을 열면 뭐가 좋은지, 인터뷰를 하면 뭐가 좋은지, 공원에 가면 뭐가 좋은지 나 자신을 떠나 상대방의 입장에서 얻을 것을 말하는 것이다.

상대방에게 변화를 요구한다면 상대방이 얻을 것을 말하자. '작가가 한글 문서를 사용하면 뭐가 좋을까?'를 생각한다. 편집자 본인이 편하다는 말은 작가에게 통하지 않는다. 편의를 요구하는 건 비즈니스 관계에서 어울리지 않는다. 비즈니스 관계는 서로의 이득을 위해 손을 잡는 사이다. 상대방이 얻을 수 있는 실질적인 '이득, 이점, 혜택'을 강조하자.

▮▮ 설득은 관계에 영향을 미친다

설득이 통하면 '관계'가 형성된다. 한 번 만나서 좋았던 사람은 계속 만나고 싶은 것처럼 비즈니스 관계에서도 좋은 파트너가 된다. 반대로 설득이 통하지 않는다면 관계가 형성되기도 전에 끝난다. 앞의 사례는 내 첫 책의 여러 편집자 중 한 사람과 겪은 일이었다. 그는 다른 출판사로 옮겨 나에게 수차례 출간을 제안했지만, 끌리지 않았다. 언제나 제안에 그쳤기 때문이다. 제안은 그 자체로 거절 이유다. 본인에게 이로운 점만을 이야기하기 때문이다.

그는 한 번도 내 입장에서 얻을 것을 말한 적이 없다. 마침 이 글을 쓰는 중에도 그에게 연락이 왔다. 본인이 맡은 신간을 내 SNS에 홍보해 줄 수 있는지 물었다. 그 이상 아무 이야기가 없었다. 내가 그 책을 홍보하면 받는 비용이 있는지, 그 책이 내 강연과 사업에 이득이 있는지, 그 책이 흥버튼 구독자에게 도움이 되는지는 하나도 이야기하지 않았다. 나는 그와 메시지를 주고받는 일도 멈춰야겠다고 생각했다.

설득하지 않으면 불친절하게 여겨진다. 자신의 이득만 고수하는 사람 같고 이기적이라는 생각이 든다. 중요한 것은 결과보다 과정이다. 좋은 과정이 좋은 결과를 만든다. 설득하는 사람은 상대방이 원하는 것이 무엇인지 생각하고, 상대방의 입장에서 고심하고, 상대방에게 이로운 것을 제시한다. 나아가 설득을 잘하는 사람은 상대방이 생각하지 못한 놀라운 제안까지 한다. 그런 사람과는 평생 함께하고 싶은 마음이 든다. 내게도 그런 유능한 파트너가 있다.

■■ 설득의 달인 『대화의 정석』 편집자

내가 사랑하는 편집자 안진숙은 설득의 달인이다. 우리는 『대화의 정석』, 『사랑은 모든 걸 이기니까요』를 함께 작업했다. 나는 글을 쓸 때면 아주 작아진다. 내 글이 쓰레기 같고, 이런 글은 세상에 나오면 안 될 것 같다. 초고 마감일이 다가왔고, 나는 기어들어 가는 목소리로 말했다.

"팀장님, 초고가 쓰레기 같아서 못 보내겠어요."

"작가님, 일단 보내보세요. 초고잖아요. 그대로 나가지 않아요. 어차피 책이 나오려면 시간이 한참 남았어요. 저랑 계속 맞춰가면 돼요. 걱정하지 마세요."

나는 안심이 됐다.

'그렇지, 이건 초고야. 아직 수정할 수 있는 시간이 꽤 남았지. 내게는 능숙한 편집자가 있어.'

나는 마음이 열려 초고를 보내면서 말했다.

"그럼, 팀장님 혼자만 보세요."

안진숙은 흔쾌히 자기만 보겠다며 걱정하지 말라고 나를 또 달랬다. 『대화의 정석』 마지막 챕터에는 나 자신과 대화하는 방법을 실었다. 다른 챕터와 달리 나의 이야기가 들어갔고, 나는 욕심을 부려서 많은 분량을 썼다. 이 부분을 읽은 안진숙은 나를 설득했다.

"작가님, 마지막 챕터 글이 정말 좋아요. 작가님이 어떤 생각과 마음으로 여기까지 왔는지 잘 알 수 있는 글이라 정말 좋았어요. 『대화의 정석』에만 싣기에는 아까운데요. 저와 에세이를 한 권 더 내시죠."

나는 너무 기뻤다. 또 책을, 그것도 에세이를 낼 수 있다는 희망에 들

떠서 스스로 많은 글을 뺐다. "사실 수필 같아서 자기계발서와 어울리지 않는다"라고 말할 수 있었는데도, 안진숙은 내 마음을 정확히 꿰뚫어보고 설득한 것이다.

그는 내 글에서 작가로 오랫동안 살고 싶다는 소망을 발견했다. 내가 원하는 것은 좋은 글을 쓰는 것이고, 독자와 글로 소통하고 싶은 마음이 크다는 것, 그로 인해 한 문장을 쓸 때도 심혈을 기울인다는 것을 알아챘다. 그는 내가 원하는 삶이 무엇인지 알았고, 그것을 이야기하면서 나의 변화를 유도했다. 그러니 설득이 통한 것이다. 그것도 아주 기분 좋게. 그 후 우리는 『사랑은 모든 걸 이기니까요』라는 에세이를 냈다. 이 과정에서도 설득이 있었다.

나는 에세이를 잘 쓰기 위해 불안을 다스리며 열심히 달렸고, 그러다 보니 글에 달리기 이야기가 자주 등장했다. 안진숙은 말했다.

"작가님, 열심히 달리면서 글을 쓰신 게 느껴져요. 달리기 이야기가 진짜 재미있고, 아주 많더라고요! 달리기 책을 내면 너무 좋겠는데 하는 생각이 들었어요."

나는 또 신나서 달리기 이야기를 대거 뺐다. 그런데 아직 달리기 책 이야기는 없다. 나올지 안 나올지도 모르겠다. 그래도 아주 좋다. 그의 마음이 너무나 고맙다. 내게 귀한 사람이다. 나는 그와 함께 앞으로도 어떤 미래를 만들 수 있을까 궁리한다. 설득은 이렇게나 관계를 깊게 만든다.

> **핵심** **나를 떠나 상대방이 얻을 것을 말한다**

- (상대) 같은 말도 상대방 입장에서 말한다.
- (이득) 이걸 하면 상대방은 무엇이 좋을까 고심한다.
- (심화) 설득이 통하면 관계가 깊어진다.
- (숙고) 나를 떠나 상대방의 입장에서 진지하게 생각한다.

> **실천** **설득하고 싶은 사람을 떠올리기**

- (이득) 이걸 하면 그 사람에게 무엇이 좋은가?
- (깊이) 그 이득은 과연 그 사람이 깊이 원하는 것인가?
- (관계) 내가 그 사람에게 줄 수 있는 건 무엇인가?
- (숙고) 온전히 그의 세상에서, 그의 입장에서, 그의 시선으로 바라보자.

상대방의 관점으로 설득한다

나는 어머니에게 자주 잔소리를 하곤 했다. 어머니는 60대 초반에 무릎 관절 수술을 했다. 일반적으로 관절 수술 후에는 자전거를 타거나 수영을 하면서 재활에 힘쓴다. 그런데 어머니는 운동을 싫어해 잘 하지 않았다. 바닥에 앉았다가 일어나는 것도 힘들어했다. 오래 걷는 것은 무리였고, 산책하다가도 벤치나 바위에 자주 걸터앉아 쉬었다.

■ '해야 한다'는 당위성을 강조하는 말

나는 어머니가 못마땅했다. 왜 자신의 건강을 소홀히 하는지. 어머니의 동생인 이모도 무릎 관절 수술을 했지만, 이모는 매일 새벽 6시면 아쿠아로빅을 하러 갔다. 수년째 반복하는 일상이다. 덕분에 쪼그려 앉기도 하고, 바닥에 앉았다가 일어날 때도 거뜬하다. 무릎 관절 수술을 한 사람 같지 않을 정도다. 나는 자주 이모와 비교하면서 어머니를 나무랐다. 그런데 설득을 공부한 뒤에 반성했다. 지금까지 내가 했던 말은 나를 위한 말이었다.

나는 어머니가 잘 걷기를 바랐지, 백외숙이라는 사람이 왜 걸어야 하는지, 백외숙이 잘 걸으면 무엇이 좋은지를 한 번도 생각해 본 적이 없었다. 그동안 내가 했던 말은 설득이 아니었다. 운동해야 건강하다는 생각에 어머니를 맞추려고 한 것이었다. '해야 한다', '해야지'라는 말은 마땅히 그렇게 해야 한다는 '당위성'을 전제로 한다. "학생이면 공부해야지", "어린이는 부모님 말씀을 잘 들어야지"와 같은 말이 해당한다.

당위성을 강조하는 것은 상대방을 위한 말이 아니다. 일반적으로 그렇게 하니까 당신도 그렇게 하라는 것이다. 기준에 맞지 않는 행동을 하면 잔소리하거나 혼내는 이유와 같다. 이는 설득과 거리가 멀다. 설득은 상대방이 원하는 것을 이루는 방법을 말하면서 스스로 행동하게 하는 것이다. 공부하면 무엇이 좋은지를 학생의 입장에서 말하는 것이다. 나는 어릴 때 과학 공부에 흥미를 못 느꼈다. 그 시절 선생님은 나를 설득할 생각은커녕 못마땅하게 여겼다. 만약 내가 과거로 돌아간다면 중학생이었던 나를 설득할 것이다.

"너는 하늘 보는 걸 좋아하지? 그렇다면 과학을 공부해 봐. 하늘이 왜 형형색색 옷을 갈아입는지 알게 돼. 과학을 배우면 세상을 읽는 언어를 깨닫게 될 거야. 네가 앉아 있는 의자도 과학적인 원리가 있어."

한편으로는 이런 생각이 들 수 있다.

'학생이면 공부하는 게 당연한 거 아냐? 말 안 듣는 애가 이상한 거 아냐? 일일이 설득해야 해?'

■■ 좋은 설득은 훌륭한 조언이다

나 역시 하라는 대로 하는 게 익숙한 시대를 살았다. 하지만 고등학교에서 한 선생님을 만나고 달라졌다. 공부에 시큰둥했던 나는 대학교에 가지 않으려고 했다. 선생님은 다른 선생님들처럼 잔소리도 하고 야단도 쳤다. 그런데도 말을 듣지 않자 나를 설득했다.

"홍수야, 너 노는 거 좋아하지? 그러면 대학교에 가. 너 대학생 되면 진짜 재미있게 놀 수 있다?"

이게 무슨 뚱딴지같은 소리일까. 공부하면 잘 놀 수 있다니, 18년 인생에서 처음 듣는 이야기였다. 그런데 귀가 쫑긋했다.

"그게 무슨 말씀이세요? 대학생은 뭐 하고 노는데요?"

나는 친구들과 노는 걸 좋아했다. 학교에 가는 이유는 친구들과 놀기 위해서였다. 선생님은 그런 나를 알고, 대학교에 진학하면 잘 놀 수 있다는 말로 나를 설득했다. 나는 그런 선생님이 재미있기도 하고 좋아서 열심히 공부했다. 대학교에 갔고, 선생님 말씀대로 진짜 재미있게 놀았다. 가장 친한 친구도 대학교에서 만났으니, 선생님에게 진심으로 감사하다. 유일하게 존경하는 스승님이다.

이 세상에는 설득하는 사람이 드물다. 이 때문에 설득을 잘하면 쉽게 통한다. 대부분 설득을 하지 않아서 설득을 하면 친절한 사람, 나를 진심으로 생각하는 사람으로 여긴다. 나의 관점을 떠나 상대방의 관점에서 바라보자. 자녀가 공부하기를 바란다면 부모의 입장에서 벗어나자. 공부를 잘하면 자녀가 원하는 인생에 어떤 도움을 주는가? 자녀는 자신의 인생에서 무엇을 얻기 바라는가? 그게 무엇인지 알고는 있는가? 자녀의 관점에서 세상을 바라보면 설득의 실마리를 찾을 수 있다.

작곡가 코드쿤스트가 모교에 찾아가 작곡가 지망생들을 대상으로 강연한 적이 있었다.

학생   저는 고등학교 2학년이에요. 음악을 공부하고 싶은데, 학교 공부가 꼭 필요할까요?

코쿤   공부가 도움 되죠. 제 주변에 잘나가는 작곡가들도 공부를 잘한 사람이 많아요. 엉덩이를 의자에 오래 붙인 사람이 음악도 잘해요. 공부하면서 쌓은 습관과 인내력은 무엇을 하든 도움이 돼요. 저도 공부 잘했어요.

나는 이 영상을 보면서 감탄했다. 코드쿤스트는 학생이 원하는 작곡가의 길에 공부가 도움이 된다고 말했다. 학생이면 당연히 공부를 열심히 해야 한다거나 어느 대학교, 어느 전공이 도움 된다고 말하지 않았다. 공부로 얻을 수 있는 가치인 '엉덩이를 붙이고 있는 힘'과 '인내'가 작곡가라는 직업에 도움 된다고 했다. 학생들의 눈빛은 총명해졌고, 교실 분위기는 일제히 바뀌었다. 그들은 앞으로 고민 없이 공부에 전념할 것이다.

■■ 원하는 것을 모를 때는 관찰하기

상대방이 원하는 게 명확하면 그걸 이루는 방법을 말하면서 설득할 수 있다. 그러나 본인이 원하는 게 뭔지 모르고, 물어봐도 대답이 모호하다면 설득이 어렵다고 여길 수 있다. 이럴 때는 관찰하자. 어머니도 자신이 원하는 것을 두루뭉술하게 이야기하곤 했다.

"우리 아들딸이 잘되는 게 엄마의 행복이다."

나는 어머니를 관찰했다. 어머니에게 운동이 왜 필요할까? 지금 어머니는 무엇을 원할까? 어머니가 잘 걸으면 무엇이 좋을까? 어머니는 손녀인 리나와 노는 걸 무척 행복해했다. 지금도 이 사실은 변함없다. 순간 머릿속에 떠오른 기억이 있었다. 가족 여행으로 일본에 갔을 때였다. 리나는 네 살이었고, 아장거리면서 걷다가 종종거리면서 뛰었다. 어머니는 리나 곁을 따라다니다가도 리나가 그 작은 다리로 뛰어가면 나를 불렀다.

"고모가 얼른 가서 리나 좀 잡아라."

그때 어머니는 직접 따라가고 싶지 않았을까? 어머니가 잘 걸으면 리나와 더 잘 놀 수 있다! 나는 어머니를 설득했다.

나	엄마, 수영 등록하러 가요.
엄마	(무표정으로) 음…….
나	생각해 보세요. 우리 지난번에 리나랑 일본 여행 갔을 때 재미있었죠?
엄마	(엄마의 얼굴에 웃음이 번지기 시작하며) 응. 진짜 좋았지. 또 가고 싶다.
나	앞으로 리나가 더 크면 더 멀리 여행 갈 수 있겠죠? 그런데 유럽 같은 곳은 유적지가 많아서 걸어 다녀야 하잖아요.
엄마	(웃음이 더욱 커지면서) 유럽 여행?
나	리나랑 유럽에서 같이 다니려면 지금부터 운동해서 다리를 건강

하게 만들면 좋잖아요. 수영하러 가요. 알아보니까 집에서 차로 5분 거리에 있는 수영장에서 아쿠아로빅 수강생 모집하고 있어요. 가자, 엄마!

엄마   그럴까? 가자, 가자. 우리 딸이 최고네.

어머니는 60여 년 인생 최초로 운동을 등록했다. 수영복과 물안경, 수영모자도 샀다. 리나와 여행 갈 미래를 상상하면서 어머니는 변화의 의지를 다졌다. 어머니가 원하는 것을 정확하게 꿰뚫은 결과, 내 목적도 달성했다. 어머니가 건강해지는 것. 좋은 설득은 상대방과 나, 우리가 함께 잘되는 길을 제시한다. 설득하고 싶은 사람이 있다면 관찰하자. 은연중에 원하는 것을 말하고, 말하지 않는다고 해도 행동으로 나타낼 것이다. 거기서 단서를 찾자.

> **핵심**
>
> ## 상대방의 관점으로 바라보기
>
> (당위) '해야 한다', '해야지'는 당위성을 강조한 말이다.
> (관점) 철저히 상대방의 관점에서 바라본다.
> (기준) 설득할 때는 상대방의 기준에 따른다.
> (관찰) 상대방을 관찰하면 설득의 단서를 발견할 수 있다.

> **실천**
>
> ## 설득에 실패했던 순간을 복기하기
>
> (당위) '해야 한다'를 '-를 하면 -해서 좋다'라는 설득의 언어로 바꾸자.
> (상대) 상대방의 관점에서 보면 어떤 말이 듣고 싶었을까?
> (기준) 상대방은 자신의 인생에서 무엇에 높은 기준을 두는가?
> (단서) 상대방의 행동을 관찰해서 단서를 찾았는가?

불편을 없애면 매혹된다

물걸레 청소기를 사러 백화점에 갔다. 영업 사원은 신제품을 보여줬다.

나　　물걸레 청소기 있나요?

사원　이게 새로 나온 청소기인데요. 헤드를 바꾸면 물걸레 청소기가 돼요. 헤드가 총 다섯 개인데, 창문 틈새 먼지를 빨아들이는 헤드도 있고, 침구용 헤드, 높은 곳을 청소하는 헤드까지 있어요. 먼지도 직접 빨아들여서 세워놓으면 먼지 통을 알아서 비워줍니다. 요즘 제일 많이 나가요. 백화점 카드로 결제하시면 할인 혜택도 있습니다.

나　　이거 말고 물걸레 전용 청소기는 없나요?

▐▎ 판매 미션을 수행하는 영업 사원

나는 설명을 들으면서 귀찮겠다는 생각부터 들었다. 이미 집에는 청소기가 있다. 굳이 여러 종류의 헤드를 갈아 끼우면서 청소할 마음은 없었다. 나는 물건을 사면 고장 날 때까지 쓰는데, 집에 있는 청소기는 아직 멀쩡했다. 물걸레 기능만 필요했고, 다른 기능은 필요 없었다. 몸집이 커서 자리만 차지하겠다는 생각도 들었다. 영업 사원은 내 마음도 모른 채 계속 신제품 청소기를 선보였다.

그는 늘 하던 대로 청소기를 설명했을 것이다. 왜 고객에게 한마디도 묻지 않고 설명만 했을까? 나라면 "집에서 쓰는 청소기가 있으세요?", "물걸레로 어디를 청소하고 싶으세요?"라고 물었을 것이다. 매장에 방문한 고객은 원하는 게 분명하다. 나는 걸레로 바닥을 닦는 게 무릎도 아프고 힘들어서 잘 하지 않았고, 그랬더니 집에 먼지 뭉치가 돌아다녀 불편했다. 나 대신 물걸레 청소를 잘해줄 청소기가 필요했다. 그것도 지금 당장!

고객에게 한 번만 질문했더라면 영업 사원은 알맞은 상품을 찾아주고, 실적도 올렸을 것이다. 영업 사원 중에는 회사에서 팔라고 하는 것에만 집중하는 경우가 많다. 아웃백에 가서 자리에 앉으면 직원이 메뉴를 설명하면서 "오늘 이 메뉴를 드시면 할인 혜택이 있습니다"라고 추천한다. 나는 한 번도 그런 메뉴를 먹은 적이 없다. 대뜸 제안하고, 누구에게나 하는 말에 끌릴 이유가 없지 않은가. 잘 팔고 싶으면 고객이 원하는 것을 알아내고, 거기에 맞춰 팔면 팔린다.

■■ 고객이 최우선으로 원하는 것에 초점을 맞추기

고객이 물걸레 청소를 원한다고 하면 다른 기능은 빼고, 물걸레 청소가 얼마나 잘되는지 집중적으로 이야기한다. 내가 영업 사원이었다면 이렇게 말할 것이다.

사원   이 청소기가 물걸레질을 잘합니다. 들어보시면 묵직한데요. 이래야 바닥을 잘 닦습니다. 이번에 새로 나오면서 물걸레 기능을 강화했어요. 손으로 꾹 눌러서 바닥을 닦는 것처럼 만들었어요. 찬물을 넣어도 직접 온도를 높여서 찌든 때도 닦아주고요. 저희 물걸레 청소기 제품 중에서 이 신제품에만 유일하게 있는 기능이에요.

물걸레 청소가 잘된다고 설명하면 고객은 흥미를 보일 것이다. 그때 다시 질문한다. 고객은 질문받는 것만으로 직원이 관심을 준다고 느껴 친절하다고 생각하고 호의적으로 바뀐다.

사원   고객님 집에 닦을 곳이 많은가요? 집 평수가 어떻게 되나요?
고객   33평이에요.
사원   그러면 한 번만 물을 채우면 집 전체를 물걸레질할 수 있어요. 이게 물통인데, 용량이 150ml로 30분 동안 쏠 수 있어요. 물걸레 청소를 자주 하면 집 전체를 돌아도 10분 안에 끝나니까 넉넉합니다.

고객은 사고 싶은 마음이 들고 청소기를 살펴볼 것이다. 고객이 질문까지 하면 거의 다 넘어온 것이다. 고객이 마음을 굳히도록 불편을 없애는 데 집중한다.

고객 걸레는 어떻게 관리하나요?
사원 걸레는 두 종류가 있어요. 일반 걸레와 일회용 부직포인데요. 매일 쓴다면 걸레는 일주일에 한 번 정도 빠는 걸 권합니다. 세탁기에 돌리거나 할 것 없이 세면대에 물을 받아놓고, 세제 풀어서 약하게 조물조물 손으로 빨아주면 오래 쓸 수 있어요.

고객이 원하는 기능으로 충분히 설득했다면, 다른 기능도 청소에 보탬이 된다고 이야기하자. 매력이 높아진다.

사원 청소하다 보면 대청소도 필요하잖아요. 책상 위나 창문 틈새에도 먼지가 있으면 닦아줘야 하는데요. 이 청소기는 헤드가 다 합쳐서 다섯 개예요. 이것만 있으면 대청소까지 가능합니다. 게다가 세워놓으면 알아서 먼지 통을 비워주니까 따로 손댈 일이 없어요.

결국 같은 내용이지만, '고객이 원하는 순서대로' 바꿔서 말하면 나머지 기능은 혜택처럼 느껴진다.

■ 불편을 없애는 데 주목하기

무언가를 사고 싶은 건 필요에 의해서인데, 필요는 '부정적인 감정'에서 출발한다. 나는 물걸레 청소기가 없어서 불편했다. 먼지가 돌아다니는 게 마음에 들지 않았다. 청소도 해보고 물걸레질도 해봤지만, 계속 불편해서 물걸레 청소기를 사러 간 것이다. 강한 동기가 있으니 바쁜 시간을 쪼개 붐비는 백화점에 주차하고, 매장까지 갔다. 집을 반짝반짝하게 만들고 싶은 것보다 '먼지가 안 보이기를 바라는 마음'이 최우선이었다.

다른 경우도 마찬가지다. 여행을 가는 건 좋은 것을 보고 쉬고 싶은 마음도 있지만, '지겨운 일상에서 잠시 벗어나고 싶은 마음'이 더 크다. 옷을 사고 싶은 건 예쁜 옷을 입고 싶은 마음보다 '옷장에 입을 옷이 없어서'다. 운동해서 멋진 몸매를 만들고 싶은 마음의 기저에는 '지금 내 몸이 마음에 들지 않는다'는 불만이 있다. 이직을 원하는 건 지금보다 좋은 회사에 다니고 싶은 마음도 있지만, '이 회사가 마음에 들지 않는다'는 심리가 작용한다.

불편에서 벗어나고자 하는 욕구는 다른 무언가를 찾게 하는 동기로 승화한다. 그러니까 누군가를 설득하려면 장점만 언급해서는 잘되지 않는다. 그가 무엇을 불편해하는지, 무엇에서 벗어나고 싶은지 알아내는 게 중요하다. 내 수강생들도 한결같이 불편한 점, 마음에 안 드는 점, 불만족스러운 점을 가장 먼저 말한다.

"설득이 자꾸 결실 없이 끝나요." "대화가 잘 안 돼요." "발표할 때 긴장하는 게 너무 싫어요."

상품이나 서비스가 탄생하는 건 불편을 없애기 위해서다. 그것이 바로 '가치'다. 집이 생긴 건 자연이나 동물의 위협에서 생명을 지키기 위해서다. 초가집에서 아파트까지 집의 형태가 발전한 것도 불편을 하나씩 해소하면서 진화한 것이다. 신제품은 이전 제품의 불편을 없애고 기능을 강화한다. 그러므로 설득할 때는 상품이나 서비스의 기능적 장점을 설명할 게 아니라 어떤 '불편'을 해결해 어떤 '가치'를 주는지에 주목하자.

■ 처음부터 가치로 매혹하기

가치로 설득을 잘하는 사람이 바로 쇼호스트다. 쇼호스트도 실력 차이가 크지만, 못 파는 쇼호스트는 '장점'만 말하고, 잘 파는 쇼호스트는 '가치'로 설득한다. 예를 들어, 홈쇼핑에서 겨울용 울코트를 판매한다고 하자. 못 파는 쇼호스트는 '울코트의 장점'을 강조한다.

"추운 겨울 온몸을 포근하게 감싸주는 100퍼센트 울코트입니다. 세계 최대 양모 생산국인 호주산 메리노 울로 만들었어요. 메리노 울은 부드럽고 가벼우면서 보온성이 뛰어나기로 유명한데요."

잘 파는 쇼호스트는 '울코트가 주는 가치'로 설득한다.

"연말에 모임 많으시죠? 오랜만에 만나는 동창들 앞에서 기죽지 않고 멋지게 보이고 싶으시죠? 이 코트 하나면 결혼식은 물론이고 송년회, 신년회, 설날까지 걱정이 없어요. 멋지게 차려입고 가세요. 100퍼센트 호주산 메리노 울로 만든 코트입니다. 보기에만 예쁜 옷은 추워서 못 입어요. 이 코트는 고급스러운데 따뜻하고 가벼워요. 촘촘한 양모가 온기를 잡아줍니다."

고객이 원하는 가치를 먼저 말한 뒤 그것을 충족시키는 기능을 말한다. 코트는 하나쯤 있을 것이다. 그런데도 새로 사려는 건, 그럴듯한 코트가 없기 때문이다. 이처럼 말하는 순서만 바꿔도 판매 실적에 차이가 난다. 이 상품이 가진 장점이 고객에게 어떤 가치로 발휘할지를 궁리하면 답을 찾을 수 있다. '왜 옷을 사는 걸까? 무엇이 불만족스러울까? 이 옷을 입고 어디를 갈까? 과거에는 무엇이 불편했을까? 이 옷을 입으면 어떤 기분을 느낄까?' 꼬리에 꼬리를 물고 생각해 보면 고객이 원하는 가치가 나온다.

핵심 — **불편을 없애는 가치에 주목한다**

- (불편) 무언가를 하려는 동기는 불편에서 출발한다.
- (장점) 장점은 특징, 기능 등 눈에 보이는 것.
- (가치) 가치는 행복, 편리 등 눈에 보이지 않는 것.
- (순서) 고객이 원하는 가치 순서로 설득한다.

실천 — **텀블러를 판매하기**

- (불편) "텀블러에 따뜻한 음료를 담았다가 몇 시간 만에 금방 식은 적이 있죠?"
- (욕구) "시간이 지나도 방금 내린 커피처럼 오래 마실 수 있다면 좋을 텐데요."
- (장점) "이 텀블러는 72시간 보온·보냉이 돼요. 3일 뒤에도 커피가 따뜻해요."
- (가치) "한겨울에 등산 갈 때도 좋고요. 한여름에는 더위를 날려줘요."

설명하는 대신 이야기한다

나는 자주 200명 규모의 강연을 한다. 강연이 끝날 때면 수강생들은 시계를 보고 깜짝 놀란다.

"벌써 강의가 끝났어요?" "시간 가는 줄 몰랐어요." "강의가 너무 재미있어요."

1시간 30분이 금세 지나간다. 내가 재미있게 강의하기 위해 주의를 기울이는 점이 있다. '예시 들기, 한 사람에게 말하기, 대화하기'다. 이 세 가지를 적용하면 재미있게 이야기하는 사람으로 거듭나고, 청중은 당신의 이야기에 푹 빠져든다.

▎▎ 최신 예시를 들기

예시는 '에피소드, 경험담, 일화, 사례'를 말한다. 이 책을 재미있게 읽고 있다면 예시가 많아서일 것이다. 내가 강연을 앞두고 가장 신경 쓰는 부분도 예시다. 무슨 예시로 이야기할까? 얼마나 적절한 예시를, 얼마나 다양한 사례로 드느냐에 따라 말하기의 질이 결정된다. 나는 이론을 전하는 대신 예시로 보여주기 위해 노력한다.

이를테면 "단어에 꽂히지 말고 대화에 집중하라"고 말한다. 그 예시로 영화관 옆자리에서 들은 대화를 들려줬다.

친구1 밥 먹었어? 난 아들이 남긴 짬뽕 먹었어.
친구2 아니, 아들이 남긴 짬뽕을 왜 먹어? 더럽게.
친구1 아들이니까.
친구2 그래도 짬뽕은 좀 그렇지. 나는 딸이 남긴 짜장면도 못 먹겠던데.

둘은 마음이 상해 영화를 봤다. 친구가 밥을 먹었는지 안부를 물었는데, '남긴 짬뽕'에 꽂혀서 대화가 엇갈린 것이다. 실제 사례를 이야기하면 몰입이 잘되고, 그 자리에서 바로 이해한다. 내 수업을 다년간 반복해서 듣는 수강생이 많은데, 그 이유는 강의가 늘 새롭기 때문이다. 레퍼토리를 반복하면서 말하면 지루해진다. 잘 통하는 이야기라도 변주를 주자.

똑같은 내용을 반복하면 당장은 편하지만, 말하기 실력은 늘지 않는다. 오히려 후퇴된다. 잘 먹혔던 이야기를 다른 데서 또 써먹지 말자. 말하려는 내용, 즉 본질은 바뀌지 않지만, 그 본질을 전하는 예시는 수만 가지로 보여줄 수 있다. 예시는 주변에서 발견할 수 있다. 교육은 큰 틀에서 인간이 만든 것이기 때문에 우리 주변에서 예시를 쉽게 찾을 수 있다. 나는 내가 겪은 것뿐만 아니라 여행지에서 스쳐가는 사람들의 모습에서 발견한 것, 버스에서 들은 이야기, 예능에서 본 것, 드라마와 주변 사람들의 이야기에서 다양한 최신 예시를 얻는다.

▮▮ 한 사람과 이야기하기

발표할 때 한 사람에게 이야기하면 집중력이 높아진다. '나'에게 이야기한다는 생각이 들기 때문이다. 평소에는 말을 잘하는 사람도 발표나 보고에서는 능력을 보여주지 못할 때가 있다. 발표 형식이 따로 있다고 여겨서 평소와 다르게 말하기 때문이다. 하지만 나를 떠나 청자의 입장에서 생각해 보자. 청자는 내 옆에 몇 명이 있든 '발표하는 한 사람'을 본다. 그러므로 일대일로 이야기하는 게 가장 잘 들린다.

한 사람에게 말한다고 생각하면 자연스러워진다. 앉아서 말하는 것과 서서 말하는 것 정도의 차이밖에 없다. 자연스럽게 한 사람에게 이야기하듯 말하자. 발표를 훨씬 잘하는 것처럼 보인다. 평상시 말투 그대로 이야기하면 된다.

"대화에 집중하는 것에 대한 중요성을 말씀드리겠습니다"라고 하는 대신 "대화할 때는 단어에 꽂히지 않는 게 중요해요. 그래야 소통이 잘되는 데요"라고 말하는 것이다.

'-요'나 '-죠'로 문장을 끝내면 왠지 어린애처럼 보일 것 같다거나 예의 없어 보일 것 같다고 걱정한다. 그렇지 않다. 충분히 예의를 갖췄다. '-니다'라고 끝내면 접속사를 남용하게 된다. 끝이 어색하니까 '그래서, 그런데, 그리고, 하지만, 그러나'를 쓴다. '-고요'는 '그리고', '-데요'는

'그런데'의 의미가 있다. '-니다'는 중요한 문장을 강조할 때 쓰자. 묵직한 느낌을 준다. 주장을 뒷받침할 때는 '-요'를 쓴다.

말에도 강약이 필요하다. '-니다'라고만 말하면 모든 문장이 강하게 들려서 오히려 주장이 빈약해진다. 어미를 바꿔서 문장의 무게를 달리하자. 청중은 편안하게 들으면서도 무엇이 중요한지 받아들이기 쉬워진다. 요즘은 영상을 일대일로 소비하는 시대다. 그렇기에 '나'에게 이야기하는 것처럼 느껴질 때 친밀함을 느끼고 마음을 연다.

"(주장) 한 사람과 대화하듯 말하면 자연스럽습니다. (뒷받침) 발표가 딱딱해질 때가 있죠? 여러 사람한테 말한다는 생각 때문인데요."

▮▮ 질문하면서 이야기하기

친구에게 재미있는 드라마를 추천할 때의 자연스러운 대화는 이렇다.

"나 진짜 재미있는 드라마 봤어. 〈미지의 서울〉 알아?"

하고 싶은 말을 꺼내기 위해 질문을 던진다.

"내가 드라마 잘 안 보는 거 알지? 그런데 이건 너무 재미있어서 이틀 만에 다 봤잖아."

실제 대화에는 질문이 많다. 이때 질문은 답변을 끌어내기보다 청자의 집중을 유발할 목적으로 사용하는 것이다.

발표에서도 질문을 섞어 말하면 자연스럽다.

"드라마 〈미지의 서울〉 아세요? 제가 드라마를 잘 보지 않는데요. 이 드라마는 이틀 만에 다 봤어요."

같은 내용을 형식적으로 발표하면 이렇다.

"〈미지의 서울〉이라는 드라마에 대해 말씀드리겠습니다. 이 드라마는 박보영 배우가 주연이고, 1인 2역을 합니다."

회사에서 사람들이 딱딱하게 발표한다고 해서 나도 따라 할 필요는 없다. 우리 회사만의 룰이 아니라 자연스럽게 발표하는 데 서툰 것뿐이다.

주제를 바꿀 때도 질문형으로 말하자. "이 점에 주목해 주시기 바랍니다" 대신 "어떤 점에 주목해야 할까요?"라고 하는 것이다. "다음 장을 보겠습니다" 대신 "그렇다면 이런 현상은 왜 일어날까요?"라고 말한다. "지금부터 태국 치앙마이 관광 수요 분석 결과를 보시겠습니다" 대신 "태국 치앙마이 가보셨나요? 지난해 치앙마이를 방문한 여행자 수 중 1위가 한국인으로 뽑혔는데요. 그 이유는 무엇일까요?"라고 해보자. 훨씬 능숙해 보이고, 더 재미있게 들린다.

> **핵심**
>
> ## 설명하는 대신 이야기하기
>
> - (예시) 에피소드, 사례, 경험담, 일화로 이야기한다.
> - (일인) 한 사람에게 이야기하듯 말하면 자연스럽다.
> - (주목) 질문형으로 말하면서 청중을 주목시킨다.
> - (대화) 앉아서 대화하는 것처럼 편하게 말한다.

> **실천**
>
> ## 청중이 몰입하는 발표하기
>
> - (예시) 자기 이야기로 예시를 찾는다면?
> - (일인) 한 사람에게 이야기한다고 생각하고 말하자.
> - (이목) 이목을 끌고 싶은 부분이나 주제는 질문형으로 바꾸자.
> - (대화) 자연스럽게 대화하듯 발표한다.

머리가 아닌 마음을 공략한다

2025년 대선 주자들은 선거 캠프를 어느 곳에 꾸렸을까? 나라를 이끌 정치인이라면 응당 논리적인 선택을 하지 않았을까? 많은 후보가 정치 1번지 여의도를 택했다. 재미있는 건 이들이 입주한 빌딩이 역대 대통령을 배출한 명당이라는 점이다. 대하빌딩은 세 명, 용산빌딩은 한 명을 배출했다. 주자들은 정치 색깔에 상관없이 명당을 택했다. 이재명 대통령이 사용한 용산빌딩은 이명박 전 대통령이 선거 캠프를 꾸렸던 곳이다. 명당은 시세보다 월세도 높다. 과연 논리적인 선택인가?

■■ 비논리적으로 결정하는 중요한 순간들

논리적으로 말해야 설득이 잘된다고 생각하지만, 인간은 비논리적이다. 감정을 지녔기 때문이다. 마음이 가는 곳에 몸이 간다. 사랑에 빠질 때도 그렇다. 금실 좋은 부부에게 어떻게 두 사람이 결혼했는지를 물어보면 이렇게 말한다.

"처음 보는 순간 이 사람과 결혼하겠구나 싶었어."

우리는 이런 말을 들으면 두 사람은 운명이라고 이야기한다. 말도 안 되는 소리라고 비하하지 않는다. 그렇게 사랑에 빠진 사람들이 실제로 주변에 무수히 많기 때문이다.

비논리적인 모습은 부동산을 고를 때도 뚜렷이 나타난다. 흔히 부동산을 계약할 때 "조건이 좋아서"라고 이야기한다. 투자 가치를 고려해 논리적인 선택을 한 것처럼 보이지만, 사실은 마음이 끌려서 결정하는 경우가 대부분이다. 집을 고를 때를 생각해 보자. 여기가 내 집이라는 생각이 드는 집이 있다. 집을 보러 가면 아주 짧게 보고 나올 수밖에 없다. 화장실을 쓰거나 누워서 잠이 잘 오는지 살필 수 없다. 만일 그랬다간 이상한 사람으로 취급받을 것이다.

부동산은 움직이지 않는 동산인 땅을 보고 결정하는 거라고 말하기도 한다. 물론 그렇다. 그 후보지 중에서 최종적으로 결정하는 건 '마음이 끌리는 곳'이다. 공인중개사와 집주인도 비논리적인 이야기로 고객의 마음을 설득한다.

집주인 이 집에서 우리 애들이 다 커서 시집 장가 잘 갔어요.
중개사 여기 살았던 사람들은 다 사업이 잘돼서 더 큰 집으로 이사 갔어요.
고객 그래요? 어디로 갔는데요? 기운이 좋은 집인가 봐요.

우리는 이런 이야기를 들으면 헛소리라고 치부하지 않는다. 되려 반색하면서 대화한다. 풍수지리, 명당이란 단어에 끌리는 건 머리가 아닌 마음의 일이다. 논리적이지 않지만, 마음이 간다.

■■ 감정을 공략하는 말하기

상대방의 마음을 공략하자. 이성은 이미 그게 얼마나 좋은지 알고 있다. 결정을 내리는 것은 마음이다. 마음을 움직이기 위해서는 마음이 나서야 한다. 예를 들어, 소파를 판매한다고 해보자.

"이 소파는 합성섬유로 만들었지만, 천연가죽과 비슷한 질감입니다."

논리적으로 장점과 가치를 충분히 말했다면 그다음은 고객이 어떤 기분을 느낄 수 있는지 말한다. '기분, 감정, 느낌, 마음' 등을 이야기하는 것이다.

"소가죽 소파처럼 부드러운 감촉을 느낄 수 있어요. 앉자마자 몸이 편해요. 감싸주는 것처럼요. 소파에서는 앉기도 하지만, 누워 있을 때가 많은데요. 뺨이나 목, 팔과 다리에 닿는 촉감이 부드러워요. 사무실에서 일하다 지치면 소파가 생각날 정도예요. 낮잠을 잘 때도 감싸주는 느낌이라 온전히 쉴 수 있어요."

마음을 공략하면 자연스럽게 이야기가 나온다. 이야기를 들으면 상상된다. 상상이 공감을 일으키고 감정을 만든다. 그래서 설득할 때 자기 이야기가 중요한 역할을 한다. 이야기에는 감정이 실린다. "이 스피커는 사양이 뛰어납니다"라는 말보다 자기 이야기를 하면 좋은 점과 감정까지 함께 전달된다.

"제가 이 스피커를 얼마나 좋아하냐면요. 눈을 뜨면 아침에 바로 음악을 틀어요. 옛날에는 일어나면 침대에서 스마트폰으로 유튜브를 보면서 잠에서 깼는데요. 이제는 음악을 들으면서 하루를 시작하는 습관이 생겼어요. 음질이 뛰어나요."

■■ 결정적 행동은 감정이 만든다

인생의 결정적 순간은 감정이 만든다. 우리가 기억하는 일은 격정적인 감정의 결과다. 사라지지 않는 기억이 있지 않은가? 내가 기억하는 장면은 대학교에서 처음으로 발표하고 박수를 받은 날, 초등학생 때 이어달리기에서 배턴을 놓쳐 야유를 받은 날, 중학생 때 창문 너머로 잘생긴 남자애를 흘깃거리며 쳐다보던 날, 스튜디오에 앉아 첫 생방송을 진행하던 날, 야윈 할아버지를 보고 펑펑 울었던 날이다.

시간이 지나면 기억은 남지만, 감정은 사라진다. 그래서 감정은 힘이 없다고 오해한다. 하지만 그 사건 자체가 아니라 그 사건에서 느낀 설렘, 속상함, 성취감, 두근거림, 슬픔이 기억을 만든다. 수많은 날이 희미해지고, 아무리 들어도 기억하지 못하는 이름이 있는가 하면, 세월이 흘러도 잊지 못하는 순간이 있고, 지워도 지워지지 않는 이름이 있다. 강렬한 감정이 기억을 만든다.

위대한 설득을 하고 싶다면 상대방의 감정을 두드리자.『마음 지구력』의 윤홍균은 중학교 1학년 때 두 살 위인 누나가 전교 1등을 하고 강단에 올라 전교생 앞에서 입을 크게 벌리고 웃는 걸 보고, 그 기분을 느껴보고 싶어서 열심히 공부했다고 한다. 늘 표정이 없던 누나였는데, 저렇게 바보같이 웃는 걸 보면 얼마나 기분이 좋은 걸까 궁금했기 때문이다. 그 기분을 느끼고 싶어서 좋아하는 농구도 뒤로하고 공부를 시작했다. 그는 정신건강의학과 의사가 됐다.

감정이 궁금해지면 사람은 변한다. 나도 그랬다. 무라카미 하루키의 『달리기를 말할 때 내가 하고 싶은 이야기』를 읽으면서 하루키의 기분이 궁금했다. 하루키는 달리라고 말하지 않았다. 그런데 매일 뛰는 그를 보면서 무엇이 그를 달리게 하는지 알고 싶었다. 어느새 나도 매일 달리고 있다. 이런 내 모습을 SNS에 올리자 수많은 팔로워가 따라서 뛴다. 내가 웃으면서 뛰는 영상을 올리기 때문이다. 뭐가 그렇게 즐겁지? 그들은 궁금해하다가 결국 뛰게 됐다고 했다.

이처럼 감정이 움직이면 행동하게 되고, 기억에 남는다. 설득하고 싶다면 감정을 움직여 결정적인 행동을 하도록 만들자. 상대방의 마음이 움직일 수 있도록 창대한 미래에 발을 딛고 서서 감정을 말하자. 이걸 하면 얼마나 좋은지, 어떤 부정적인 감정을 해소하고, 어떤 긍정적인 감정을 느낄 수 있는지 말하자. 상대방에게 줄 수 있는 감정은 무엇인지 발견해 상대방을 사로잡자.

> **핵심**　　　　　　　　　　　　　　　**머리가 아닌 마음을 공략하기**

- (감정) 논리를 떠나 감정을 공략하자.
- (표현) 기분, 마음, 느낌, 심경을 말한다.
- (기억) 강렬한 기억은 감정이 만든다.
- (결정) 결정에는 감정이 영향을 미친다.

> **실천**　　　　　　　　　　　　　　　　**감정 표현을 자주 하기**

- (오늘) 오늘 당신은 어떤 감정을 느꼈는가?
- (감정) 기분, 마음, 느낌 등의 단어를 활용해 감정을 표현하자.
- (기억) 기억에 남은 장면은 어떤 감정이 만들었는가?
- (내일) 당신은 내일 어떤 감정을 느끼고 싶은가?

긍정의 언어로 무장한다

사업을 매각한 대표가 지난 세월을 부정적으로 말했다.

대표 직원이 스무 명으로 늘었는데도 제가 일을 못 맡겼어요. 매장도 세 군데로 늘었는데, 사업 규모가 커지니까 신경 쓸 게 너무 많았어요. 사업이 성장해서 좋았지만, 걱정이 더 많았던 것 같아요. 괜찮은 제안도 많았는데, 크게 키우지 못했던 게 아쉬워요.

나 앞으로 하면 되죠. 그걸 발견했잖아요.

▎▍긍정적인 것에 마음이 끌린다

대표는 새로운 사업을 준비 중이었다. 지난날을 성찰하는 건 좋지만, 부정적으로 말하면서 후회하면 주저앉아 있는 것처럼 보인다. 과거를 발판 삼아 미래로 나아가는 말을 하자. 우리에게는 미래가 있다. 미래는 순백의 세계다. 무엇이든 칠하면 그림이 되고, 무엇이든 쓰면 시가 되는 무한한 가능성을 담고 있다. 누구에게나 두려움이 있고, 두려움을 어떻게 다루느냐에 따라 언어 습관이 달라진다. 언어 습관이 달라지면 주변 사람까지 달라진다.

나는 초고를 쓰면서 매일 두려웠다. 글을 쓰기 전에 나탈리 골드버그의 『뼛속까지 내려가서 써라』를 읽었다. 골드버그는 손을 멈추지 말고, 정맥에서 곧장 펜을 통해 종이 위에 토해놓으라고 했다. 점점 용기가 났다. 골드버그의 글 한 편을 읽고, 내 글을 한 편씩 썼다. 두려움을 다스리는 나만의 방법이었다. 내 두려움은 잘하고 싶은 마음에서 비롯했다. 이유를 깨달으면 더 잘하는 방법에 에너지를 쏟을 수 있다.

그리고 다르게 말할 수 있다. "나는 못 해"라고 물러나지 않고, "두렵지만 해볼게"라며 앞으로 나아간다. 우리는 긍정적인 말에 마음이 끌린다. 행복, 사랑, 평화, 자유, 꿈, 희망, 용기. 이런 단어는 읽는 것만으로도 마음이 차분해지고 느슨해진다. 위협, 폭력, 차별, 불행, 고통, 처벌, 비난, 무례. 부정적인 단어는 읽는 것만으로도 가슴이 조여온다. 이것이 말의 힘이다.

■ 부정적인 말을 긍정적인 말로 바꾸자

누군가를 설득하고 싶다면 '긍정적인 언어 습관'을 기르자. 평소에도 부정어를 쓰지 않으면 대화의 결이 다정하고 밝아진다. 가령 "차가 안 막힌다" 대신 "도로가 뻥 뚫렸어요"라고 표현하는 것이다. 길을 알려줄 때도 "지금 반대 방향으로 잘못 왔어요" 대신 "올바른 길은 반대 방향이에요"라고 말하자. 같은 뜻일지라도 긍정적으로 표현하면 더 친절하게 느껴진다. 부정적인 말은 충격을 줘서 일깨우기도 한다지만, 관계에는 부정적인 영향을 준다.

"네가 말을 좀 예쁘게 하면 좋겠는데, 그렇지 않아서 아쉬워" 대신 "네가 말을 예쁘게 하면 나는 정말 좋겠어"라고 표현한다. "이 건물은 커뮤니티 시설이 없어서 아쉽네요" 대신 "이 건물에 커뮤니티 시설이 있으면 더 좋겠는데요"라고 말한다. 같은 뜻으로 한 말이지만, 부정어로 표현하면 듣는 사람은 비난받는 기분을 느낀다. "나는 이게 마음에 안 들어" 대신 "나는 이렇게 해주면 좋겠어"라고 말하는 습관을 들이자.

대표의 경험도 긍정적으로 바꿀 수 있다.

"제가 일을 못 맡겼어요" 대신 "사업 초보였다", "일을 분배하는 게 까다로웠다", "직원 관리가 중요하다는 걸 배웠다"라고 말할 수 있다. "사업 규모가 커지니까 신경 쓸 게 너무 많았어요" 대신 "할 일이 상당히 많았어요", "더 많은 능력이 요구됐어요" 등으로 바꿀 수 있다. "크게 키우지 못했던 게 아쉬워요" 대신 "앞으로는 크게 키우고 싶어요"라고 말할 수 있다.

나는 습관적으로 부정어를 쓰지 않기 위해 부단히 노력한다. 영상을 찍을 때도 "이거 하지 말고 이거 하자"라고 하지 않는다. "이거 대신 이렇게 해볼까요?", "이건 어때요?"라고 말한다. 글을 쓸 때도 다정하게 독자를 이끌기 위해 애쓴다. 각자의 세상에서 어떤 말이 유용한가를 놓고 섬세하게 표현을 다듬는다. 유용한 책을 쓰되 그 누구도 다치지 않도록 심혈을 기울인다. 독자들은 내 책을 읽고 "뼈를 맞는 기분이다", "전부 내 얘기라 찔렸다"라고 후기를 남기기도 한다. 이는 글에서 느낀 부정적인 감정보다는 글을 읽고 깨달은 긍정적인 자극일 것이다.

■■ 주체적으로 말하자

자신감 없이 말하는 습관도 바꾸자. "저는 안 될 것 같아요" 대신 "저도 할 수 있을까요?"라고 하자. '원래'라는 말도 자주 등장한다.

"저는 원래 손으로 하는 건 못해요."

무엇이든 계속하니까 잘하는 것이다. 내가 못하는 게 아니라 배우지 않은 것뿐이다. 자신을 향한 비판을 멈추고, 원래 그렇다는 생각을 지우자. 정확하게 말하자.

"손으로 하는 게 어려워요."

"걸음마 수준이에요."

부정어를 쓰더라도 '주체적'으로 말하자.

"안 해봤어요."

남 탓하는 말도 바꾸자. 한 수강생은 취미를 묻자 이렇게 대답했다.

"제가 딸이 둘이다 보니까 어른이 하는 취미를 하는 게 어려워서 취미가 어느새 없어졌어요."

'-하다 보니까', '-돼서', '-됐어요' 같은 수동적인 표현 때문에 딸들을 탓하는 것처럼 들린다. 가족을 만든 건 자기 선택이다. 주체적으로 말하자.

"육아하면서 취미가 없어요."

더 나은 문장은 '주도적인 내용'이다.

"그동안 육아에 집중했어요. 이제 취미를 찾고 있어요."

회식을 마치고 집에 늦게 오면서 핑계를 대는 사람이 있다.

"회식이 길어져서 나올 수가 있어야지. 우리 부장님 알잖아. 한번 마셨다 하면 직원들 아무도 못 가게 하는 거."

회식에 남기로 한 건 자신의 결정이지 부장의 강요가 아니다. 사회생활을 하지 않아서 모른다거나 우리 회사는 그런 분위기가 아니라고 말하지 말자. 술자리와 실력은 상관관계가 없다. 정직하게 사과하자. 주체적인 언어 습관은 모든 결정이 나에게서 비롯한다는 믿음에서 출발한다.

"미안해. 내가 약속을 어겨서 실망했지? 노력할게. 지켜봐줘."

■ 부정적인 비교를 멈춘다

설득하려다가 부정적인 비교를 할 때가 있다. 한 수강생이 지인들에게 책을 권하면서 말한다.

"쇼츠나 릴스를 보면 한 시간이 훅 가더라고요. 짧은 영상만 보면 집중력도 짧아지고, 문해력도 떨어지는데요. 이럴수록 깊이 사고하는 능력이 중요합니다. 『사랑은 모든 걸 이기니까요』는 자신의 인생을 사는 방법을 작가가 진솔하게 풀어낸 책이에요. 유튜브 대신 이 책을 읽어보세요."

유튜브 대신 책을 보라는 말이 과연 설득일까? 진정한 설득은 책이 좋다고 말하는 것만으로도 충분하다. 책이 얼마나 좋은지, 나를 어떻게 변화시켰는지, 상대방에게 어떤 도움이 될지 말하는 것만으로 시간이 부족하다. 책이 지닌 장점이 넘치도록 많은데, 다른 것과 비교하면서 이게 좋다고 할 필요가 없다. 게다가 쇼츠와 릴스를 좋아하는 사람을 적으로 돌릴 수 있다. 경쟁 관계에 있다고 여기는 것을 깎아내리면서 무언가를 추켜세우면 반감이 든다.

비교하다 보면 오히려 다른 상품을 추천하게 되기도 한다. 예를 들어, 나이키 제품을 사러 갔는데, 직원이 다른 브랜드를 이야기하면서 제품을 비교한다. 그런데 고객은 다른 브랜드가 더 나은 것처럼 들린다. 몰랐던 브랜드까지 알려주는 셈이다. 비교는 내가 그것에 상당히 신경을 쓰고 있다는 것을 드러낸다. 관심을 *끄자*. 집중할 것은 '나, 내 사업, 내 제품, 그리고 내 고객'이다.

> **핵심**

긍정의 언어로 무장한다

- (긍정) 긍정적인 것에 마음이 간다.
- (대체) 부정적인 어감을 지닌 표현을 바꾼다.
- (주체) 주체적인 표현을 한다.
- (주도) 주도적인 내용으로 말한다.

> **실천**

긍정의 언어 습관 들이기

- (조언) "이렇게 하지 말고." → "이렇게 해볼까?"
- (의견) "시끄러워서 별로다." → "조용한 데 갈까?"
- (주체) "그렇게 하면 될 것 같아." → "그렇게 하자."
- (주도) "언제 만날래?" → "이번 주 토요일 오후 2시에 보자. 어때?"

그 자리에서 결정하도록 한다

약사는 수년째 매일 새벽 5시에 달리기를 한다. 약국에는 대회에서 받은 메달이 주렁주렁 걸려 있다. 러너에게 좋은 영양제 코너도 만들고, 유튜브에 정성껏 영상도 찍어 올린다. 그런데 여기까지다. "우리 약국으로 오세요"라는 말을 하지 못했다.

■■ 내 이미지보다 고객을 생각하자

이런 말을 하기 어려운 이유는 소위 장사꾼 같아 보이기도 하고, 자신도 그런 사람을 좋아하지 않기 때문이다. 유튜브로 소개하면 고객이 알아서 사주겠지 하고 기대한다. 하지만 구독자는 좋은 영양제를 소개받았으니 온라인으로 구매하거나 가까운 약국에서 사지 않을까? 열심히 영상을 만들지만, 매출에는 직접적인 도움이 되지 않는다. 학원, 컨설팅,

병원, 중개사무소 등을 운영하는 사업자도 비슷한 고민을 한다.

학원 원장인 수강생이 있었다. 그는 고객을 확보하고, 사업을 확대하고 싶어 했다.

원장   고객과 상담할 때 "다른 곳도 둘러보고, 충분히 고민한 뒤 결정하세요"라고 해요.
나   왜 고민하라고 하나요?
원장   결정하라고 했다가 나중에 마음에 안 드니 책임지라고 하면 좀 그러니까요. 한편으로는 우리 학원에 자신감이 있으니까 다른 곳과 비교해도 여기가 마음에 들 거라는 뜻이었어요.

마음을 그대로 전하자. 자신의 이미지를 생각하지 말고, 고객을 생각하자. 고객에게 더 둘러보고 결정하라는 것은 시간을 허비하라는 말과 다름없다. 고객을 생각한다면 하루빨리 더 나은 선택을 권하는 게 좋다. 상품에 자신 있으니 결정하라고 말하자. "이게 좋아요" 대신 "여기서 사세요", "바로 등록하세요"라고 확실히 말하자. 사람은 각자 자기만의 언어가 있다. 돌려 말하면 못 알아듣는다. 직설적으로 말하자.

■ 쇼호스트의 환상적인 주문 유도

쇼호스트는 방송에서 "주문하세요"라고 외친다. 그러면 주문이 올라간다. 잘 파는 쇼호스트가 상품을 설명할 때는 주문이 거의 없다. 고객이 쇼호스트의 말을 잠자코 듣고 있기 때문이다. 설명을 끝낸 쇼호스트가 주문하라고 외치면 고객은 시키는 대로 주문한다. 방송 시간을 다 채우기도 전에 매진을 기록하고 매출이 치솟는다. 모든 쇼호스트가 주문하라는 말을 하지만, 모든 쇼호스트가 매출이 좋은 건 아니다.

홈쇼핑 상품의 구성은 1번과 2번이 있다. 1번은 수량이 많고 금액이 높다. 2번은 1번보다 수량이 적고 금액도 낮다. 따라서 홈쇼핑은 1번을 민다. 그래야 매출이 높아지니까. 예를 들어, 홈쇼핑에서 사과를 판다고 하자. 1번은 사과 세 박스에 10만 원, 2번은 사과 한 박스에 4만 원이다. 한 개를 팔아도 1번을 파는 게 이득이다. 못 파는 쇼호스트는 고객에게 선택지를 준다.

"명절에 어르신께 선물도 드리고 가족 간식도 필요한 분은 1번, 가족 구성원이 적은 분은 2번 들어오세요. 주문할 시간 드리겠습니다."

고객이 알아서 선택하라고 말한다. 쇼호스트는 친절하게 말했지만, 고객은 헷갈린다. 선택권을 넘겨준 순간, 고객은 고민한다. 고민하기 싫은 고객은 채널을 돌린다. 잘 파는 쇼호스트는 결정을 내리도록 확실히 말한다.

"고객님, 1번 주문하시죠. 오늘은 1번입니다. 1번 주문할 시간 드리겠습니다."

1번을 반복해서 말한다. 다 필요 없고 1번, 오늘은 사과 세 박스 사는 날이다. 고객은 고민할 필요도 없다. 1번 사라고 반복하니까 1번을 꼭 사야 할 것 같다. 그래서 1번을 누른다. 주문율은 폭증한다.

▮▮ 고객의 고민을 없애기

고민하는 걸 좋아하는 사람이 있을까. 고민은 해결을 위한 선행 단계이므로 고민이 해결될 때 더 기쁘다. 인생은 선택의 연속이고, 하루하루 고민의 깊이는 깊어지고, 무게는 늘어간다. 고민이 싫어서 식당에 갈 때 평점이 높은 곳을 찾고, 물건을 살 때 후기를 살펴본다. 이러한 소비 행태를 반영해 온라인몰에서는 상품 사진 바로 밑에 별점을 뒀다. 고객의 후기가 물건을 사는 데 막대한 영향을 미치기 때문이다.

고객의 고민을 없애자. "한번 고민해 보세요"라는 말은 고객에게 부정적으로 다가온다. '한번'은 부사로 '어떤 일을 시험 삼아 시도함을 나타내는 말'이다. '보다'는 보조동사로 '어떤 행동을 시험 삼아 함을 나타내는 말'이다. "한번 해보세요"는 해도 되고, 안 해도 된다는 말이다. 이런 말은 인생에 중대한 영향을 주지 않는 상황에나 어울린다. 이를테면 된장찌개를 끓이다가 간을 맞출 때나 쓸 만하다. "한번 먹어봐. 간이 맞는지."

새로 문을 연 식당에서 홍보차 쿠폰이나 전단지를 주면서 지나가는 사람에게 "한번 둘러보세요"라고 말한다. 이런 말로는 손님을 끌 수 없다.

"이번 주 토요일 오전 11시에 오픈합니다. 선착순 열 명에게는 3만 원 상당의 메인 요리를 무료로 드려요. 꼭 오세요."

정확한 날짜와 시간, 구체적인 행사 내용을 말해야 마음이 움직인다. 확실한 말로 결정을 내리게 하자.

▮▮ 상사의 결정을 이끄는 말하기

"나중에 잘 안됐을 때는 어떡해요."
소프트웨어 기술 업체 선정에 관해 대표에게 보고할 때, 실장은 불확실한 미래를 걱정해 말을 아꼈다.

"A는 매출 200억 원 규모고, 북미 회사에 소프트웨어 기술을 납품하고 있습니다. B는 매출 50억 원 규모고, 홍콩과 대만, 중동 등 세계 각지로 사업을 확장하고 있습니다. C는 2년 된 스타트업인데, 구글에서 소프트웨어 기술 일부를 위임받아 가파르게 성장하고 있습니다. 세 군데 중에서 검토해 주시기를 바랍니다."

실장은 대표에게 결정권을 넘겼다. 의사결정권자는 대표가 맞다. 그러나 보고란 '담당자의 의견'까지 밝혀야 의미가 있다. 대표가 보고를 듣고 "그렇게 하세요"라고 결정하도록 말하자. 어떤 회사가 우리 조직에 필요할지는 담당자가 가장 잘 안다. 그래서 보고를 시킨 것이다.

"(의견) 저는 B가 적격이라고 판단합니다. 기술 개발 속도가 빠릅니다."
분석한 내용을 바탕으로 자신의 의견을 확실히 밝힌 뒤 '이유'를 뚜렷이 말한다.

"(이유) 자사는 내년에 중동 진출을 시작으로 신 개척지를 발굴하는 상황에 맞닥뜨렸습니다. 빠르게 시장에 진입해 자리를 잡는 게 초기에 중요한데요. B는 빠른 기술 개발력, 신규 시장 진입 경험, 중동 시장 이해도까지 세 가지 부분에서 모두 우수합니다. 이와 관련한 자료입니다. B로부터 다음 주 온라인 미팅을 시작으로 가장 먼저 개발할 수 있다는 확답까지 받은 상태입니다. 결정해 주시기 바랍니다."

■■ 미래는 함께 만드는 것

리더는 의사결정을 하는 직책이다. 그들은 자신의 결정에 정당성을 주고, 더 나은 결과를 안겨줄 제안을 선호한다. 결과는 이들이 책임진다. B를 밀었다가 안 좋은 일이 벌어져도 책임은 의사결정권자의 몫이다. 잘못될지도 모른다고 생각하면 불안하기만 하다. 미래는 아무도 모른다. 긍정적인 미래가 올 거라고 희망을 가지고 나아가자. 진짜 그렇게 믿는 사람만이 좋은 미래를 맞이한다.

불확실하게 말하면 꼬투리가 잡힌다.

"그래서 어디가 더 낫다는 말인가요? 다른 곳을 더 알아봐야 하지 않나요?"

확신을 주지 않으면 다른 대안이 없는지 생각하게 된다. 평소에도 말을 불확실하게 하는 사람이 있으면 갑갑하지 않은가? 카페에서 "아이스 아메리카노 마실래요, 녹차 마실래요?"라고 물으면 "아이스 아메리카노도 괜찮고, 녹차도 괜찮은데요"라고 말하는 것과 같다. 답답하다. "따뜻한 녹차요"라고 확실하게 말하자.

자기주장을 강하게 하는 건 아닌지 우려하지 말자. 원활한 의사소통은 상대방을 위한 배려다. 만약 무엇이 좋은지 모르겠다면 확신이 생길 때까지 파고들자. 그래도 모르겠다면 분명히 말하자.

"일주일 동안 세 회사 중에 과연 자사와 맞는 기업이 어딜까 고민했습니다. 아직 갈피를 못 잡았습니다. 대표님께서 정해주시길 바랍니다."

결정권을 넘기는 것보다 이쪽이 더 믿음직하다. 미래는 함께 만드는 것이다. 최선의 선택은 없다. 선택을 최선으로 만들 뿐이다.

> **핵심**

그 자리에서 결정하도록 말한다

- **확실** 결정을 내리도록 말한다.
- **시간** 고민의 시간을 줄여주는 게 상대방에게 좋다.
- **확신** 스스로 확신하기 위해 파고들자.
- **미래** 미래는 함께 만드는 것이다.

> **실천**

결정하라고 말하기

- **확실** "오늘부터 시작하세요."
- **시간** "어차피 할 거 지금부터 하세요."
- **확신** "저도 3년째 하고 있는데, 정말 좋아요."
- **미래** "지금부터 시작하면 3개월 뒤에 얼마나 달라지겠어요?"

4장.

부정적인 상황을 반전시키는 설득의 힘

반문을 대비하기

설득하다가 반대에 부딪힐 때도 있다. 직급이 높은 사람이 반박하고, 부정적인 시선으로 의문을 제기하면 누구나 위축되기 마련이다. 잘 설득되지 않는 사람은 어떻게 설득할 수 있을까?

▌반문을 반기기

애초에 설득이 안 되는 사람을 설득할 준비를 하자. 반박하는 사람을 설득하는 게 어렵다고 느끼는 건 '반문'을 예상하지 못해서다. 반문은 상대의 주장이나 의견에 동의하지 않는 부분이 있어 이의를 제기하는 것이다. 설득하기 전에 상대방이 어떤 반문을 할지 생각해 두면 반문도 반갑다. 나도 수업에서 반문하는 사람을 만날 때가 있다.

나	화를 내면 관계는 순식간에 틀어질 수 있어요. 분노는 내 안에 채워지지 않은 욕구가 있다는 신호예요. 화가 나면 타인에게 화를 내기보다 자신이 무엇을 원하는지 돌아보는 게 먼저예요.
임원	화를 내지 말라는 건가요? 참는 것도 한계가 있고, 참는다고 해서 관계가 좋아지는 건 아니지 않나요?

당신이 나였다면 뭐라고 할 것인가? "그런 뜻이 아닙니다"라며 사람들 앞에서 권위를 실추시켰다는 것에 분개해 반박할 수 있다. "심리학에 이런 말이 있습니다"라며 내 주장을 관철하기 위해 근거를 제시하며 논리적으로 말할 수도 있다. "잘 모르셔서 하는 말씀인데요"라며 그의 무지를 비난할 수도 있다. 아니면 당황해서 응수하지 못하고 나중에 억울해할 수도 있다. 나는 그의 반문을 반기면서 대답했다.

"맞아요, 참는 건 좋지 않아요. 화를 다른 방식으로 풀자는 말이에요."

나는 그의 의견을 존중했다. 실제로 참는 건 한계가 있고, 참기만 한다고 관계가 좋아지지 않는다. 그는 내가 동의하자 굳어 있던 표정이 풀렸다. 반문하는 사람은 자신의 의견을 타인이 인정하는 것만으로 한풀 누그러진다. 나는 반문이 나올 걸 예상했다. 과거의 나 역시 똑같은 의문을 품었기 때문이다. 내가 어떻게 생각을 전환하게 됐는지 말했다.

"과거에 저도 잘못을 보면 고쳐야 한다고 생각했어요. 문제는 해결됐지만, 남은 건 무서운 사람이라는 이미지뿐이었어요. 그때 깨달았어요. 원하지 않는 것을 없애는 대신 원하는 걸 말해야 한다는 것을요. 현재 저는 문제를 없애야 한다고 말하기보다 다정한 세상이 살기 좋은 세상이라고 말해요. 그 순간부터 지지가 따라왔어요. 분노의 신호를 바라보면 내가 정말 원하는 것을 알 수 있어요."

■■ 설득이 어려운 사람을 노리자

반박을 두려워하지 않으면 더 좋은 이야기를 풀어갈 수 있다. 주장을 단단하게 할 수 있는 기회다. 반문은 부정어의 옷을 입고 있다. 반박하는 사람의 표정이 어둡고, 질문에 부정어가 있을 뿐이다. 반문도 일종의 '관심'이다. 내 이야기에 관심이 없으면 반문은커녕 아무 말도 하지 않는다. 관심 있게 들었기 때문에 반문도 나온다.

  면접도 마찬가지다. 면접관들이 지원자에게 어느 정도 질문을 하고 나면 서로에게 물어본다. "더 질문할 거 있으세요?" 더 질문할 게 없으면 이유는 두 가지다. 하나는 더 물을 것도 없을 만큼 마음에 들어서, 다른 하나는 더 물을 게 없을 만큼 궁금하지 않아서. 반문에 대답을 잘하면 설득이 어려운 사람도 내 편이 된다. 자신의 궁금증을 해결한 건 물론이고, 생각지도 못한 현명한 대답을 했기 때문에 관심이 간다.

  설득이 어려운 사람을 설득하면 '충성 고객'이 될 수 있다. 설득이 쉬운 고객은 어디서든 잘 설득된다. 이것저것을 좋아하는 고객이다. 그들을 설득하는 건 쉽다. 다른 곳에서도 설득이 잘돼 나의 충성 고객이 되지는 않는다. 반면 설득이 쉽지 않은 사람은 웬만한 말에는 꿈쩍하지 않는다. 이런 사람은 내가 아닌 다른 사람의 말에도 잘 설득되지 않는다. 그런 사람이 내 설득에 마음을 돌리는 순간, 단단한 신뢰를 얻는다.

■ 처음부터 반문을 고려하면 매출이 오른다

홈쇼핑은 충동구매가 90퍼센트 이상이다. 방송을 기다렸다가 물건을 구매하는 사람은 드물다. 채널을 돌리다가 눈에 띄어서 구입한다. 이런 소비 행태 때문에 홈쇼핑 고객은 설득하기 어렵다. 눈앞에 있지도 않고, 채널을 돌리면 그만이기 때문이다. 본다고 해도 의심이 많다. 예를 들어, 전복을 판다고 해보자.

쇼호스트 완도산 활전복 10미를 특대 사이즈로 만나보세요. 제 손바닥만 해요. 크고 실하죠. 올여름 너무 더웠잖아요. 전복으로 우리 가족 기력 보충하세요.

이 설명만으로 전복을 사는 고객도 있다. 전복을 먹으려고 했거나 전복을 보니 먹고 싶어졌거나 전복을 좋아하는 사람은 주문한다. 그런데 설득이 되지 않는 고객이 있다. 전복에 딱히 관심이 없는 사람은 쇼호스트의 말에 의구심을 품는다. '완도산? 그게 어떻다고?' 삐딱한 시선으로 지켜본다. 이런 고객이 훨씬 많다. 이들을 잡아야 매출이 오른다. 쇼호스트는 의심을 하나씩 지우면서 판매한다.

쇼호스트 (고객의 반문을 예상하고 말한다.) 왜 완도산이냐, 궁금하시죠?
고객 (자신의 의구심에 대해 언급하면 관심이 간다.)
쇼호스트 완도는 육지로부터 멀리 떨어져 있어서, 강물이 유입되지 않아요. 덕분에 바닷속 염분 농도가 일정하고, 맥반석 지형이라서 바

	닷물이 정화돼요. 전복이 자라기에 최적의 환경을 제공하죠.
고객	'그래. 좋은 건 알겠는데, 그래서 나한테 뭐가 좋은데?'
쇼호스트	전복은 건강을 위해 먹는 보양 음식이잖아요. 깨끗한 자연에서 자란 전복으로 드세요.

완도산이 좋은 이유로 설득되면 주문하는 고객이 늘어난다. 그래도 삐딱한 시선을 갖는 고객은 여전히 많다. 고객은 쉽게 지갑을 열지 않는다. 의심 하나가 사라지면 곧바로 다른 의심이 피어난다.

쇼호스트	크기가 제 손바닥만 해요.
고객	'당신 손이 작은 거 아냐?'
쇼호스트	(고객의 반문에 적중한다.) '손이 작은 거 아니야?'라고 생각하실 수 있어요.
고객	(생각을 꿰뚫어보는 것 같아 놀라워하면서 관심 있게 듣는다.)
쇼호스트	전복은 크기가 아니라 무게를 맞춰서 보내드려요. 전복은 생물이라서 무게로 판별합니다. 80그램에서 100그램이 특대 사이즈예요.
고객	'그걸 내가 일일이 재볼 수는 없잖아?'
쇼호스트	아무거나 전복을 하나 꺼내서 무게를 재볼게요. 95그램! 또 다른 전복도 볼까요? 97그램! 이렇게 크고 실한 전복으로만 보내드려요.
고객	'큰 건 알겠는데, 언제 잡은 전복인 줄 내가 어떻게 알아?'
쇼호스트	언제 잡은 건지 궁금하시죠? 고객님이 드실 전복은 지금 완도 바닷속에 살고 있어요. 주문과 동시에 잡아서 보내드립니다.

주변에는 삐딱한 시선을 가진 채 지켜보는 사람이 있다. 마치 팔짱을 끼고 노려보면서 '어디 한번 말해보시지' 하는 태도다. 대체 왜 그러냐고 묻는다면 과거의 경험과 학습된 경계심이 있기 때문이다. 모든 말을 다 믿으면 우리는 위험에 빠질 수 있다. 조심하는 거라고 여기자. 그들의 삐딱한 시선을 따라가면 반문을 예상할 수 있다. '무엇을 궁금해할까?'를 넘어 '무엇을 믿지 않을까?'를 파고들자. 가장 믿지 않는 것부터 순서대로 해결하면 설득이 원활해진다.

핵심 — 반문을 하나씩 해결하기

- **반김** 반문은 하나의 관심이다. 반기자.
- **동의** 반문에 동의하면 상대방은 누그러진다.
- **예상** 무엇을 가장 믿지 않을까에 대비하자.
- **적중** 의심이 큰 순서대로 해결하면 설득된다.

실천 — 설득이 어려운 사람을 설득하기

- **동의** "맞아요, 저도 처음에는 이상했어요."
- **존중** "그렇게 생각하실 수 있습니다."
- **예상** "제가 어떻게 생각을 바꾸게 됐는지 말씀드릴게요."
- **적중** "아마 이런 생각이 드실 수 있는데요."

반대는 진짜 반대가 아니다

반대하는 사람을 설득하지 못해 아쉬울 때가 있다. 반대에 직면해도 설득의 힘을 발휘할 수 있을까?

■▮ 반대라고 여기지 않기

전무와 일대일 수업을 할 때였다. 그는 부사장 보고를 앞두고 있었다.

전무   이번에는 꼭 승인받을 겁니다.
나   이전에는 승인을 받지 못했나요?
전무   네, 벌써 두 번이나 거절당했어요. 부사장님은 늘 거절하십니다.
나   그러면 이번이 세 번째네요?
전무   맞습니다. 계속 두드려야죠.

전무는 소프트웨어 기술 부문을 맡고 있었고, 부사장에게 기술 개발에 필요한 예산을 지원해 달라고 보고했으나 번번이 반대에 부딪혔다. 그는 이유를 말했다.

"소프트웨어 기술은 보이지 않아요. 하드웨어 기술은 눈에 보이잖아요. 에어컨이나 냉장고는 형체가 있지만, 소프트웨어 기술은 그렇지 않아요. 그 안에 뭐가 담겨 있는지 몰라요. 하드웨어로 나올 때까지 계속 돈을 갉아먹어요. 부사장님은 확실한 걸 원하시는데, 그게 맞아요. 저는 거절을 거절이라고 여기지 않습니다. 더 합리적인 방안을 찾아오라는 말로 이해해요."

거절 앞에서 꼭 필요한 자세다. 반대는 진짜 반대가 아니다. '어떻게 이 난관을 극복하지?', '어떻게 하면 승인받지?'라고 생각하자. 반대에 좌절하지 않으면 묘수를 찾을 수 있다. 드라마에서도 흔히 나오는 이야기다. 남녀 주인공이 결혼을 약속하고 부모님께 허락을 받으러 간다. 그런데 여자의 아버지가 소리친다. "너 같은 놈한테 내 딸을 줄 수 없다!" 남자는 막말을 참아보지만, 이윽고 폭발한다. "저도 귀하게 자랐습니다. 당신 같은 장인어른은 저도 사양합니다."

■■ 반대 이유를 정면으로 뚫기

반면 수난을 뚫고 결혼에 성공하는 커플도 있다. 모진 말을 들어도 하나만 생각한다. '어떻게 승낙받지?' 내 친구 커플이 그랬다. 친구 어머니는 딸이 안정적인 직장에 다니는 남자와 결혼하길 바랐다. 하지만 딸의 남자는 운동선수였고, 벤치에 앉아 있는 만년 후보였다. 어머니의 완강한 반대로 둘은 헤어졌지만, 다시 만났다. 결혼을 결심한 남자는 열심히 운동했고, 1군으로 올라가 주장까지 됐다. 어엿한 집도 마련하고, 두둑한 통장을 어머니에게 보여드리고 승낙을 받았다.

반대나 거절이라고 여기면 자신을 보호할 생각이 먼저 든다. 거절하거나 반대하는 상대방이 밉고, 서운하고, 배신감이 들기도 한다. 설득의 기본적인 태도는 '나'를 떠나 '상대방'을 생각하는 것이다. 반대를 반대라고 여기지 않으면 상대방을 어떤 방법으로 설득할까, 왜 거절했을까가 궁금해진다. 그 과정에서 상대방이 원하는 것을 알 수 있다.

만약 반대 앞에서 속상한 마음이 든다면 스스로 질문해 보자. 혹시 내가 나를 믿지 못하는 건 아닐까? 자신에 대한 믿음이 있다면 아무도 편을 들어주지 않아도 괜찮다. 반대를 돌파할 용기가 생긴다. 내가 내민 손을 잡지 않는다? 잘될 게 분명한데 이 기회를 놓치다니, 아쉬운 건 당신이지 내가 아니다. 반대 앞에서 감정적으로 영향을 받는다면 자신을 돌아보자. 무엇을 해야 자기 확신이 자랄지 연구하자.

▌▌ 스스로 믿는 마음이 중요하다

나도 사업을 시작할 때 부모님이 반대했다. 두 번째 반대였지만, 나는 사업을 강행했다. 처음 반대에 부딪혔을 때는 아나운서를 하면서 강의를 조금씩 병행할 때였다. 부모님에게 강의를 전업으로 해볼까 의논했다.

"강의는 알바지. 직장을 구해."

나는 부모님의 반대에 쇼호스트로 전직했다. 그러나 진실은 내가 나를 믿지 못했다. 부모님의 반대로 쇼호스트를 한 게 아니라 내가 불안해서 쇼호스트를 한 것이었다.

당시 나는 연예 기획사에서 연예인을 대상으로 강의를 했었다. 예상보다 교육 효과가 뛰어났고, 강의가 재미있었다. SM, JYP 등 대형 기획사를 돌면서 강의하면 잘될 것만 같았다. 그런데 생각만 할 뿐 움직이지 않았다. 실패할까 봐 무서웠다. '부모님이 응원해 줬더라면 용기를 낼 수 있었을 텐데' 하고 부모님을 원망했다. 그런데 이건 미숙한 생각 아닌가. 부모님에게 어른으로 대접받기를 원하면서 행동은 그렇지 못했다.

나는 스스로 믿음을 갖기 위해 계속 앞으로 나아갔다. 직장을 다니면서 강의를 확장했다. 퇴근 후나 주말에는 아나운서 학원에서 강의했고, 재능 공유 플랫폼에도 강의를 개설했다. 일대일 수업을 열고, 한 명당 두 시간씩 하루에 열 시간 동안 수업했다. 직장인부터 변호사, 사업가, 의사, 프리랜서 등 천차만별 직업을 가진 사람들을 만났다. 모두에게 효과적이었다. 그사이 기업에서 강의 의뢰도 받고, 온라인 클래스 제안도 들어왔다. 몇 달째 월급보다 강의료가 더 많아지자 사업을 시작해도 괜찮겠다는 확신이 생겼다.

■ 반대를 극복하면 강한 믿음이 자란다

첫걸음을 내딛고 확신을 얻기까지 9개월이 걸렸다. 사업을 시작하겠다는 결심이 섰다. 부모님이 반대하고 지인이 걱정해도 개의치 않았다. 내 안에 확신이 있으니 사업에 착수하는 게 중요했다. 나는 성인이고, 부모님의 허락이 필요한 시기는 지났다. 경제적으로도 이미 독립한 지 오래고, 정신적인 독립까지 이룬 것이다. 성공해서 보여주면 된다. 생각해보면 부모님이 반대했기 때문에 더 치열했다.

가수 2PM의 장우영도 예능에서 비슷한 말을 했다. 끼와 재능이 많아서 한시도 가만히 있지 못하던 그가 연예인이 된다고 했을 때 어머니는 찬성했다. 그러나 아버지는 거세게 반대했다. 장우영은 더 열심히 춤과 노래를 연습했다. 2PM으로 활동하고, 전 세계를 다니며 콘서트를 했다. 그는 과거를 회상하면서 말했다.

"아버지께서 그렇게 반대하지 않으셨으면 그만큼 열심히 하지 않았을 것 같아요."

반대는 더 나은 방향을 찾게 한다. 단, 그것을 반대라고 여기지 않을 때만 가능하다. 지금 내가 무엇이 부족한지 돌아보고 보완하도록 독려한다. 때로는 거친 말에 아프기도 하지만, 객관적인 시선으로 현재의 나를 돌아볼 여지를 준다. 전무는 다음 수업 때 보고 결과를 말했다.

"승인받았어요. 아직 확정은 아니에요. 부사장님이 사장님께 결재를 받아야 하거든요. 이제 부사장님이 거절당할 차례예요. 저는 부사장님을 도와서 승인받아야죠."

> **핵심** ## 반대는 더 나은 방안을 찾게 한다

- (반대) 반대는 진짜 반대가 아니다.
- (묘수) 반대를 어떻게 극복할지 묘수를 찾는다.
- (용기) 스스로 확신을 갖도록 용기를 내자.
- (실행) 작은 한 걸음부터 내딛자.

> **실천** ## 반대한 설득에 다시 도전하기

- (반대) 반대의 진짜 이유는 무엇일까?
- (묘수) 어떻게 하면 반대를 돌파할 수 있을까?
- (용기) 스스로 확신하는가?
- (실행) 무엇부터 작은 한 걸음을 시작할 것인가?

반대편을 설득하는 최후의 전략

아무리 설득하고 싶어도 상대방에게 좋을 게 없을 때도 있다. 여러 가지 설득법을 동원했는데도 도저히 통하지 않을 때는 이렇게 해보자.

▌▎솔직하게 부탁하기

자기 이야기를 솔직하게 털어놓자. 예를 들어, 친구에게 사업 자금을 투자해 달라고 설득하는 상황이라고 해보자. 추후 배당금과 주주로서의 권리도 얘기했고, 사업의 비전과 가능성도 크다. 그런데도 친구가 투자를 망설인다면 툭 까놓고 솔직하게 말하자.
 "투자자 중에도 돈 댈 사람은 많은데 그들은 입김이 세. 나는 투자자들에게 휘둘리면서 사업하고 싶지 않아. 너는 아무 개입도 하지 않을 거잖아. 그래서 네 돈이 필요한 거야. 조용한 돈."

아무도 투자하지 않았고, 은행 대출도 거절당했다면 절실함을 드러내자. 그렇다고 매달리라는 건 아니다. 하소연을 늘어놓으면서 사정사정하지는 말자. 믿을 만한 문서라도 준비해 가감 없이 민낯을 보여주자.

"나는 3,000만 원이 필요해. 그런데 은행 대출도 안 되고, 아무도 안 된대. 네가 마지막이다. 이자 10퍼센트씩 매달 원리금으로 갚을게. 차용증과 계약서까지 준비했어. 네가 실익을 얻는 제안이야. 현금을 은행에 가만히 두지 말고 나한테 투자해."

드라마 〈신사의 품격〉에도 비슷한 장면이 나온다. 배우 윤세아는 부자 언니를 찾아가 말한다.

"언니, 저 돈 좀 빌려주세요. 제 주변에서 언니가 제일 돈이 많아요. 거절당해도 먼저 당하는 게 나으니까요. 맨 마지막에 찾아갔다가 거절당하면 더 비참하잖아요. 여기 제 차 키도 가져왔어요. 보증금이에요."

당당하고 솔직한 태도에 언니는 돈을 빌려준다. 돌려서 말하는 건 민낯을 드러낼 용기가 부족해서가 아닐까? 나도 그런 적이 있다.

▮▮ "들키기 싫었어요. 최선을 다한 거."

드라마 〈미지의 서울〉에서 미지는 며칠 동안 쪽잠을 자면서 중요한 보고서를 완성했다. 하지만 팀장은 보고서를 보자 대충한 것이냐, 아니면 원래 능력이 이 정도냐며 미지를 다그쳤다. 미지는 사실대로 말하지 않고 "죄송합니다. 제가 급하게 한다고 좀 소홀했습니다"라고 대답하고 만다. 그 모습을 본 후배는 밤낮없이 열심히 해놓고, 왜 사실대로 말하지 않았느냐고 물었다. 미지는 말한다.

"들키기 싫었어요. 최선을 다한 거. 다 쥐어짜 낸 게 겨우 이 정도인 거면 내가 너무 초라하잖아요. 그래서 대충 한 척 거짓말했어요. 내 바닥 들키는 것보다는 게으른 게 나은 것 같아서."

나는 발표가 두려웠다. 할 수 있는 한 발표를 피했다. 교수가 발표하라고 하면 나는 얼른 끝내고 자리로 들어왔다. 발표를 못하는 걸 들키는 것보다 대충 하는 것처럼 보이는 게 낫다고 생각했다. 아나운서 학원에서는 발표할 내용을 다 외웠고, 중간에 틀리는 부분까지 짰다. 내가 최선을 다해도 이 정도밖에 안 된다는 걸 들키고 싶지 않았다. 대충 해도 이 정도 실력쯤은 타고난 척했다.

솔직한 마음을 드러내는 것도 용기다. 물론 용기를 내는 일은 어렵다. 하지만 두려움에 맞설 때 우리는 성장한다. 스베틀라나 알렉시예비치는 "두려움만이 우리를 가르칠 수 있다"라고 말했다.

시도하기보다 주저하고, 도전하기보다 머무르는 건 지금이 안전하다고 느끼기 때문이다. 도전하지 않으면 아무 일도 일어나지 않는다는 말이 있는데, 무슨 일이 일어난다. 도태된다. 가만히 있으면 시들고 상한다.

〈미지의 서울〉 명대사를 옮겨본다.

"어제는 끝났고, 미래는 멀었고, 오늘은 아직 모른다."

하루를 더 살아낸 것만으로도 우리는 어제보다 성숙해졌다. 오늘을 살아가기 위해 숨을 마시고, 맡은 일을 해내고, 타인에게 친절했다. 자신의 목숨은 물론이고, 다른 사람의 목숨을 지켰다. 하루하루 더 나은 사람이 되려고 노력했다. 우리 안에는 강인한 힘이 있다. 이 힘으로 무엇이든 할 수 있다.

■■ 더 높은 사람을 공략하기

최후의 전략이다. 나를 완강하게 반대하는 사람이 있다면 그 위를 공략한다. 한 부사장은 반대편에 있는 부사장 때문에 골머리를 앓았다. 그는 사사건건 반대만 했다. 설득이 통하지도 않고, 자신이 하자는 대로 하면 그쪽은 피해가 생기는 구조였다. 부사장은 자신의 윗선인 동시에 반대편의 윗선인 본부장을 설득했다. 이 사업이 회사에 어떤 도움이 되는지, 왜 지금 필요한지, 본부장에게 어떤 가치가 생기는지 말했고, 반대편을 움직이게 해달라고 설득했다.

본부장은 반대편 부사장을 불러 지시를 내렸다.

"부사장이 하자는 대로 해주세요."

반대편 부사장은 하는 수 없이 명령에 따랐다. 마지막 수단은 '더 힘센 사람'을 내 편으로 만드는 것이다. 반대편을 굴복시키는 설득법이다. '권력'을 이용하는 것. 딱 한 번, 중대한 일을 해결할 때 활용하자. 더 높은 사람을 내 편으로 만들기 위해서는 완전한 확신이 필요하다. 말 그대로 밀어붙여야 하는데, 스스로도 확신이 있어야 말에도 힘이 실린다. 권력자도 사안의 중대함 때문에 받아들이게 된다.

나는 살면서 딱 한 번 사용했다. 전 회사에 후배들에게 추근대는 선배가 있었다. 방송을 더 많이 편성받게 해주겠다, 다른 회사로 옮기는 데 힘써주겠다는 감언이설로 방송 관계자들과의 술자리에 후배들을 불렀다. 회사는 이를 알았지만, 묵과했다. 사건은 일파만파 번졌고, 결국 회사에서는 가해자와 피해자 상관없이 징계 조치했다. 나는 사건을 알린 사람이었고, 방송 편성에서 제외됐다.

부당한 처사였다. 회사에서 내 생계를 위협하고, 목줄을 쥐고 흔들었다. 바깥으로 사건이 공론화되는 걸 막기 위한 입막음 용도였다. 나는 맞서기로 했다. 외부 윗선을 설득했다. 회사에 실질적인 메시지를 전할 수 있는 인물이었다. 그는 조직적으로 위법을 일삼는 회사에 시정을 요구했다. 나는 방송에 복귀했고, 그날 결심했다. 옳은 일을 고수하면서 실력으로 인정받는 사회를 만드는 데 힘쓰겠다. 그 결심이 지금의 나를 만들었다.

핵심 — 반대편을 설득하는 최후의 전략

- **부탁** 상대편에게 실익이 없다면 솔직하게 부탁하자.
- **최선** 최선을 다하는 것도 용기가 필요하다.
- **성장** 스베틀라나 알렉시예비치 "두려움만이 우리를 가르칠 수 있다."
- **권력** 최후의 수단으로 권력자를 내 편으로 만든다.

실천 — 최후의 인물에게 신임을 얻기

- **부탁** "당신만이 이 문제를 해결할 수 있습니다."
- **중대** "이번 결정은 경제 전반에 심대한 영향을 미칠 것입니다."
- **인물** 최후의 수단으로 공략할 윗선을 떠올린다.
- **행실** 최후의 날을 위해 평소 행실을 바르게 한다.

불리한 전세를 뒤집어 승리하는 법

상황이 불리하게 흘러간다면 하늘로 올라가 숲을 말하자. 불리한 상황을 타개해 승리하는 방법이다. 어떤 상황이든 설득의 힘은 물길도 바꿀 수 있다.

■ 죽음의 공포가 엄습했던 순간

어느 한겨울밤, 나는 지하철역 앞을 지나가고 있었다. 살을 에는 추위에 몸을 웅크린 채 걸었다. 언뜻 남성의 구둣발이 보였다. 옆으로 지나가려는데, 구둣발이 나를 따라 움직였다. 고개를 들자 한 남자가 두 팔을 벌린 채 나를 안으려는 듯 서 있었다. 깜짝 놀라서 뒷걸음질 치다가 도망쳤다. 남자가 곧바로 나를 따라 달렸다. 깊은 밤이었고, 거리에는 아무도 없었다. 구두 소리는 점점 빨라졌다. 나는 숨을 헐떡이며 집으로 뛰어 들어갔다.

경비원이 황급히 다가왔다. 나는 "바깥에 저를 쫓아오는 남자가 있어요"라고 알리고 CCTV로 건물 주변을 봤지만, 그사이 남자는 사라졌다. 경찰에 신고했고, 네 명의 경찰이 현장에 출동했다. 20분 뒤 범인을 잡았다는 연락이 왔고, 내게 확인을 요청했다. 그놈이었다. 말쑥한 정장 차림의 50대 후반 남자. 얼굴에 상처가 난 범인은 우리 집 옆 건물 앞에서 만취 상태로 발견됐다.

나　　저 사람에게 어떤 혐의가 적용되나요?
경찰　　안타깝게도 고성방가죄입니다.

범인은 나를 쫓아오면서 "야!"라고 고함을 질렀다. 나를 잡기 위한 기합 소리였다. 만일 잡혔다면 어떤 일을 당했을지 모른다. 나는 죽을 것 같은 공포를 느끼며 내달렸다.

나　　저는 고성방가로 신고한 게 아니에요.
경찰　　피의자가 피해자를 만지거나 물리적인 접촉이 없어서요.

당신이, 또는 당신의 가족이 이런 상황에 처했다면 어떻게 할 텐가?

■■ 이성의 끈을 잡고 설득하기

감정적으로 호소할 수도 있다. 경찰에 대한 분노, 아무것도 하지 못하는 무력감, 공포가 지난 후 서러움을 표출할 수도 있다.

"그게 경찰이 할 소리예요! 성폭행을 당해야 나서는 거예요?"

"경찰이 이러니까 사회가 이 모양이잖아요!"

고등학생 때의 나는 감정적으로 반응했다. 학원이 끝나고 친구와 집에 가는데, 변태가 쫓아왔다. 나는 학교 앞에 출몰하던 변태들 때문에 넌더리가 난 상태였다. 친구에게 신고하라고 하고, 범인을 잡기 위해 뛰어갔다. 경찰은 한참 뒤에야 왔다.

"지금 오시면 어떡해요. 신고한 지 20분이나 지났는데! 범인이 도망갔잖아요!"

"신고가 정말 많아요. 학생, 우리도 나름 빨리 온 거예요."

실망스러웠다. 나는 이런 말을 기대했는지 모른다.

"학생, 괜찮아요? 범인이 어느 방향으로 갔나요? 인상착의는 어땠나요?"

그때 알았다. 비난은 쓸모없다는 것을. 사람은 비난을 받으면 자신을 방어한다. 경찰은 나를 도우러 왔지만, 내가 비난하자 등을 돌렸다. 내 편이 될 수 있는 사람을 적으로 돌리면 나만 곤란해진다. 불리한 상황에서는 '이성의 끈'을 잡고, 개인을 떠나 '전체의 이익'을 도모하는 이야기로 내 편을 만든다. 나는 현장에서 경찰 네 명을 설득했다.

"고성방가죄는 단순히 시끄러운 소리에 해당합니다. 남녀 구별도 없고, 위협감도 없습니다. 그러나 이 사건은 한 남성이 한 여성을 표적으로 삼은 성범죄입니다. 심야에 저를 붙잡으려 했고, 위협적인 추격 정황은 CCTV에도 남아 있을 겁니다. 저희 집 옆 건물에서 발견된 점, 얼굴에 난 상처가 저를 쫓아 전력 질주했다는 증거입니다. 저는 죽을 것 같은 공포를 느꼈습니다. 또 다른 피해자가 생기지 않도록 국가가 국민을 지켜야 합니다."

경찰의 만장일치로 죄목은 경범죄에서 중범죄로 바뀌었고, 사건은 여성청소년수사팀으로 인계됐다. 고성방가죄에서 성범죄로 넘어가면서 피해자인 나는 심리 상담을 지원받았고, 위험 상황에서 경찰이 즉각 출동 조치 가능한 전자시계를 받았다. 사건 현장 근처는 피해 예방을 위해 경찰이 순찰했다. 재판 과정에서는 피의자와 마주치지 않도록 경찰의 엄호를 받았다. 범인은 변호사를 두 명이나 대동해 범행을 일절 부인했지만, 벌금형 처분을 받아 평생 성범죄 이력이 새겨졌다.

▮▮ 일관된 진술이 주효한 역할을 한다

피해 입증이 쉽지 않거나 증거가 없는 사건은 피해자의 '일관된 진술'이 결정적인 역할을 한다. 경찰, 검찰, 법원을 내 편으로 만드는 게 핵심이다. 경찰 조직은 무서운 곳이 아니다. 정의감과 책임감을 지닌 사람들이 국민을 위해 헌신하는 곳이다. 사건이 생긴다면 직접 나서자. 사건 당사자가 나서야 힘이 있다. 변호사를 고용하지 않아도, 말의 힘이 나를 지킨다. 사건은 발생 즉시 해결해야 생명력이 있다. 다른 사건이 계속 터지기 때문이다. 초기 대응이 사건의 향방을 가른다.

고소장이나 진술서를 쓸 때부터 일관된 진술을 목표로 한다. 피해 사실은 육하원칙을 써서 객관적으로 밝힌다. '감정 표현'도 중요하다. 피해자의 심리 상태가 사건을 이해하는 단서가 된다. 피해에는 물리적 피해와 정신적 피해가 모두 포함된다. 감정은 정황과 연결해서 표현한다.

"너무 무서웠습니다"보다 "(정황) 그 사건 이후 길을 걸을 때면 (감정) 누가 쫓아오는 것 같은 공포를 느낍니다"라고 한다.

말하다가 눈물이 나도 괜찮다. 억지로 참지 말자. 대신 말은 이성적이어야 한다. 눈물은 눈물대로 두고, 침착하게 진술을 이어나간다. 말끝을 떨어뜨리면 감정이 잦아든다. 표현력이 모자라도 괜찮다. 경찰이 이끌어준다.

"그날 이후로 두렵기도 하시나요?"

경찰서에 가보면 경찰의 진중한 태도에 안심되고, 따뜻함을 느낀다. 나는 '경찰은 내 친구'라고 여긴다. 피해가 생길 때마다 즉각 도움을 얻었기 때문이다. 동네에 파출소 하나만 있어도 든든하지 않은가.

■■ 전체의 이익을 말하기

경찰이 마음을 돌린 건 내가 사건을 객관적으로 바라봤고, 개인적인 두려움을 넘어 다른 피해를 막아달라고 말했던 게 주효했다. 한 개인을 위해 기관이 발 벗고 나서는 일은 흔치 않다. 특히 내 상황처럼 뚜렷한 범죄 흔적이 없는 경우에는 경미한 사건으로 처리될 수 있다. 그러나 포기하지 않으면 된다. 언제든 돌파구는 있다. 정의는 승리한다는 확신과 그릇된 일을 묵과하지 않는 태도가 필요하다. 무력한 순간일지라도 내 안의 힘을 믿자.

영화 〈히든 피겨스〉에도 비슷한 장면이 나온다. 이 영화는 최초의 흑인 여성 우주 엔지니어의 삶을 다룬 실화다. 메리는 똑똑하지만, 흑인 여성이라는 이유로 전산원으로 일한다. 그러나 엔지니어라는 꿈을 향해 한계를 뛰어넘기로 한다. 엔지니어가 되려면 버지니아대학교에서 수업을 들어야 하는데, 흑인에게는 허락되지 않은 일이었다. 메리는 법원에 탄원서를 제출한다. 하지만 버지니아주는 아직 법적으로 인종을 차별하는 곳이고, 판사는 법을 바꿀 수 없다고 거절한다. 메리는 굽히지 않고 판사를 설득한다.

"사람들은 '최초의 중요성'을 인정합니다. 판사님은 가족 중 최초로 군 복무를 하셨습니다. 최초로 대학에 입학했습니다. 세 명의 주지사에게 계속 재임용된 최초의 판사입니다. 버지니아주에서는 흑인 여성이 백인 학교에 다닌 적이 없습니다. 저는 제 피부색을 바꿀 수 없습니다. 저는 선택권이 없습니다. 하지만 최초로 판사님이 선택하면 가능합니다. 오늘 있을 여러 심리 중에 앞으로 100년간 어떤 심리가 중요할까요? 어떤 심리가 판사님을 '최초'로 만들까요?"

판사는 수업을 허락했다. 메리는 판사가 얻을 최초의 타이틀과 이번 판결의 중요성을, 개인을 떠나 전체를, 현재가 아닌 미래를 내다보게 했다. 판사는 메리가 자신의 꿈을 이야기할 때는 완고하게 거절했지만, 판사 자신이 얻을 이득을 듣자 태도가 바뀌었다. 인종 차별이 서서히 없어지고 있는 그 시대에 지금의 결정이 판사로서 사회와 세상을 개혁할 최초의 순간으로 남을 것이란 사실을 직감한 것이다.

> **핵심** 　　　　　　　　　　　**불리한 전세를 승리로 이끄는 법**

- **통찰** 사건의 본질을 꿰뚫어본다.
- **객관** 객관적 사실에 주목한다.
- **전체** 개인의 구제를 떠나 전체의 이익을 내다본다.
- **균형** 이성과 감성의 균형을 효과적으로 이용한다.

> **실천** 　　　　　　　　　　　**불리한 전세를 승리로 이끌기**

- **통찰** 내가 처한 상황에서 한발 떨어져서 본질을 파악한다.
- **객관** 육하원칙으로 객관적 사실을 열거한다.
- **전체** 나를 떠나 국민과 국가 전체의 이익을 헤아린다.
- **균형** 상황은 객관적으로, 감정은 담백하고 진실되게 표현한다.

손해를 보지 않고 협상하기

손해를 입어 억울한 적이 있었다면 주목하자. '여자라서 무시를 당했다, 나를 만만하게 본다, 몸집이 왜소해서 약하게 본다.'라고 생각한 적이 있었다면 말의 힘을 키우자. 손해를 보면서 살지 않아도 된다. 이득만 챙기는 사람처럼 보지 않을까 염려하지 말자. 나의 권리를 정당하게 보전하는 '협상의 기술'이다.

■ 손해를 감수하는 건 배려가 아니다

한쪽을 배려해 손해를 감수하면 다른 쪽에도 손해가 생긴다. 심드렁해진 기분에 애꿎은 가족이나 연인한테 짜증을 내기도 한다. 손해를 보는 습관 탓에 사람들과 어울리는 걸 나도 모르게 꺼린다. 일상에서 아주 작은 일도 '내가 손해 보지 뭐' 하고 넘기지 말자. 이것은 배려와 다르다.

배려는 내가 원해서 하는 것이고, 하고 나면 기분도 좋다. 하지만 손해를 보면 기분이 안 좋다. 참는 게 참는 게 아니다. 밑지는 기분이 쌓이면 나만 손해 보는 것 같고, 다른 사람은 이기적으로 보인다. 그리고 굳이 왜 손해를 봐야 하는가?

앞으로는 협상하자. 잃은 것을 되찾거나 손실에 대한 보상을 요구하는 설득은 엄밀히 말해 '협상'이다. 협상에서도 중요한 건 '내가 원하는 건 무엇인가?'이다. 내가 원하는 것을 말해야 얻을 수 있다. 이재명 대통령은 시장을 돌다가 청년 상인이 "시장이 점점 어려워지고 있다"라는 말로 이야기를 시작하자 수첩을 꺼내 받아 적었다. 그 청년은 시장의 어려운 현실을 이야기하는 데 열을 올렸다. 이 대통령이 청년에게 물었다.

"시장을 살리는 방안이나 대책이 있습니까? 우리 정치인들은 세부적인 사항은 잘 모르기 때문에 현장에 있는 분이 이렇게 해달라고 명확하게 얘기해 주시면 정책으로 반영합니다."

청년은 대책을 말하지 못했다. 불만은 있지만, 대책은 생각하지 않았던 것이다. 진짜 원하는 것이 시장의 활성화라면 문제를 해결할 강구책을 마련하고, 그 방안을 실현할 정치인에게 요구해야 한다.

■■ 나의 권리를 스스로 보전하기

이 청년처럼 우리도 원하는 것을 모를 때가 있다. 불만은 있는데, 해결 방법을 모른다. 하지만 다른 사람이 해결책을 찾아주지 않는다. 스스로 찾아야 한다. 내가 원하는 것에 집중하자. 그러면 찾을 수 있다. 한번은 우리 집 천장에서 물이 떨어졌다. 금이 간 외벽 사이로 빗물이 새어 들어오는 게 원인이었다. 아파트 책임 공사 연한이 남아서 시공사가 처리해야 했다. 공사 날짜를 잡는데, 시공사 직원이 일정을 계속 바꾸면서 말했다.

직원 그 날짜는 안 돼요. 공사하는 분들이 한 번에 여러 집을 공사해서 고객님 일정에만 맞출 수 없어요. 일정 몇 개 알려드릴 테니까 그 중에서 정해주세요.

나 확인해 볼게요. 그런데 천장을 뜯어내서 공사하면 벽지는 어떻게 하나요?

직원 도배는 해드리는데요. 혹시 인테리어를 하셨어요?

나 네, 같은 벽지로 해주시나요?

직원 벽지를 사 오셔야 하는데요. 그렇게까지 할 필요가 있어요? 티 나지 않게 저희가 갖고 있는 비슷한 벽지로 도배해 드릴게요.

나는 이해되지 않았다. 아파트 공사를 왜 안일하게 하는가. 문제를 야기한 시공사가 왜 편의를 제공하지 않는가. 나는 줄곧 시공사의 일정에 맞추려고 했다. 그렇지만 무책임한 태도로 일관하는 모습에서 태도를 바꿔야겠다고 생각했다. 이미 침수 피해를 입었고, 더는 손해를 감수하지 않기로 했다. 협상에 들어갔다. 손해를 보전하는 협상을 할 때는 정확한 손해를 알리고, 내가 원하는 것을 분명하게 요구한다. 나는 말했다.

"공사는 시공사 일정이 아니라 피해 주민 일정에 맞춰야 합니다. 공사

절차와 사용 자재, 소요 시간, 범위를 구체적으로 설명해 주세요. 사람이 사는 집입니다. 가전제품과 가구 이동 여부도 알려주셔야 하고요. 추후 문제가 재발하지 않도록 확실히 설명해 주시기 바랍니다. 벽지는 몇 달 전에 새로 도배했으니 동일한 자재로 원상 복구를 바랍니다."

총책임자에게 연락이 왔다. 직원이 실수했다며 죄송하다고 했다. 내가 요구한 대로 공사 자재부터 방식을 알기 쉽게 설명했다. 벽지는 인테리어 업체를 통해 직접 구입해 원상 복구하기로 했다. 공사 날짜는 내 일정에 맞췄다. 당일에는 총책임자 두 명을 포함해 여러 직원이 왔고, 이틀 동안 우리 집만 꼼꼼하게 수리했다. 총책임자는 이후에 문제가 생기면 바로 전화를 달라며 명함을 주고 갔다.

■■ 께름칙할 때는 똑똑히 짚고 넘어가기

예전에 법인 임대주택에 살았던 적이 있다. 법인 임대주택은 세입자가 퇴거할 때 직원이 내부를 점검한다. 세입자가 망가뜨린 곳은 없는지 확인하고, 있으면 비용을 청구한다. 내가 나갈 때도 직원이 체크리스트를 가지고 와서 구석구석 확인했다. 직원은 커튼 박스에 구멍이 났다며 비용을 요구했다. 나는 영수증을 주는지 물었다. 직원은 없다고 했다. 입주할 때는 수많은 서류를 작성했는데, 나갈 때는 영수증 한 장이 없다니. 짚고 넘어갈 게 있다면 깐깐해지자. 뭐든 얼렁뚱땅 처리하면 뒤탈이 생긴다.

나	본인 신분을 증명할 수 있나요?
직원	저 직원 맞아요. 원래 이렇게 해요.
나	아닙니다. 편의점에서도 물건을 사면 영수증을 받을지 물어봐요. 그런데 왜 영수증이 없죠? 법인이잖습니까. 추후 비용을 또 청구하면 제가 돈을 냈다는 사실을 어떻게 증명합니까?
직원	책임자에게 문의하겠습니다.

책임자가 사과하고는 관리실로 와달라고 했다. 그는 영수증을 마련해 뒀고, 퇴거를 위한 모든 확인 절차를 마무리했다는 서류에 법인 직인을 찍어서 줬다. 나는 서류를 확인하고 비용을 입금했다. 집에 왔던 사람은 외주 업체 직원이었다. 책임자는 이번 일을 계기로 앞으로 영수증을 마련하겠다고 했다. 손해를 감수하거나 한쪽의 편의를 위한 관행에 따를 필요가 없다. 이상한 낌새가 있으면 똑똑히 말하자. 내가 원하는 방식에 상대방이 따르도록 하자.

■ 협상을 잘하면 서로 이득이다

집 인테리어 공사를 할 때였다. 업체에서 공사 종료 기한을 일주일 더 늘려달라고 했다. 하지만 공사가 끝나는 날에 맞춰 가전제품을 설치하기로 했기에 공사가 연장되면 가전제품 설치하는 날을 다시 잡아야 하고, 내 스케줄도 다시 잡아야 했다. 이 경우 불만이 생기면 업체에 따질 수도 있다. 그런데 불만을 말해봤자 문제를 해결하지 못한다. 나는 불만도 없었다. 우리 집을 공사해 주는 고마운 분들이 아닌가. 협상하자.

'내가 원하는 건 무엇인가'를 생각했다. 나는 인테리어가 잘되기를 원하고, 예정대로 식기세척기와 인덕션도 잘 설치되기를 원하고, 안락한 집에서 하루빨리 살고 싶었다. 이 협상에서 손해를 보는 건 무엇인가. 일주일 연장하는 만큼 나는 외부에서 일주일을 살아야 하고, 이는 비용이 든다. 그러나 이를 감수하면 집은 만족스럽게 인테리어가 마무리된다. 내가 주는 게 있으면, 받는 것도 있어야 한다. 나는 대표에게 말했다.

"그럼, 공사를 일주일 연장하고요. 가전제품 설치가 금요일이니, 그때 대표님께서 저 대신 가전 설치를 맡아주시겠어요? 현장에 사람만 있으면 돼요."

대표는 흔쾌히 수락했다. 공사 기간을 늘린 것은 결국 나를 위한 일이다. 왜 기간이 늘어났는지도 묻지 않았다. 건축의 세계는 내가 모르는 부분이기에 대표를 믿었다. 가전제품 설치 당일, 대표는 부엌 사진을 여러 장 찍어서 보내줬다. 나는 집에 가지 않아서 편했고, 대표는 여유롭게 공사를 마무리해서 만족스러웠다.

> **핵심**
>
> ## 손해를 보지 않고 협상하기
>
> (보전) 손해를 입었으면 보전할 것을 요구한다.
> (협상) 내가 원하는 것을 요목조목 말한다.
> (분명) 께름칙할 때는 분명히 짚고 넘어간다.
> (깐깐) 잘못된 관행을 없앤다.

> **실천**
>
> ## 똑 부러지게 협상하기
>
> (보전) "원래 상태 그대로 복구해 주시기 바랍니다."
> (협상) "비용은 손해를 초래한 본인이 부담하는 게 맞습니다."
> (말투) '-다' 또는 '-까'로 말하면 똑 부러지는 느낌이 난다.
> (깐깐) "제가 이해할 수 있게 정확히 설명해 주시기 바랍니다."

불평하고 싶다면 요구한다

괌에서 새언니, 조카 리나와 함께 호텔에서 묵었는데, 하루 종일 객실 청소가 이뤄지지 않았다. 새언니는 매니저에게 말했다.

새언니 아침부터 몇 번이나 말했는데, 왜 청소를 안 해주세요? 벌써 다섯 번째예요.

매니저 죄송합니다. 연말이라서 정말 분주한 상황이라 이해 부탁드립니다.

새언니 지금까지 이해해서 참은 거잖아요. 애가 잠도 못 자고 있어요.

매니저 죄송합니다. 제가 다시 확인해 보겠습니다.

새언니 아니, 몇 번째 확인만 하시냐고요? 방에 수건이 없어 씻지도 못하고 마실 물도 없어요. 지금 밤 9시예요. 어린이는 자야 할 시간이에요.

서로 자기 입장만 이야기하는 대화가 계속됐다. 새언니는 가족 사정을, 직원은 호텔 사정을 내세웠다. 고객이 불평을 제기하면 직원은 고객의 감정에 공감하기보다 회사를 대변하기 바쁘다. 고객의 불만이 커지는 이유다. 한편으로는 큰소리를 쳐야 불평을 들어준다고 생각할 수도 있다. 하지만 목소리를 높여봤자 내 목만 아프고, 사정을 모르는 사람이 보면 진상이라고 눈살을 찌푸릴 것이다.

▮▮ 불평하기보다 요구하기

이제부터는 불평하기보다 요구하자. 원하는 것을 더 빨리 얻을 수 있다. 불평은 '이미 엎질러진 과거'를 따져 묻는 것이고, 요구는 '내가 원하는 미래'를 말하는 것이다. 불평을 아예 하지 않아도 된다. 내가 호텔에 원한 건 실체 없는 사과가 아니었다. 눈에 보이는 명백한 시정이었다. 나는 거두절미하고 원하는 것을 요구했다.

"매니저님이 함께 방으로 올라가시죠. 그러면 객실 청소가 시작될 겁니다."

매니저는 반박하지 못했고, 다 함께 방에 왔다. 매니저는 청소가 되지 않은 방을 사진으로 찍었고, 내일 상사에게 보고하겠다고 했다. 나는 또 요구했다.

"그러면 조식을 주시겠어요?"

무언가를 내주면 무언가를 받는다. 매니저는 이틀치 조식을 제공하기로 했다. 방에 도착한 지 5분 뒤, 예상대로 청소 담당 직원이 왔다. 청소를 요청한 지 열두 시간 만이었다. 나는 매니저에게 당부했다.

"내일도 청소가 안 되면 방을 바꿔주세요."

그날 밤 11시, 리나가 프런트에 전화를 걸었다.

"침대 옆에 가드를 세워주시겠어요? 부탁드려요. 제가 아홉 살인데요. 떨어질까 봐 무서워서 못 자겠어요. 감사합니다."

다음 날 해가 중천에 떠도 가드는 오지 않았다. 물과 가운도 요청했으나 깜깜무소식이었다. 청소는 또 안 됐다. 계속 불편을 초래하는 호텔에 새언니는 크게 실망했다. 여행을 기대하며 들떴던 마음이 실망으로 바뀌자 언니는 화가 났다. 이번에는 총책임자가 객실로 오기로 했다.

▋▌ 상대의 실수는 협상의 기회다

나는 총책임자라면 더 설득력을 발휘해야 한다고 생각했다.

"언니, 리나를 안고 있어요. 리나야, 엄마한테 가. 언니, 목소리를 낮추고, 손을 쓰지 말고, 슬프게 이야기하세요. 언니는 속상한 거잖아요."

대체로 화를 내는 건 속상해서다. 속상한 마음을 몰라줘서 화가 나지만, 눈물이 앞설까 봐, 나약한 모습을 보이기 싫어서 화부터 낸다. 연약한 마음을 있는 그대로 차분하게 이야기하면 누구든 들어준다. 환경이 달라도, 인종이 달라도 마찬가지다. 우리는 감정을 느끼는 인간이기 때문에 상대방에게 공감할 수 있다. 새언니는 리나를 안은 채 목소리를 낮추고 차분하게 이야기했다. 말하다가 서러웠던지 거의 울먹였다.

"저희 세 명이 생일이 연달아 있어요. 1월 5, 6, 7일이 리나, 저, 아가씨 생일이에요. 우리끼리 기념하려고 연말을 맞아 여행 온 거예요. 리나가 수영을 좋아해서 이 호텔에 왔는데, 첫날부터 청소도 안 해주고, 어젯밤에는 애가 전화해서 가드도 설치해 달라고 했는데, 지금까지 안 왔어요. 여행이 일주일이나 남았는데, 계속 이럴까 봐 너무 속상해요."

굳은 표정이었던 총책임자는 사정을 듣고는 표정이 누그러졌다. 나는 또 요구했다.

"방을 바꿔주세요. 어제 매니저가 약속했어요. 청소가 또 되지 않으면 방을 교체하기로요."

총책임자는 자신도 아이가 있는데, 정말 불편했겠다고 공감하며 죄송하다고 했다. 즉시 방을 옮기도록 조치했다. 무전으로 확인한 뒤 바다가 정면으로 보이는 더 좋은 방이 있다고 했다. 다만, 킹사이즈 침대가 하나뿐인데, 여분의 침대를 제공하겠다며 괜찮은지 물었다. 우리가 머물던 방은 퀸사이즈 침대 두 개가 있는 원룸이었다. 침대 사이즈는 커졌지만, 두 개에서 한 개로 줄어들었다. 나는 협상의 기회를 포착했다. 하나를 내놓았으니, 더 큰 하나를 요구한다.

▮▮ 요구할 때는 큰 것을 담담히 말하기

"좋아요. 옮길게요. 대신 조식을 매일 주세요. 저희는 생일을 축하하고 행복하고 싶어요."

"물론입니다. 방 번호만 말하고 맛있게 드세요. 진심으로 생일 축하드립니다. 20분 안에 객실 준비하고, 방으로 연락드릴게요. 짐도 챙겨두시면 옮겨드리겠습니다."

새로운 객실은 2층 더 높은 고층이었다. 복도 맨 끝 방이라 고요했다.

기존 방은 엘리베이터 바로 옆이라 새벽까지 벨 소리가 들렸고, 소음이 심했다. 새로운 방은 전망도 멋졌다. 사방으로 바다가 보였고, 화장실에서도 보였다. 원룸이지만, 소파와 테이블이 있는 거실에 욕조까지 갖춘 스위트룸이었다. 여분의 침대가 들어와도 줄넘기를 할 수 있을 만큼 넓었다. 리나는 좋아서 껑충껑충 뛰었다.

총책임자가 다시 와 "마음에 드세요? 이 방도 쓰세요"라며 화장대 옆 문을 열었고, 객실이 또 나왔다. 놀랍게도 방을 두 개나 쓰게 됐다. 총책임자는 리나를 위한 가드도 챙겨 왔다. 이 객실은 갑작스럽게 귀빈이 올 때를 대비해 VIP 스위트룸으로 남겨놓은 방이었다. 총책임자가 나가고, 우리는 함성을 질렀다. 생일 선물을 받은 기분이었다. 결국 우리는 더 좋은 방과 조식까지 받았다. 불평 대신 요구했기에 가능한 결과였다.

■▮ 사소한 분쟁이라면 에너지를 아끼기

손실이 계속 발생하는 상황이라면 요구한다. 그렇지 않은 사소한 분쟁이라면 불평도, 요구도 하지 말자. 시시콜콜 잘못을 지적하거나 책임을 묻지 않는다. 이미 벌어진 일에는 감정을 쓰지 말고, 내가 할 수 있는 일에 주목하자. 시간은 귀하다. 일상에서 벌어지는 사소한 일마다 따지는 건 소모적이다.

어느 날, 나는 택시를 타고 제주행 마지막 비행기를 타러 김포공항으로 향했다. 기사가 길을 잘못 들어 부천으로 빠졌다. 한참 돌아가야 했고, 시간도 촉박했다. 이런 상황에서는 분별력을 발휘한다. 다른 택시를 타지 않을 거라면 "왜 길을 잘못 들었어요?" 같은 말은 하지 않는다. 나는 "돌아서 가도 괜찮아요"라고 말했다. 당황한 기사를 침착하게 대해 내 생명을 지킨다. 서둘러 공항에서 내렸지만, 항공사 직원이 비행기를 탈 수 없다고 했다. 나는 이유도 묻지 않았다. 내가 할 수 있는 것에 집중했다.

"놓친 비행기 티켓은 환불이 되나요? 가장 빠른 다음 비행기는 몇 시인가요?"

비행기를 붙잡을 수는 없는 노릇이다. 평정심을 잃지 않은 건 마지막 비행기를 놓치거나 도로 문제가 생길 수 있으니 다음 날 비행기를 타도 괜찮은 날에 갔기 때문이다. 그렇다면 사소한 일이다. 각자에게 사안의 경중은 다를 것이다. 중대한 일에서 설득력을 발휘하기 위해서는 사소한 일에는 에너지를 아낀다. 식당에 갔는데 맛이 없거나 서비스가 불만족스러우면 다음부터 안 가면 된다. 친구에게 맛없었다는 말도 하지 않는다. 그마저도 에너지를 아낀다. 나에게 유익한 일을 하자.

핵심 — 불평 대신 요구하기

- **요구** 불평하는 말은 생략하고 요구한다.
- **기회** 상대의 실수는 협상의 기회다.
- **명백** 사과 말고 눈에 보이는 명백한 시정을 요구한다.
- **경중** 중대한 성과를 위해 사소한 일에는 에너지를 아낀다.

실천 — 특별한 기념일에 방문한 호텔에서

- **요구** 침구가 더럽다면 요구하자. "청소가 미흡하네요. 다른 객실을 주세요."
- **기회** 새로운 방도 더럽다면 협상의 기회다.
- **담담** "객실을 업그레이드해 주셔야겠어요."
- **경중** 일상의 사소한 마찰에서는 에너지를 아낀다.

수세에 몰린 상황을 역전의 기회로

전무가 부사장 승진 인터뷰를 앞두고 있었다. 임원 면접 질문은 날카롭다.

면접관1 전무님의 추진력으로 과감한 실행은 가능하나 고압적인 태도에 위축될 때가 있다는 구성원들의 의견이 많습니다. 현시대의 리더로서는 부적격한데, 개선 의지가 있으신가요?

면접관2 앞만 보고 달리는 야생마 같은 리더십은 시대에 뒤떨어진다고 생각하지 않으십니까?

면접관의 공세가 이어질 때 어떻게 극복할 수 있을까?

■ 우리는 한 팀이다

임원 면접 질문은 자질을 평가하는 동시에 부정적인 말로 상대방을 압박하면서 태도 변화를 관찰한다. 직급이 높을수록 관리할 구성원이 많아지므로 큰 조직을 이끌 만한 인물인지 면밀하게 분석하기 위해서다. 면접관은 후보자 동료에게 평판 조사도 하고, 외부 인사도 영입해 촌철살인의 질문을 던진다.

면접관의 공세를 받으면 자신을 비난한다는 생각에 감정이 요동쳐 방어부터 한다. "고압적인 태도는 아닙니다"라면서 상대방의 말을 고치거나 빠르게 말하면서 대응한다. 감정을 조절하자. 면접관은 나를 떨어뜨리려는 사람이 아니다. 회사를 안정적으로 이끌 리더를 뽑으려는 것이다. 면접자도, 면접관도 같은 목표를 지닌 한 팀이다. 이 사실을 깨달으면 그들의 우려에 공감하고 이해하는 말이 나온다. 인정할 건 인정하고 변화의 의지를 보여준다.

"맞습니다. 야생마같이 달리는 게 사원에서 팀장까지는 장점이었습니다. 팀장이 된 후로는 속도 조절이 필요하다는 걸 체감했습니다. 임원으로 승진하면서 유연한 리더십으로 조직을 이끌기 위해 노력하고 있습니다."

■ 압박 질문은 없다

임원 면접 이외에는 압박 질문은 없다고 여기자. 입사 면접에서는 부정적인 질문이 자주 나온다. 면접관이 이력서를 보면서 묻는다.

면접관   학점이 2.3점이라, 낮네요?
신입 면접자   죄송합니다. 대학 시절에는 성실하지 못했습니다.

면접관   대학교 졸업 후에 공백이 2년이나 있네요? 일은 안 하신 겁니까? 뭐 하셨어요?
경력 면접자   일을 안 한 건 아닙니다. 공부하는 게 있었는데, 이력서에 쓸 수 없어서….

면접관   회사를 거의 1년씩 다니고 이직했네요. 쉽게 질리시나요? 적응이 어렵나요?
이직 면접자   적응이 어렵거나 질리는 편은 아닌데, 야근이 많아 건강이 좋지 않아서 다닐 수가 없었어요. 그래서 첫 직장에서 나왔습니다.

왠지 변명처럼 들리지 않는가? 면접관은 부정의문문으로 물은 것뿐이다. "밥 먹었어요?"가 긍정의문문이라면 "아직 밥 안 먹었어요?"는 부정의문문이다. 세상에는 부정의문문이 널렸다. 배달 음식을 기다리면서 "배달 아직 안 왔어?"라고 하지 "배달이 언제 오려나"라고는 잘 안 한다. 대체로 자신이 약점이라고 여긴 걸 면접관이 물어보면 압박 질문이라고 생각해 위축된다. 스스로 만든 약점에 자신을 가두지 말자.

다시 해석하자. "학점이 낮네요?"는 "공부 말고 무엇에 관심이 있었어요?", "일은 안 하신 겁니까?"는 "대학교 졸업 후에 뭐 하셨어요?", "적응이 어렵나요?"는 "회사를 자주 옮긴 특별한 이유가 있어요?"라는 뜻이다. 부정어의 속뜻을 발견하자. 어떤 질문이든 관심에서 비롯한다. 부정어를 섞어서 말하는 것은 강조일 때가 많다. "배달 아직도 안 왔는데, 왜 안 와요?"의 실제 뜻은 "언제 와요? 애타게 기다리고 있어요. 너무 배가 고파요"다.

■■ 부정적인 순간을 역전의 기회로

부정의문문을 제대로 해석하면 매력을 뽐낼 기회가 된다. 스스로 걸어왔던 길을 아름다운 시선으로 바라보자. 모든 걸음마다 특별한 이유가 있고, 나름의 성취가 있다. 그 시절을 돌아보고, 보석을 발견하자. 참고로 면접에서는 어떤 답변을 하든 '회사에 기여할 점'을 염두에 두고 말하자. 회사가 인재를 채용하는 건 존속과 번영을 위해서다. 나의 자질과 특징으로 회사에 어떻게 기여할지 연관 지어서 자신 있게 말하자.

학점이 낮은 이유가 있다면 사실을 있는 그대로 밝히자.

"맞습니다. 동호회 활동을 열심히 했습니다. 저는 서울 대학연합동호회 500명의 수장이었고, 리더십을 배웠습니다. 조직에는 리더십이 필요한데, 저는 대학 시절에 현장에서 리더십을 키웠습니다. 다시 대학 시절로 돌아가도 동호회 활동에 집중했을 것입니다. 이 리더십으로 동기와 선배, 상사분들에게 좋은 영향을 미칠 자신이 있습니다."

졸업 후에 준비한 게 있다면 진솔하게 말하고, 그 시기를 거쳐 깨달은 점을 이야기하자.

"행정고시를 준비했습니다. 2년만 공부하자 마음먹었고, 불합격해서 그만뒀습니다. 저는 법학과를 나왔고, 행시를 공부한 건 법이 체질에 맞았기 때문입니다. 그래서 사회부 기자가 잘 맞겠다고 판단했습니다. 사회부 기자는 검찰과 경찰을 중심으로 사건과 사고를 취재하고, 교육부를 포함해 각종 분야의 이슈를 기획하고 취재합니다. 저는 법에 관한 이해와 논리적인 시각으로 사회에 보탬이 되는 기자로 활약할 자신이 있습니다."

이직 사유를 정직하게 말하자. 옳고 그름의 기준은 오직 내 안에 있다.
"여러 경험이 필요했습니다. 스타트업과 대기업 중에 어떤 회사가 저에게 맞을지 알고 싶었습니다. 일은 평생 해야 하기 때문에 제게 적합한 환경을 알고 싶었습니다. 저는 스타트업이 잘 맞습니다. 불안한 미래를 향해 빠르게 달려가는 게 좋습니다. 예측 불가한 성장으로 직원들의 업무가 뒤엉켜 있는 점도 잘 맞습니다. 복합적인 일을 한 번에 배울 수 있는 점도 의의가 있습니다. 오래 다니기 위해 온 회사가 바로 이곳입니다."

회사도 나를 선택하고, 나도 회사를 선택하는 것이다. 나만의 강점을 발견해 사랑하자. 면접에서는 주체적이고, 우월하면서 겸손하게 말하자.

> **핵심**　　　　　　　　　　**수세에 몰린 상황을 역전의 기회로**
>
> (공통) 공격적인 말 앞에서도 공통의 목표를 추구한다는 걸 기억한다.
> (탈출) 스스로 만든 약점의 감옥을 부수자.
> (보석) 마음에 들지 않는 과거에서 진귀한 보석을 발굴하자.
> (기회) 공세가 이어질 때 역전의 기회로 승부수를 던지자.

> **실천**　　　　　　　　　　**약점을 역전의 기회로 바꿔보기**
>
> (공격) 스스로 공격적인 질문이라고 판단했던 것은 무엇이었나?
> (탈출) 약점을 떠나 질문을 다시 보면 상대방은 무엇이 궁금했을까?
> (보석) 약점이라고 생각했던 점에서 나만의 보석을 발굴한다면?
> (기회) 수세에 몰렸을 때 고난을 극복한 힘을 기회로 역이용하자.

5장.

설득력을 높이는 기본기

분노를 현명하게 다루기

능력이 뛰어난 리더일수록 화가 많다. 기준이 높기 때문이다. 그러나 이 기준으로 다른 사람을 대하면 이해가 안 가고, 못마땅한 마음이 든다. 말이 까칠해지는 이유다. 많은 사람을 설득하기 위해서는 분노를 잘 다루는 능력이 필수다. 리더에게는 사람이 필요하다.

■■ 상대방과 나를 분리하기

리더는 탐탁지 않은 직원과 일정이 예정돼 있으면 마음을 다잡아야 한다. '화내지 말자. 도중에 말을 끊지 말자. 언성을 높이지 말자.' 그런데 번번이 실패한다. 참고 듣기에는 시간이 아깝고, 쓸데없는 이야기를 길게 하니까 참고 들어줄 수조차 없다. 적당히 말을 끊고 알아듣게 말했다고 여긴다. 가끔은 아무 말도 하지 않고, 눈도 마주치지 않고 참을 때도 있다.

하지만 직원은 리더의 분노를 고스란히 느낀다. 한숨, 찌푸린 미간, 차가운 말투에서 알아차린다. 기업에서 수업할 때면 나에게 부탁하는 사람도 있다.

"사장님에게 이야기를 들을 때는 끝까지 들어달라고 말 좀 해주세요."
"사장님도 경청의 태도를 배울 필요가 있지 않나요?"

만약 내가 이런 사장의 직원이었다면 마음이 무거울 것 같다. 사장을 만날 일이 있으면 아침부터 잔뜩 긴장될 것이다. 화가 많은 상사가 있으면 직원은 위축된다. 잘하는 사람도 이런 상사 밑에서는 제 실력을 발휘하기 힘들다.

상대방은 내가 아니다. 내 마음에 들지 않는다고 해서 상대방을 한심해하지 말자. 나를 기준으로 생각하지 말자. 리더는 기준이 높아서 일을 잘해왔고, 계속 발전하고 있다. 그 결과 지금의 자리에 올랐고, 앞으로도 계속 높은 자리로 올라갈 것이다. 자신의 기준이 높다는 사실을 인정하자. 그 기준을 타인에게 들이밀지 말자. 각자의 속도가 있다. 개인의 역량에 맞춰 성장하도록 이끌어주자. 그것도 리더의 능력이다.

■■ 바쁜 이미지는 효율을 떨어뜨린다

바쁜 리더는 상대방의 말을 침착하게 듣지 못한다. 일정이 빡빡하고, 만날 사람도 많고, 처리할 일도 쌓여 있다. 30분 단위로 미팅하는 건 기본이고, 15분, 5분 미팅도 잡는다. 어느 기업에서는 '1분 엘리베이터 말하기 교육'을 의뢰하기도 했다. 바쁜 리더를 위해 이동 중 엘리베이터에서

짧고 굵게 핵심만 보고하는 방법을 원했다. 리더는 일의 우선순위를 매겨 시간을 배분한다. '효율'을 미덕으로 여긴다. 그런데 과연 '효과'는 있는가?

나는 기업 컨설팅을 맡을 때면 사장단 보고나 전체 팀장 회의에 동석하기도 한다. 실제 보고와 회의 현장에서 어떤 점을 바로잡으면 좋을지 지켜본다. 어디서든 비슷한 광경이 있다. 바쁜 리더를 신경 쓰느라 직원들이 눈치를 본다. 활발하게 의견을 개진하고 토론하면서 더 나은 전략을 도출하는 게 아니라 시간 내에 서둘러 말하느라 말이 빠르고, 상사가 말을 끊을까 봐 문장을 늘어뜨리고, 상사 눈치를 보면서 반응을 살핀다. 당신의 회사는 어떤 분위기인가?

상사의 이야기만 듣다가 끝나는 회의도 많다. 어느 정도 들었으면 리더가 정리한다. 바쁜 시간을 핑계 삼아 말을 끊기도 한다.

"제가 시간이 없어서 그러는데, 본론이 뭐죠?"

"회의 시간이 얼마 안 남았는데, 그건 넘어갈까요?"

본인 나름대로는 이렇게 말하면 상대방이 본론을 간명하게 말해줄 거라고 기대했을 것이다. 이것도 자신의 기준이다. 내 마음과 달리 직원들은 '바쁜 것'에 신경 쓴다. 바쁜 리더를 신경 쓰느라 직원들은 초조하고 긴장해서 더 말을 못 한다.

이것은 리더가 원하는 회의나 보고가 아닐 것이다. 바쁜 이미지는 부정적인 영향을 미친다. '바쁘다'라는 말은 사회적으로 좋지 않은 어감을 준다. 가족과 통화하거나 후배에게 "바쁘니까 빨리 말해"라고 말할 때가 있다. 사실을 말했을 뿐이지만, 매정하게 들린다. 바쁘다는 말은 가족 중에 일하는 사람이, 그중에서도 더 돈을 잘 버는 사람이 쓰는 말이 되어버렸다. 많은 사람을 포용하기 위해서는 자신의 언어 사전에 '바쁘다'를 지우고 '바쁜 티'를 내지 말자.

'바쁘다' 대신 '하루가 분주하다, 일정이 빡빡하다, 스케줄이 빼곡하다, 시간이 촉박하다, 서두를 시간이다, 분초를 다퉈야 할 때다' 등으로 대체하자. 긴급한 상황이 아니라면 상대방의 말은 끝까지 듣자. 말을 끊고 싶을 때 침을 삼키자. 재촉하는 말이 나오려고 하면 침으로 막는다. 리더의 자리에서 권위 의식을 가진 건 아닐까, 돌아보자. 상사의 말을 끊었던 적이 있는가 살펴볼 때다. 지위가 격상한다고 인품이 따라오지 않는다. 인품은 스스로 갈고닦아야 한다.

▋▋ 시간을 주도적으로 쓰기

바쁘다는 건 시간에 쫓긴다는 의미다.

"바빠서 못 했어."

"바빠서 지난주에 뭘 했는지 생각이 안 나네요."

시간에 쫓기면 어제 내가 이 시간에 무엇을 했는지도 가물가물하다. 지난주는 한참 전같이 느껴진다. 리더는 시간을 주도적으로 사용하는 사람이다. 시간에 쫓기는 건 일정 관리를 못 했을 때 나타나는 현상이다. 앞으로는 시간을 내 손으로 주무르자.

일정이 바쁜 게 아니라 마음이 바쁜 것이다. 예민해지고 좋은 말이 안 나오는 이유는 마음 때문이다. 중요한 일이 산적해 있고, 믿고 맡길 직원이 부족하니 마음에 여유가 사라진다. 일을 잘하면 직책이 생긴다. 팀장이 되면 팀원을 관리하고 운영한다. 임원이 되면 더 많은 조직을 이끌어야 한다. 사업을 하면 고객 모두를 아우를 수 있어야 한다. 어느 분야든 리더는 사람을 관리한다. 무엇보다 가족이 생기면 돌봐야 하고, 내가 내 인생을 주도하는 리더로 살아야 행복하다.

나를 따르게 하기 위해서는 먼저 상대방을 믿자. 누구든 성장하도록 교육하고, 일이 틀어져도 스스로 해낼 수 있도록 알려주자. 상대방의 기준에서 어떤 것이 도움 되는지 물어보고 손발을 맞춰가자. 이런 과정을 통해 다른 사람들을 성장시키는 법을 터득한다. 그러면 더 큰 조직도 맡아 운영할 수 있다. 그렇게 시간의 여유가 생기고, 마음의 여유가 깃든다. 내가 집중할 일이 무엇인지 일정을 보고, 시간 배분을 다시 하자.

▋▋ 말하기 교육을 체계적으로 하자

말하기 교육을 도입하자. 답답하거나 화나는 일이 현저히 줄어든다. 교육으로 효율과 효과를 한 번에 잡을 수 있다. 중요한 것부터 말하고, 간명하게 말하는 훈련을 하면 누구나 본인이 가진 유능함을 드러낼 수 있다. 회의 시간은 30분에서 10분으로 줄어든다. 1분만 대화를 나눠도 확실한 의사소통이 가능하다. 의견에 차이가 나고, 딴소리하는 이유는 서로 쓰는 언어가 달라서다. '개별적인 능력'이 아닌 '개별적인 언어'의 차이다.

시그리드 누네즈는 『어떻게 지내요』에서 말했다. "서로 다른 언어가 단지 서로 다른 종족에게만 주어진 것이 아니라 마치 지문처럼, 개별 인간들에게도 주어진 거라면."

우리는 같은 한국어를 쓰지만, 개별적인 언어가 있다. 누네즈의 말처럼 이는 마치 지문과 같다. 맛있는 음식을 먹으면 누구는 "진짜 끝내준다!"라고 하지만, 누구는 아무 말도 하지 않는다. 표현의 차이다. 이 차이가 일터에서도 고스란히 나타나 불통이 생긴다. 말하기 교육은 우리가 쓰는 언어를 표준화하고, 서로의 말을 정확히 알아듣도록 한다. 같은 언어를 쓰면 우리가 같은 목표를 지닌 한 팀이라는 공동체 의식도 자란다.

뉴스는 1분만 봐도 정보를 바로 이해한다. 방송국은 직원에게 어떤 시청자가 보더라도 알아들을 수 있게 말하는 법을 교육한다. 어떤 수준의 직원이 입사해도 방송국마다 지향하는 보도 지침을 준수하도록 교육한다. 그래서 채널마다 뉴스 색깔이 있고, 어떤 기자가 나오더라도 매체가 추구하는 방향을 일관적으로 전달한다. 메시지를 전하는 직업이기 때문에 보도국 리더는 단어 하나도 신중하게 고른다.

기업도 상품과 서비스로 고객에게 메시지를 전한다. 개발팀이든, 영업팀이든, 고객서비스팀이든 똑같은 방향성을 가진 말하기를 구사할 필요가 있다. 직원의 말하기 역량이 커지면 회사 전체의 수익이 올라간다. 언어를 구사하는 수준이 달라도 뛰어난 강사의 뛰어난 교육으로 말하기 수준을 높일 수 있다. 우리 회사가 '성공적인 리더의 언어'를 교육하는 이유다. 우선 이 책을 전 직원에게 배포하자.

핵심

분노를 현명하게 다루기

- (분리) 상대방과 나를 분리한다.
- (대체) '바쁘다' 대신 '분주하다, 빼곡하다, 빡빡하다'
- (시간) 시간을 효율적으로 배분해 효과적으로 쓴다.
- (교육) 직원에게 체계적인 말하기 교육을 제공하자.

실천

이로운 스케줄 짜기

- (목적) 효율과 효과를 한 번에 잡는 스케줄을 기획하자.
- (휴식) 쉬는 날을 잡자. 제대로 쉬면 업무 효율이 높아진다.
- (행복) 행복을 위해 일한다는 사실을 기억하자.
- (만남) 소중한 사람과 자주 만나면 행복감이 증진된다.

무례는 넉살로 받아치기

"무례한 사람에게 따끔하게 일침을 가하면서도 관계를 망치지 않는 방법이 있을까요?"

사회생활을 유연하게 하는 장치는 바로 '넉살'이다.

■ 넉살로 초기에 진압하기

넉살은 부끄러운 기색 없이 비위 좋게 구는 행동을 말한다. 국어사전 예문에는 "행인들 가운데서도 넉살이 좋은 사람은 국수 한 그릇씩을 먹고 있었다"가 있다. 나는 예전에 무례한 사람에게 일침으로는 부족해 만침을 가한 적이 있었다. 승리감은 잠시뿐, 그 사람에게 쏟은 감정도 시간도 아까웠다. 무엇보다 무례한 사람은 내 인생에서 중요하지 않다. 그들에게 감정을 소모하지 않고, 일이 커지기 전에 대응하는 방법이 넉살이다.

후배가 목소리를 높이면 무례하다고 여기기 전에 넉살로 응수한다.
"어머, 깜짝이야. 심장 좀 주울게요."
경솔한 발언을 하면 재치 있게 넉살을 부린다.
"웬일이야, 나 잘못 들은 거 아니죠?"
답변하기 곤란한 질문이면 "그 이야기를 들으려면 단단히 마음먹으셔야 할 텐데요?" 하고 넘어가자. 선을 넘는 발언에는 더 강한 어조로 말한다.
"큰일 날 소리를 하시네요."
"용감함이 지나치시네요."
"어머, 이런 이야기를 아무렇지도 않게 말씀하시다니요. 그러다가 큰일 나요. 조심하세요."

평소보다 목소리를 낮추거나 무서운 표정을 짓지 않는다. 넉살을 부리는 건 분위기를 가볍게 만들기 위해서다. 재치나 유머라고도 할 수 있다. 어조가 가라앉으면 비꼬는 것처럼 들릴 수 있다. 넉살을 부릴 때는 평소보다 세 배 이상 과하게 말하자. 말투도, 동작도 과장한다. 연기한다고 상상하면 잘된다. 그래야 재미있고 효과적이다. 넉살이 안 먹히는 이유는 평소 톤대로 해서 그렇다.

넉살은 큰일로 번지기 전에 상황을 초기 진압할 수 있다. 차별적인 발언을 떠벌리거나 아픔이나 피해를 겪은 사람을 조롱하거나 선을 넘는 발언을 한다면 넉살로 지적한다. 이건 참는 게 아니다. 넉살로 응수하면서 상황을 일단락시키는 것이다. 이 정도 말하면 웬만한 사람은 말실수를 눈치챈다. 말투나 몸짓은 재미있지만, 내용이 순하지 않기 때문에 타격을 받는다. 여러 사람이 있을 때도 무례한 사람의 입을 다물게 하는 효과가 있다.

▋▋ 무례한 조언은 넉살로 반사하기

조언인 척 비난하는 사람이 종종 있다. 이런 말은 직접적이지 않고, 돌려서 하니까 약이 오른다.

"업무 시간에 이어폰 끼고 있다고 말 나오는 거 알지?" "요즘 너 인사 잘 안 한다고 선배들 사이에서 말 나온대." "팀장님, 사장님이 부장님이랑 팀장님 이야기를 심각하게 나누시던데요. 알고 계시라고요."

하나같이 잡소리다. 귀띔이랍시고 떠벌리지만, 괜한 소리로 심기를 불편하게 한다. "그래? 자세히 말해봐"라면서 궁금해하지 말자. "아, 네"라는 대꾸도 삼간다. 이런 비난에는 넉살로 치고 빠지자. 두 손을 들고 고개를 갸우뚱하면서 "오, 마이 갓!" 하고 뜨악한 표정을 짓고 자리를 뜨자. 말을 전하는 사람과 거리를 두자. 한두 번 전한 게 아닐 것이다. 자기 일에 진지한 사람은 남의 말을 옮기지 않는다. 진짜 내 사람이라면 그 자리에서 내 편을 든다. 이런 부류는 비밀을 나누면서 친해지는 습성이 있는데, 업무에서는 관계보다 실력이 먼저다. 실력이 생기면 관계는 따라온다. 내 일에 집중하자.

안부랍시고 기분 나쁘게 조언하는 사람도 있다.

"어제 술 마시고 잤어? 얼굴이 부었네." "못 잤어? 피곤한 얼굴이야." "어디 아파? 생기가 없어 보여. 적당히 쉬면서 해."

잠도 잘 잤고 술도 안 마셨고 컨디션도 쌩쌩한데, 아침부터 이런 말을 들으면 하루를 망친다. "왜요?"라면서 관심을 두지 말자. "저 컨디션 좋은데요"라면서 정정도 하지 말자. 짧은 질문으로 반사하자.

"본인 봤어요?"

"자기 얘기예요?"

"거울 드려요?"

❙❙ 나를 만만하게 본다는 생각을 지우기

넉살이 생기면 무례하다는 생각이 점차 사라진다. 나는 한번은 시청에서 청년을 대상으로 '면접에서 1등 하는 설득법'에 관해 강연했다. 질의응답 시간에 한 청년이 말했다.

"선생님, 춤 한번 보여줄 수 있나요?"

그 자리에는 100명이 있었다. 주제와 상관없는 질문이 무례하다, 건방지다, 분위기를 흐린다고 여길 수 있지만, 나는 넉살로 받아쳤다.

"저는 어두운 데서만 춤춰요. 지금은 너무 환하죠?"

내가 그 자리에서 청년을 비난하지 않아도, 내 권위는 떨어지지 않는다. 과거의 나였다면 문장을 그대로 받아들이고는 무안을 줬을지 모른다. 넉살이 생긴 뒤로는 많은 것을 가볍게 대한다. '저 사람이 분위기를 띄우려고 저러는구나, 나랑 친하다고 생각해서 저런 말을 하는구나, 나랑 친해지고 싶다는 뜻이구나' 생각한다. 본심을 하나둘 파악하면서 일상에서 만나는 무례에서 해방됐다.

가벼워지는 방법은 하나다. '나를 만만하게 대한다'라는 생각을 지우자. 무례한 말에 발끈하는 이유는 그 말을 받아들여서다. 나를 만만하게 보니까 저런 말을 한다고 여기는데, 나와 상관없이 그들의 표현 방식일 뿐이다. 타인의 말을 흡수하지 않고, 무례한 말이라고 여기지 않으면 된다. '왜 나한테 저런 말을 하지?'가 아니라 나를 분리한 채 '왜 저 사람은 저런 말을 하지?'라고 보자.

▮▮ 무례가 지나치면 단호하게 일대일로 경고하기

지금까지는 넉살로 무례를 받아치는 처세술을 말했다. 넉살로 해결되지 않는 무례에는 단호함이 필요하다. 나는 다정하게 말하는 걸 목표로 삼지만, 그 다정에는 단호함이 함께한다. 여리고 약한 것, 소중한 것을 지키기 위해서는 강함이 필요하다. 무례가 지나치면 경고하자. 특히 단둘이 있을 때 말하자. '네'가 얼마나 무례한지 경고하는 게 아니라 '내'가 할 행동을 경고한다. 주어를 '나'로 두는 게 핵심이다.

"한 번만 더 이런 얘기를 듣는다면 여기서 끝나지 않습니다."

"오늘처럼 당신과 대화할 일은 앞으로 없습니다. 다음에는 당신의 상사를 찾아갑니다."

"저는 이런 일을 겪고 참는 사람이 아닙니다. 지켜보십시오. 당신의 말이 어떤 파장으로 돌아갈지."

"비열한 행동을 하지 않아도 실력으로 어디까지 올라갈 수 있는지 보여드리겠습니다."

"정의는 아직 살아 있다는 것을 제가 증명하겠습니다."

"여기까지 하시죠. 가겠습니다."

반듯한 말에는 힘이 있다. 악을 쓰거나 욕하거나 상대방을 무참히 짓밟는 말을 하지 않아도 모욕감은 전달된다. 정확한 말은 비수로 꽂힌다.

나의 자존을 지키면서 우아하게 자리를 벗어나자.

"그 말이 얼마나 무례한 줄 알아?" "말을 왜 그렇게 하세요?" "지금 한 말 후회하지 않죠? 어디 두고 봅시다!"

대놓고 비난하거나 모욕적인 말을 하면 같은 수준이 된다. 쓸데없는 사람 때문에 무엇도 소모하지 말자. 품위 있는 말로 경고하고 떠나자.

가족이 무례할 때도 있다. 끊임없이 상처를 줄 때는 단호하게 말하자.

"멈추세요."

"말을 조심하세요."

말이 통하지 않을 지경이라면 거리를 두자.『가족을 끊어내기로 했다』에서 셰리 캠벨은 말했다.

"해로운 가족과는 관계를 끊어도 된다. 여러분의 행복에 계속해서 해가 되는 사람은 그게 누구든 관계를 정리해도 된다. 자신을 챙기고 필요한 것들을 얻어라. 내 인생은 내가 선택한 방식으로 돌봐도 된다."

미래에 더 잘 지내기 위해 잠시 멈추는 것이다. 지금은 상처받은 자신을 돌보자.

> **핵심**　　　　　　　　　　　　　　　　**무례는 넉살로 받아치기**

- (초기) 넉살로 무례한 상황을 초기에 진압한다.
- (과장) 넉살로 대응할 때는 평소보다 세 배 이상 과장한다.
- (해방) 관계에서 가벼워지면 무례에서 해방된다.
- (경고) 단호하게 말해야 한다면 일대일로 경고한다.

> **실천**　　　　　　　　　　　　　　　　　　**넉살을 연습하기**

- (과장) 과장되게 뜨악한 표정을 짓자. "오, 마이 갓!"
- (말투) 높낮이를 꺾어가면서 연기한다. "큰일 날 소리 하시네요."
- (웃기) 해맑게 웃으면서 말한다. "아이구, 심장이 떨어졌네."
- (효과) 내가 하면서 웃겨야 남한테도 통한다.

논리력이 돋보이는 7가지 방법

논리적으로 똑똑하게 말하는 사람에게는 이길 수 없는 존재감이 있다. 논리가 탄탄하면 어떤 순간에서든 기지를 발휘한다. 나는 어느 기업에서 갑질을 당한 순간에도 논리력으로 권리를 지켰다. 논리력이 돋보이는 방법을 하나씩 살펴보자.

▪▪ 1. 이성적 사고를 강화한다

갑질 기업을 '갑'으로 칭하겠다. 갑에서 강의한 다음 날, 강의료를 깎겠다는 일방적인 통보를 받았다. 회장 지시였다. 이 말을 전한 사람은 팀장이었다. 나는 분개하며 팀장과 통화했다.

나   무례하시네요.

팀장   감정적으로 나오실 줄 몰랐네요.

나는 정신을 차렸다. 무례는 사람이 예의가 없음을 나타낸다. 개인 간 불화로 여겨지면 사건의 크기가 축소된다. 이 사건은 기업 대 기업 간에 벌어진 '갑질 횡포'였다. 갑은 계약 사실을 위반했고, 계약금 감액이라는 불공정 거래를 시도했다. 나는 감정을 빼고 이성적으로 말했다.
"이건 '갑의 횡포'입니다."
갑의 횡포라는 용어를 통해 기업 간 문제의 심각성을 내세웠다. 팀장은 아무 말이 없었다. 그 순간 나는 분위기가 전환됐음을 직감했다. 논리적인 공세를 이어갔다.

■ 2. 적확한 단어를 사용한다

'적확'은 정확히 맞아 조금도 틀리지 않는다는 의미다. 정확한 것보다 더 정확하다는 뜻이다. 단어를 부적절하게 사용하면 반격이 돌아온다. 예를 들면 부부의 말다툼도 단어로 촉발된다.
"너는 말을 항상 이상하게 하더라."
"항상? 내가 언제 항상 그랬어?"
논지에서 벗어나 '항상'이라는 단어를 걸고넘어진다. 단어를 적확하게 사용해 논리의 오류와 주장의 빈틈을 없앤다.
"이는 '부당 대금 감액'입니다. '하도급법 위반'입니다."
하도급 거래 공정화에 관한 법률 제11조에 따르면, "원사업자는 제조

등의 위탁을 할 때 정한 하도급 대금을 감액해서는 안 된다"라고 명시한다. "불합리한 이유를 들어 하도급 대금을 감액하는 행위"와 "수급 사업자의 과오를 이유로 하도급 대금을 감액하는 행위"도 위반이다.

■ 3. 구체적 사실을 질서 있게 나열한다

진실은 그 자체로 힘이 있다. 구체적인 사실을 질서 있게 나열하면 진실이 선명히 드러난다. "요청했을 때부터 지금까지"라고 말하면 구체적이지 않다. "그게 언제인데?"라는 반문이 나온다. 정확한 날짜를 언급한다. 육하원칙을 활용해 숫자와 이름, 사건 발생 순서를 일목요연하게 진술한다. 갑이 계약금을 깎겠다고 말한 순간 나는 깨달았다. 그동안 요청한 많은 내용이 갑질이었다는 것을.

"지난달 21일 강의를 처음 요청했을 때부터 오늘까지 28일 동안 갑은 계약 체결 후 요구를 점진적으로 늘렸습니다. 인원 열 배 증원, 시간 50분 초과, 영상 열한 개에 피드백을 추가로 요청했습니다. 단, 요구는 늘어남에도 강의료는 유지됐습니다."

■ 4. 사실이 의미하는 바를 풀이한다

풀이가 핵심이다. 사실은 사실 그대로를 전한다. 개인적인 의견은 섞지 않는다. 이를테면 "푸르른 나무가 있다"라는 문장은 주관적이다. "소나무 한 그루가 있다"라는 문장은 객관적 사실이다. 논리적으로 말하기 위해서는 객관적 사실을 먼저 말한 뒤에 주관적 의견을 분리해 말한다.

"(사실) 애초에 강의 요청 대상은 임원 세 명이었습니다. 그러나 계약 체결 후 갑은 강의 대상을 서른 명으로 늘렸습니다. (풀이) 이는 열 배나 증원된 것입니다."

숫자가 의미하는 바를 상대방이 이해하기 쉽도록 풀어서 말한다. 그러면 상대방은 나의 주장에 자연스럽게 따라온다. 숫자를 표현할 때 '몇 배'가 '몇 퍼센트'보다 알아듣기 쉽다. 가령 "인사 시스템을 새로 도입하면 야근이 30퍼센트 줄어든다는 통계가 있습니다"보다 "인사 시스템을 새로 도입하면 야근이 세 배는 줄어든다는 통계가 있습니다"가 이해가 빠르다.

"(사실) 한 달간 주고받은 메일이 서른다섯 개였습니다. (풀이) 이는 하루 평균 1.5개의 메일을 주고받았다는 뜻입니다. (의견) 즉, 주말과 휴일을 가리지 않고 갑은 메일을 보냈습니다."

풀이가 더해져 사실을 부각하고, 의미를 명확하게 나타낸다. 이를테면 "새싹이 났습니다"라는 문장은 일반적인 사실이지만, 새싹이 난 의미를 풀이하면 완전히 다른 이야기가 된다.

"30년간 척박한 토지에 다시 새싹이 났다는 건 여전히 이 땅이 강한 생명력을 지니고 있다는 의미입니다."

▮▮ 5. 상대방의 오류를 논리적으로 적시한다

팀장이 내게 사과 이메일을 보냈다.

"제가 중간에 말을 전하면서 소통의 오류를 범한 것 같습니다. 회사의 가이드를 잘못 해석해 오해를 일으켰습니다."

팀장이 책임을 뒤집어쓰는 모양새였다. 갑질 횡포 문제를 개인의 소통 오류로 축소했다. 나는 논리의 오류를 적시했다.

"이번 사태는 개인의 말실수나 해석의 오류가 아닙니다. 기업이 기업을 대상으로 한 갑질 횡포입니다. 사실을 똑바로 인지하십시오."

▮▮ 6. 부사를 제대로 활용한다

부사의 알맞은 배치로 의미를 명확히 드러낸다. 부사는 용언 또는 다른 말 앞에 놓여 그 뜻을 분명하게 하는 품사다. 부사는 무척 다양하고, 각각 아름다운 소리와 뜻을 지녔다. 내가 좋아하는 부사는 '고요히, 아스라이, 오롯이, 다소곳이, 열렬히' 등이 있다. 나는 부사로 뜻을 부각했다.

"이는 '엄연히' 사실과 다릅니다. 한 달간 주고받은 메일이 증명합니다. 을은 갑의 요구를 모두 '성실히' 이행했습니다. 중간에 늘어난 요구 사항까지 '묵묵히' 해냈습니다."

■■ 7. 상대방의 말을 그대로 인용한다

인용할 때는 상대방의 말을 한 글자도 틀리지 않는다. 말을 전할 때는 오류가 발생한다. 이를테면 "어제 땀을 정말 많이 흘렸어"라는 말을 듣고 다른 사람에게 "어제 진짜 더웠대"라고 말하거나, "입맛이 없어서 안 먹을래"를 "배 안 고프대"라고 전한다. 내가 듣고, 나의 언어로 해석한다. 논리력을 강화하기 위해서는 상대방의 말을 똑같이 인용한다. 나는 팀장의 말을 그대로 인용했다.

"팀장은 강의 다음 날 '사실 결재 전이라 회장님께 보고했는데, 강의료를 낮추라 지시했다'라고 말하면서 감액을 통보했습니다."

이는 "그쪽이 결재 안 됐다고 말했잖아요"라는 문장과는 어감과 의미에서 확연히 차이 난다. 평소 경청을 잘하면 인용 실력이 는다.

> **핵심**
>
> ## 논리력이 돋보이는 방법
>
> - (거시) 사회적 차원에서 문제를 바라본다.
> - (적확) 조금도 틀리지 않는 적확한 단어를 사용한다.
> - (객관) 객관적 사실을 육하원칙으로 정확히 표현한다.
> - (풀이) 사실이 의미하는 바를 해석하고 풀이하고 해설한다.

> **실천**
>
> ## 논리력을 키우는 방법
>
> - (독서) 신문 기사, 법률 서적 등을 관심 있게 읽는다.
> - (적확) 일상에서 적확하게 말하는 훈련을 한다.
> - (답변) "영화 한 편 봤어." 대신 "영화관에서 〈땅에 쓰는 시〉 봤어."
> - (일기) 하루를 사실 중심으로 기록한다. 마치 이순신의 『난중일기』처럼.

똑 부러지게 말하자

똑 부러지게 말하면 확신이 느껴진다. 입을 열자마자 신뢰할 수 있도록 명확하게 말하자.

■ 짧은 한 문장으로 처음부터 선포하기

무인 카페 프랜차이즈 대표가 사업설명회에서 연설한다.

> **대표** 무인 카페를 창업하는 게 유인 카페를 운영하거나 다른 창업보다 더 쉽고 관리가 편한 점을 말씀드리겠습니다. 일반적으로 카페를 운영하면 원두를 직접 선정하고 커피 맛을 똑같이 유지하는 데 많은 노력이 필요합니다.

느낌이 오지 않는다. 이 모든 말을 아우르는 한 문장을 맨 처음 말한다.

"여러분은 꿈을 이루기 위해 이 자리에 왔습니다."

"여러분은 카페 창업으로 성공할 겁니다. 왜냐하면 제가 있으니까요."

사람들은 진짜 하고 싶은 말을 뒤로 미루는 습관이 있다. 처음부터 선포하자. 우리는 성공하기 위해 지금 이 자리에 있다. 확신에 찬 말은 가슴을 뛰게 한다. 설득은 진심을 전하는 일이다. 문장을 잔디처럼 깎고 다듬어서 보여주려고 하지 말자. 잘 가꾼 정원은 예쁘지만, 마음을 사로잡는 건 거친 대자연이다. 세차게 떨어지는 폭포, 하늘을 삼킬 것 같은 나무에는 이루 설명할 수 없는 웅장함이 있다. 진심은 거친 야생과 같다.

짧고 담백한 확신에 찬 문장으로 처음부터 사로잡자. 성공에 어떤 수식어가 필요한가. 성공, 두 글자만으로 가슴을 방망이질하지 않는가. 꾸밈없이 단어를 나열하는 것도 매력적이다.

"성공, 행복, 번영, 자유, 사랑. 이 다섯 가지가 제가 창업으로 얻은 결과입니다."

긴 설명이 필요 없다. 처음부터 진짜 하고 싶은 말을 공표하자. 마음에서 나오는 말을 던지자.

■ 불확실한 표현을 삼가기

'같다'가 대표적이다. 기자가 서울대공원에서 시민을 인터뷰 중이다.

기자	기분이 어떠세요?
시민	가족과 오랜만에 서울대공원에 와서 벚꽃을 구경하고 기분이 좋은 것 같아요.

어색하지 않은가? 내 기분은 나만 말할 수 있다. 확실하게 말하자.

"가족과 오랜만에 서울대공원에 왔는데, 벚꽃을 구경해서 기분이 좋아요."

더 나은 방법은 '짧은 문장'으로 말하는 것이다.

"즐거워요. 가족과 오랜만에 서울대공원에 왔는데요. 벚꽃이 예뻐서 기분 좋아요."

'같다'는 예측이 어려울 때 쓴다.

"콩국수에 설탕이 들어간 것 같아요." "내일은 눈이 올 것 같아요."

간혹 의사나 학자는 일부러 '-같아요'라는 어미를 쓴다. 연구가 진행 중이거나 확실히 밝혀진 사실이 아닌 경우이기에 불확실하게 말한다. 이런 상황은 주관적인 의견을 내는 상황이지 타인을 설득하는 상황이 아니다. 설득할 때는 상대방의 마음을 움직여 내가 원하는 방향으로 행동하도록 만들어야 한다. "이게 더 나은 것 같아요"가 아니라 "이거예요", "이걸로 하세요"라고 말하자.

'같다'를 대체할 표현은 얼마든지 있다.

"콩국수에 설탕이 들어간 걸까요?" "콩국수에서 단맛이 나는데요?" "콩국수에 설탕을 넣었나 봐요."

"내일은 눈이 올 듯해요." "내일은 눈이 올지도 몰라요." "내일은 눈이 올 법한 하늘이에요." "내일은 화창하지 않겠는데요." "내일은 눈이 오겠는데요." "내일은 눈이 올 거예요. 그런 예감이 들어요." "내일 눈이 내릴 거예요. 제가 그러길 바라니까요."

'-같아요'를 쓰는 것보다 엉뚱한 소리를 하는 게 매력적이다.

■■ 예의보다 확실히 표현하기

예의를 차리다가 똑 부러지지 못한 언어 습관이 생기기도 한다. 예를 들면 이삿짐을 옮기는 직원에게 "여기에 놔두시면 될 것 같아요"라고 말한다. 흔히 쓰는 표현이지만, 불확실한 표현이다. 상대방은 어디에 두라는 건지 헷갈린다. 내가 예의 있는 사람이 되는 것보다 상대방에게 편의를 제공하는 게 진정한 예의다. 내 기준에서는 예의 있지만, 다른 사람에게는 단지 말을 길게 하는 것처럼 보일 수 있다. 확실히 말하고 감사를 덧붙이자.

"여기에 놔주세요. 고맙습니다."

질문할 때도 예의 있어 보이려고 말꼬리를 늘인다.

"어디에 설치하면 될까요?"

"다음 주에 언제 시간이 되실까요?"

'될까요'라는 표현을 쓴다고 해서 예의 있어 보이지 않는다. 사회적으로 통용되는 업무 용어 같은 건 없다.

"어디에 설치할까요?"

"다음 주 무슨 요일이 편하세요? 제가 맞추겠습니다."

바르고 정확하게 말하는 습관이 표현력을 키운다. 어미로 예의를 갖추기보다 상대방에게 확실히 표현하되 능동적인 자세를 갖추자.

웬만하면 '되다'라는 동사는 쓰지 말자. 스티븐 킹은『유혹하는 글쓰기』에서 "수동태는 한사코 피해야 한다"라고 강조했다. 가령 "회의는 7시에 시작될 예정입니다" 대신 "7시에 회의를 시작합니다"라고 쓴다. 앞으로 '하다' 동사를 자주 쓰자. 능동적이다. 자신의 인생을 주도하는 표현이다. 사무실에 들어갈 때도 "잠시 들어가도 될까요?"보다 괜찮은 표현이 많다.

"잠시 들어갈 수 있나요?"

"이야기할 시간 있으세요?"

"잠깐 차 한잔할까요?"

■■ 부사 대신 정확한 정보로 말하기

부사로 말을 시작하는 경향이 있다.

"정말 주말에 재미있게 놀았는데." "진짜 어제는 너무 말을 많이 해서 아직도 목이 아파." "되게 많은 분이 오늘 이 자리에 모여주셨는데요."

똑 부러지게 말하기 위해 부사 사용을 줄이고, 정확한 정보로 말한다.

"주말에 친구 세 명이랑 뮤지컬을 봤는데, 재미있었어."

"어제는 다섯 시간 동안 말을 했어. 아직도 목이 아파."

"350명이 한자리에 모였습니다. 감사합니다."

부사를 쓴다면 정확한 자리에 쓴다. "정말 이 집 음식은 맛있다" 대신 "이 집 음식은 정말 맛있다"라고 쓴다. 음식이 맛있다는 걸 강조하고 싶다면 '정말'은 문장 맨 앞이 아니라 '맛있다' 앞이 알맞다. "너무 옷장이 작은데 옷이 많다"라는 말은 옷장이 너무 작다는 건지, 옷이 너무 많다는 건지, 두 가지 모두 뜻하는지 난해하다. 부사는 내가 강조하고 싶은 단어 앞에 쓴다. 옷의 양을 강조하고 싶으면 '너무'를 '많다' 앞에 쓰고, 옷장이 작은 걸 강조하고 싶다면 '작은데' 앞에 쓴다.

똑 부러지는 언어 습관을 기르려면 부사 사용을 지양한다. 보통 접속부사 '그래서, 그러나, 그리고, 그런데, 하지만'과 '정말, 너무, 진짜, 아주, 되게, 많이, 매우'를 남발한다. 아무 데나 쓸 수 있는 단어가 아니라 딱 이 표현에만 쓸 수 있는 단어를 쓰면 표현력이 늘고, 똑 부러지게 말할 수 있다. 그때까지 부사 사용을 줄인다. 이를테면 "이 책 진짜 재미있어"보다 "이 책을 서른일곱 번 정독했어요"라고 말하자.

▮▮ 똑 부러지게 발음하는 법

'히읗'에서 바람을 뱉자. 말끝까지 힘이 있어야 자신감이 느껴진다. 서술어에는 히읗이 자주 등장한다. "말했습니다"에서 '했'이 '앴'처럼 들리지 않도록 바람을 뱉어 분명하게 히읗 소리를 낸다. 이를 위해 입으로 숨을 마시고, 곧장 바람을 입 밖으로 뱉으면서 발음한다. 히읗이 있는 글자마다 바람을 뱉으면 발음이 전체적으로 또렷해진다.

'윗입술'을 들자. 윗입술이 치아를 덮은 채 움직이지 않으면 소리가 답답하다. 말하는 모습도 어색하다. 먼저 흐뭇한 미소를 짓는다. 그러던 입술이 전체적으로 위로 올라간다. 볼 근육으로 입꼬리를 잡아당기면서 말한다. 볼살에 힘을 계속 줘서 윗입술 전체를 붙잡는다. 그래야 윗니가 보인다. 치아 사이로 바람이 나오면서 소리가 시원하게 들린다. '턱'을 벌려서 발음하자. 모음을 발음할 때 턱이 벌어지지 않으면 웅얼거린다. 윗입술을 든 채 아래턱을 위아래로 움직이면서 발음한다. 정리하자면 위쪽은 윗입술을 움직이는 데 집중하고, 아래쪽은 턱을 연다. 어금니 사이에 공간을 둔다고 생각하고 말해야 소리가 시원하다.

'한 글자씩' 발음하자. 단어를 통째로 발음하면 소리가 정교하지 않다. 또박또박 발음한다는 의미는 한 글자씩 발음한다는 것이다. "말했습니다"를 단어 통째로 발음하면 [마랟씀니다]로 발음된다. 한 글자씩 분절해 [말.핻.씀.니.다]로 명확히 발음한다. 이와 관련한 자세한 내용은 『말 잘한다는 소리를 들으면 소원이 없겠다』에 나온다.

> **핵심**
>
> ## 똑 부러지게 말하는 방법
>
> (선포) 확신에 찬 한 문장을 선포한다.
> (단문) 서술어 하나에 한 문장으로 말한다.
> (예의) 진정한 예의는 상대방을 배려하는 것이다.
> (정보) 부사 대신 정확한 정보로 말한다.

> **실천**
>
> ## 똑 부러지게 발음하기
>
> (히읗) 'ㅎ'에서 바람 소리를 내기.
> (자음) 딱딱한 입천장에 혀끝이 닿기.
> (모음) 윗입술을 들어 윗니가 보이도록 발음하기.
> (글자) 한 글자씩 분절해 또박또박 발음하기.

타인의 호의를 끌어내는 진솔함

운동복을 사러 한 브랜드 매장에 갔다. 탈의실에서 몇 벌을 입어봤는데, 마음에 들지 않았다. 직원이 옷은 마음에 드는지 물었다.

▎진솔한 대화의 힘

나　　마음에 들지 않아요.

직원　어떤 점이 마음에 들지 않으셨어요?

나　　하나는 작고, 다른 건 두껍고 별로예요.

직원　그럼 어떤 옷을 찾으세요?

나　　저는 매일 달리는데, 땀이 많이 나요. 적당히 두꺼워서 몹시 추운 날에만 입을 수 있는 옷이 필요해요. 횡단보도에서 멈춰 있을 때 추위를 막아주면 좋겠어요.

직원 세 명이 매장으로 흩어지더니 미션을 수행하듯 각자 옷을 가지고 왔다. 나는 마음에 드는 옷을 찾았다. 기분 좋게 계산하면서 직원과 대화를 나눴다.

나   이 옷도 건조기에 돌리면 안 되나요? 한 달 전에 이 브랜드 티셔츠를 샀는데, 건조기에 넣었더니 아기 옷처럼 작아졌어요.

직원 운동복은 건조기에 안 돌리는 게 좋은데, 저도 귀찮아서 건조기에 돌리기는 해요. 그런데 면이 들어간 옷은 변형될 수 있어요. 제가 한번 봐드릴게요. (구매 내역을 보더니) 이 옷은 작아지는 소재예요.

나   그렇군요. 바지도 하나 작아졌어요.

직원 그 옷도 줄어드는 소재예요. 직원이 건조기에 돌리지 말라는 설명을 안 드렸나요?

나   네, 마감 시간 5분 남겨놓고 계산하느라 시간이 없었어요.

직원 그러면 가지고 오세요. 설명을 못 받았고, 구매한 지 한 달이 안 됐으니까 교환해 드릴게요. 같은 제품으로 바꿔도 되고, 같은 금액대 다른 옷으로 바꾸셔도 됩니다.

깜짝 놀랐다. 건조기에 넣어 옷이 줄어든 건 내 부주의였고, 줄어든 채로 그냥 입어야겠다고 생각했다. 이번에 산 옷이라도 잘 관리하고 싶어서 물었을 뿐이었다. 그런데 직원이 선뜻 옷을 교환해 준다고 하자 기뻤다. 만약 내가 처음에 옷이 마음에 들지 않아도 괜찮다면서 착한 거짓말을 했다면 어땠을까? 그대로 매장에서 나가 마음에 드는 옷도 사지 못하고, 이전에 산 옷을 교환받지도 못했을 것이다.

■■ 진심은 설득력을 능가한다

나는 진심을 드러냈을 때 사람들의 태도가 더 상냥하고, 더 관심을 보이며, 진심으로 도움을 주려 한다는 것을 깨달았다. 사업 초기에 사업자 통장을 만들기 위해 은행에 갔을 때였다. 은행에서는 대포 통장을 막기 위해 까다롭게 조사했다. 매출이 얼마인지, 왜 거래 내역이 없는지, 무슨 사업을 하는지 꼬치꼬치 물었다. 나는 대답하면서도 그들의 의심에 해명해야 하는 것 같아 기분이 상했다. 한 시간이나 서류를 검토했고, 결국 지쳐서 다른 은행으로 갔다. 그곳 직원에 솔직하게 말했다.

"다른 은행이 업무 처리가 더뎌서 이 은행으로 왔어요. 사업자 통장을 만드는 게 이 정도로 힘든 줄 몰랐어요. 매출이 곧 발생할 거라서 사업자 통장이 필요한데요. 저는 첫 번째 매출부터 사업자 통장으로 받고 싶어요. 현재 증명할 수 있는 매출 내역은 없습니다. 하지만 계약서는 있습니다."

직원은 20분 만에 통장과 카드까지 일사천리로 만들어줬다. 마지막에는 문 앞까지 나와서 사업이 크게 번창하길 응원해 줬다.

사업 초반에 수많은 대표와 진솔한 대화를 나눴다. 대표들은 기업 강의를 맡기면서 계약금을 얼마를 원하는지 물었다. 나는 지금까지 받은 금액과 원하는 금액을 투명하게 이야기했다. 다른 곳에서는 어떻게 하는지 모른다는 말도 하고, 내가 다정한 세상을 만들기 위해 말하기 교육을 한다는 진심도 털어놓았다. 대표들은 사업의 진정성과 내 꿈을 지지했다. 하나같이 더 높은 금액을 받으라면서 사업을 확장하는 방법부터 비용과 가치의 비례에 대한 이야기, 본인들이 사업을 확장한 노하우를 아낌없이 전수해 줬다.

▌▌ 도움이 필요하면 진솔하게 다가가자

나는 도움이 필요할 때면 꼭 맞는 도움을 줄 사람을 찾고 도움을 받았다. 스물아홉 살 때였다. 마지막 20대를 멋지게 마무리하고 싶었다. 친구들과 카페를 대관해 기부 파티를 열기로 했다. 기부 물품을 판매해 수익금을 보육원에 기부하기로 했다. 마침 홍대입구역 근처에 괜찮은 카페가 떠올랐다. 나는 페이스북으로 카페 대표를 찾아 연락했다. 대표에게 솔직한 사정을 말하고 제안서를 보낸 뒤 카페에서 미팅을 했다.

"카페를 대관하고 싶어요. 친구들과 최근 1년간 보육원에서 청소 봉사를 하고 있어요. 한 달에 한 번씩 가는데요. 비록 청소만 하지만, 좋은 사람이 된 것 같아요. 더 많은 사람이 의미 있는 일에 뜻을 모으면 좋겠어요. 이번 파티에서 봉사자도 모집하려고 해요. 이 카페는 오래전부터 예뻐서 눈여겨봤는데, 역과 가까워서 사람들이 오기 편하고, 지나가는 사람도 뜻깊은 일에 동참할 수 있으리라 생각해요. 이번 기부 파티에 온 사람들은 카페 고객이 될 겁니다."

"좋습니다. 여러분과 함께 주최자가 되고 싶어요. 카페는 무료로 이용하고, 저희 직원들이 서빙을 도울게요. 홍보물 제작도 저희가 할 수 있습니다."

우리는 한 팀이 됐다. 친구들끼리만 했다면 소박하게 했을 기부 파티가 카페와 함께 주최하면서 근사해졌다. 카페의 기존 거래처에서 커피

원두, 맥주, 에너지 음료, 햄버거 등도 후원받았다. 우리도 홍보에 박차를 가해 기업에서 도넛, 과자, 기부 물품 등을 지원받았다. 3주 동안 준비한 행사는 가수와 전문 사회자의 진행, DJ까지 재능기부로 섭외해 성황리에 마무리했다. 기부금은 600만 원 가까이 모였고, 보육원에 전달했다.

진솔한 마음을 밝히자 타인과 친구가 됐다. 나는 이와 비슷한 경험을 지속하고 있다. 유튜브를 시작할 때는 재미있는 영상 광고를 만든 전문가를 찾아가 고견을 얻었다. 사업을 하면서도 궁금한 것을 알려줄 상대를 찾아가 진심을 말하고 조언을 청했다. 덕분에 훌륭한 멘토를 얻었다. 이들은 단순한 조언이 아니라 실질적인 도움을 준다. 진솔함을 보였을 때 일어나는 놀라운 결과다. 도움을 주는 사람들은 기꺼이 많은 것을 내어준다. 나에게만 있는 일이 아니다.

한 수강생은 군대에 있을 때 멋진 책을 읽었다. 자수성가한 기업가 이야기였다. 책을 읽고 가슴이 부풀었던 그는 기업가에게 메일을 보냈다. 마침 책에 메일 주소가 쓰여 있었다. 꼭 한 번 만나서 당신의 이야기를 듣고 싶다고 했다. 답장이 왔고, 그는 회장실로 초대받았다. 그날의 만남 후 꿈이 커진 그는 제대 후 호주로 떠났고, 도전을 시작했다. 현재 그는 글로벌 관광사업을 하고 있다. 완벽한 타인의 도움이 필요하다면 주저하지 말고 다가가자.

> **핵심**
>
> ## 타인의 호의를 끌어내는 진솔함
>
> (진솔) 착한 거짓말이 아닌 진솔한 대화를 한다.
> (진심) 진심을 드러내면 설득하지 않아도 통한다.
> (선의) 사람에게는 타인을 돕고자 하는 선의가 있다.
> (타인) 완벽한 타인도 친구가 될 수 있다.

> **실천**
>
> ## 나는 어떤 도움이 필요한가?
>
> (가슴) 내 가슴을 뛰게 하는 사람은 누구인가?
> (검색) 도움을 받을 수 있는 사람을 찾아 연구하자.
> (요청) 진심을 담아 글을 쓰고 만남을 요청한다.
> (만남) 인터뷰처럼 상세한 질문을 준비해서 간다.

누구에게나 호감을 얻는 법

매일 태양이 떠오르듯, 매일 첫인상이 결정된다. 누구에게나 호감을 얻는 방법은 무엇일까.

■ 인사는 먼저, 그리고 적극적으로

첫 사무실 건물에는 주차 관리원이 상주했다. 나는 아버지가 생각나 주차장에 갈 때마다 차창을 내려 밝고 크게 인사했다.

"선생님, 안녕하세요."

매일 같은 시간에 근무하는 모습에 존경심이 들었다. 차가운 표정이었던 주차 선생님은 어느 날부터 환하게 웃으면서 나를 반갑게 맞이했다. 어떤 일을 하는지, 근무 시간이 어떻게 되는지 대화를 나눴다. 선생님은 퇴임 후 소일거리로 관리원 일을 시작했다면서 나를 보면 딸이 생각난다고 했다.

어느새 우리는 음식을 나누는 사이가 됐다. 선생님은 도시락으로 챙겨 온 견과, 두유 등을 줬다. 나도 건강한 간식을 보면 선생님이 떠올라 두 개씩 챙겨 다녔다. 선생님은 무료 주차권도 챙겨줬다. 나는 그 덕에 주차비를 아꼈다. 마지막 근무 날, 선생님은 내 사진을 인화해 액자로 만들어 선물했고, 편지도 줬다. 건강이 나빠져 쉰다고 했다. 내 방 책장에는 그 액자가 가장 잘 보이는 곳에 놓여 있다.

사무실에는 미화 선생님이 있었다.

"선생님, 반갑습니다."

미화 선생님은 나보다 크고 반가운 목소리로 인사했다. 선생님은 각 사무실 사정을 잘 알았고, 내가 강의하는 것도 알았다. 로비에서 두리번거리는 사람이 있으면 내 수강생인 걸 알고, 사무실까지 안내해 줬다. 맛있는 게 있으면 꼭 내 것도 챙겨 왔다. 건물에 들어갈 때는 주차 선생님이, 사무실에 들어갈 때는 미화 선생님이 있어 출퇴근길이 포근했다.

사무실에 나가면 따뜻한 인사를 건네고, 정답게 챙겨주는 사람들이 있어 힘을 낼 수 있었다. 스승의 날에는 두 분에게 편지를 썼다. 내 인생의 스승이었다. 처음에는 하루를 기분 좋게 만들기 위해 반갑게 인사했다. 그러나 이 인사가 나비효과처럼 내게 큰 기쁨을 안겨주었다. 타인과 연결되어 있다는 기분, 말하지 않아도 응원하는 사이, 따뜻한 눈빛이 주는 힘은 놀랍다. 이런 소소한 행복이 인생을 의미 있게 만든다. 먼저 적극적으로 인사하자. 상상하지 못한 크고 좋은 일이 벌어질 것이다.

▪▪ 관심은 기억에서부터 출발한다

좋은 관계를 맺고 싶다면 '기억'하기 위해 노력하자. 한 전무는 일주일에 20번 정도 팀장과 일대일 면담을 했다. 면담하면서 직원들의 이야기를 기억하기 위해 수첩에 메모했다. 두꺼운 노트 한 권이 꽉 찼다. 쓰는 것만으로 기억력이 좋아진다. 나는 수업이 끝나면 파란색 펜으로 다이어리에 기억나는 이름을 쓴다. 함께 시간을 보낸 소중한 사람들의 이름을 남기고 싶었다. 10대 시절부터 이렇게 했다. 덕분에 이름을 잘 기억한다.

이름을 부르면 다들 좋아한다. 그냥 인사만 하기보다 "수연 님, 잘 지내셨어요?"라고 이름을 부르면서 인사하면 훨씬 반가워한다. 놀라워하는 사람도 있다. 자신을 기억하니까 기뻐한다. 이름이 얼마나 중요한지 강의할 때마다 느낀다. 간혹 내가 이름을 잘못 부를 때가 있다. "연수 님." 그러면 상대방은 "수연이에요"라고 정정한다. 아주 조용한 사람도 자신의 이름을 틀리면 작은 목소리로 바로잡아 준다. 이름은 누구에게나 가장 중요한 단어이기 때문이다.

처음 보는 사람과 통성명하자. 회의하러 가면 함께 온 직원들에게는 이름을 묻지 않는 사람이 많다. 어떤 역할로 왔겠지 하거나 이름을 들어봤자 기억하지 못할 테니 묻지도 않는다. 앞으로는 이름과 함께 직함을 부르면서 대화하자. 호감도가 올라간다. 잠깐 본 사람도 이름을 묻자. 나는 어느 날 친한 언니를 따라 수영장에 갔다. 코치님과 이야기하면서 이름을 물었다. 코치님은 그날 헤어지면서 내게 말했다.

"아까 이름을 물어봐 주셔서 고마웠습니다."

대화를 나누면서 사람들과 했던 이야기를 기억하자. 다음번에 만날 때 지난번에 나눈 이야기를 이어서 물어보면 효과적이다. 예를 들어, 후배가 "요즘 도자기를 만드는 공방에 다니고 있어요"라고 했다. 다음에 만날 때 "잘 지냈어요?"보다 "도자기는 잘 배우고 있어요?", "여전히 도자기는 재미있어요?"라고 묻자. 기억하는 습관이 생기면 했던 말을 또 하지 않을 수 있다. 들었던 이야기를 또 묻는 실례도 하지 않을 수 있다.

■■ 반가워하며 환대하기

오늘을 '환대'하자. 새로 시작하는 나의 하루를 반갑게 맞이하자. 자연스러운 미소가 나올 것이다. 나를 환대하면 타인을 환대할 힘이 생긴다. 미소는 여유 있는 사람의 것이다. 여유가 없으면 웃음이 나오지 않는다. 여유는 확신에서 나온다. 자신조차 믿지 못하는 사람에게 믿음을 줄 사람은 드물다. 자신을 믿자. 당신과 함께라면 더 나은 미래로 갈 수 있다는 사실을 진실로 믿자.

누군가를 설득하는 자리라면 기억하자. 꿈을 향해 밀고 나아가자. 미래에 먼저 가 있는 당신은 지금보다 안락하고 풍요롭다. 그 세계에 먼저 발을 딛고 있는 사람으로서 상대방에게 손을 내밀자. 미소가 나올 것이다. 오직 상대방을 생각하자.

'무슨 이야기로 시작하지?' '자료는 잘 만들었나?' '빠트리고 온 건 없나?' '지금 내 상태는 괜찮은가?'

수없이 자신을 살피는 생각을 지우자. 나 자신에게 쏠린 관심을 상대방에게 돌린다. 오늘의 주인공은 '내'가 아닌 '우리'다.

미래를 향한 첫걸음을 내딛는 중요한 자리다. 마치 내 생일파티에 놀러 온 반가운 손님처럼 환대하자. 손을 내밀고 악수를 청하자. 당신과 손을 잡으면 든든한 동반자로, 파트너로, 친구로 지낼 것처럼 맞이하자. 오늘이 아닌 미래를 생각하자, 멋진 미래에서 함께 웃고 있는 우리의 미래를. 당신도 처음 간 자리에서 누군가 반겨주면 고맙지 않은가. 호의를 베풀자. 우리의 첫 출발을 환호하자.

핵심 — 누구에게나 호감을 얻는 법

- (인사) 매일 적극적으로 먼저 밝게 인사한다.
- (기억) 오늘 나눈 대화를 기억하려고 노력한다.
- (이름) 이름을 기억하고 부르자.
- (환대) 새로 시작하는 나의 하루를 환대한다.

실천 — 아침을 환대하기

- (기상) 침대에서 눈을 뜨자마자 환하게 웃자. "오늘도 살아났다!"
- (자신) 거울에 비친 나 자신에게 인사하자. "오늘도 반가워."
- (경이) 문밖에 나설 때 경이로운 하루를 생각하자. "경이로운 하루다!"
- (타인) 나의 하루에 등장한 인물들을 환대하자. "안녕하세요. 반갑습니다."

다정한 언어로 해석하는 능력

남산에서 택시를 불렀다. 20분을 기다렸다가 겨우 택시에 탔는데, 기사는 말투가 투박했다.

기사   남산에서 콜 부르면 잘 안 와요. 여기까지 누가 오겠어요. 손님을 태워서 오면 모를까. 빈 차로는 안 들어와요.

당신이 나였다면 뭐라고 말할 텐가?

■ 부정적인 말에 가려진 다정한 말

이 말을 있는 그대로 부정적으로 받아들이면 '오기 싫었나?' 하고 생각할 수 있다. 나도 택시를 오래 기다렸다고 말하면서 불만스럽게 받아칠 수도 있다. 가뜩이나 배도 고프고 피곤해서 예민하면 기사의 한마디에도 불쾌해진다. 아예 무시하고 대답하지 않을 수도 있다. 차 안에 감도는 냉랭한 분위기를 참아야겠지만. 나는 오랜 훈련으로 부정적인 말에 가려진 다정함을 찾았다. 기사는 "다른 택시는 잘 안 오지만, 저는 왔어요"라고 말한 것이다. 나는 이 문장에 답했다.

나	그러니까요, 기사님. 오늘 제 은인이세요.
기사	(기사의 표정이 밝아졌다. 룸미러로 눈을 맞추며) 운동한 것 같은데, 뛰어왔어요?
나	네, 맞아요.
기사	다시 뛰어가지, 왜 택시를 불렀어요? (이 말은 "택시를 부른 사정이 있냐"는 뜻이다.)
나	두 시간을 뛰었더니 너무 배가 고파서 뛰어갈 수가 없었어요. 카드도 안 챙겨 와서 버스도 못 타고 택시를 부른 거예요.
기사	배가 너무 고파요? (조수석에서 무언가를 뒤적이더니) 이거 드세요.
나	(새 김밥이었다!) 아니에요, 기사님 드세요. 감사해요. 저는 집에 가서 먹으면 돼요.
기사	그럼, 목마를 테니까? (조수석에서 생수 한 병을 건네면서) 물도 못 마셨을 거 아니에요.
나	와, 정말 친절하세요. 그런데 괜찮아요. 기사님 드세요. 정말 감사합니다. 너무 따뜻하세요!

나는 이날 마음 깊숙한 곳까지 햇살이 내리쬐는 기분이었다. 택시에

서 내릴 때는 세상은 역시 살 만하구나 싶었다. 만약 부정적인 말로만 받아들였다면 이런 기분을 느끼기는커녕 택시에 대한 이미지 자체가 나빠졌을 것이다. 이 일화를 읽고 '그래도 기사가 말을 걸지 않는 게 편한데', '모르는 사람이 주는 음식은 받아먹는 게 아니야', '요즘 시대에 먹는 걸 왜 줘'라고 생각할 수도 있다. 나 역시 예전에는 의심의 눈초리로 봤다. 그래야 나를 지킨다고 여겼으니까.

■ 뾰족한 마음을 어루만지는 다정함

세상에는 별의별 사람들이 존재한다. 괜한 시비를 거는 사람, 불친절한 서비스를 하는 사람, 못되게 말하는 사람, 누가 봐도 이건 아니다 싶은 행동을 하는 사람들까지. 그런 사람들이 나에게 사소한 피해라도 주면 나는 그냥 넘어가지 않았다. 운전하다가 빵빵거리면서 내 앞길을 막고 위협하면 나도 똑같이 복수했다. 좋게 말해도 될 이야기를 험악하게 말하면 나도 복식호흡 발성으로 더 크고 또렷하게 욕했다.

이런 날이 반복되면서 나는 바깥에 나갈 때면 고슴도치처럼 가시를 세웠다. 이상하게 운전하는 사람이 있으면 빵빵거렸다. 좋게 말해도 될 이야기도 험악하게 말했다. 그런데 이런 나에게도 가시를 세우지 않은 사람들이 있었다. 차창을 열고 죄송하다고 꾸벅 인사하는 운전자, 내 불편한 마음에 십분 공감하면서 따뜻한 말을 건네는 사람들, 그들의 모습을 보며 어느새 싫어하던 모습으로 내가 바뀌어버린 사실을 깨달았다. 부끄러웠다. 가시를 세우는 것도 힘에 부쳤다.

내가 다치지 않으려고 남을 다치게 하는 건 불친절한 세상을 만드는 데 힘을 보태는 일이었다. 나도 다정한 사람이 되자고 생각했다. 그러자 다정한 세상이 보였다. 세상에는 아무것도 바라지 않는 선의가 존재한다. 가진 게 없어도 나누는 사람, 생면부지의 사람이 위험에 처했을 때 뛰어가 구하는 사람, 좋은 세상을 위해 선량한 마음으로 살아가는 사람, 자신이 받은 선의를 타인에게 베푸는 사람, 말투는 투박하지만 진심은 따스한 사람이 많다.

다정의 힘을 키우자. 우리는 다정한 세상을 만들 힘이 있다. 날을 세우지 않아도 다정한 말로 사람을 바꿀 수 있다. 모르는 사람이 주는 음식과 물을 받자는 게 아니다. 모르는 사람이 말을 건넬 때마다 친절하게 대답하자는 게 아니다. 매 순간 지고 살자는 게 아니다. 상황에 따른 현명한 대처법은 이 책에도 여러 가지 소개하지 않았는가. 그 속에 있는 다정한 마음을 발견하자는 것이다. 다정의 힘은 뾰족한 마음까지도 포용해 변화를 이끌 수 있다.

■■ 다정한 사람은 다정한 언어로 해석할 능력이 있다

불친절하게 말하는 팀장 때문에 고민하는 수강생이 있었다.

팀장   왜 자료를 이렇게밖에 못 만들죠?
수강생   아니, 그 부분은 제가 맡은 게 아니고, 다른 사람이 한 거예요.
팀장   누가 맡았든 마지막에 자료를 주는 사람이 전체적으로 확인했어야지. 미흡하잖아요.

수강생은 팀장의 말을 부정적으로 받아들였다. 자신을 비난한다고 생각해 억울했고, 사실을 말해도 팀장은 또 타박했다. 늘 매정하게 말하는 팀장과 사이도 좋지 않았다. 타인의 말투나 행동을 들리는 대로 부정적으로 받아들일 필요는 없다. 나를 겨냥한 말이 아니다. 팀장은 "다음에는 자료를 더 잘 만들어주겠어요?"라고 말한 것뿐이다. 자기가 원하는 것을 부정어로 표현한 것이다.

일상에서 부정어로 말하는 사람들은 차고 넘친다. 주차장에 가면 주차 요원이 저 안쪽을 가리키면서 "어이어이, 저기로 가세요"라고 말한다. 멀뚱히 쳐다보고 있으면 더 불친절하게 말한다.

"제 말이 안 들려요? 저리로 가라니까."

그런데 이 안에도 다정한 마음이 있다. 해석하자면 이런 뜻이다.

"저 안쪽이 주차하기 편할 거예요. 이쪽은 문 앞이라 사람도 많이 지나다니고, 흡연 구역도 가까워요. 안쪽으로 이동해 주차하기 바랍니다."

처음부터 다정하게 말하면 되지 왜 삐딱하게 말하냐고 할 수도 있다. 마음은 친절한데, 언어화가 잘되지 않는 것이다. 그 이유는 여러 가지겠지만, 대체로 다정한 말을 듣지 못해서, 가시에 찔렸던 과거가 가시를 만들어서, 시간이 없어서, 친절한 표현이 쑥스러워서, 크게 상처받은 뒤 마음을 닫아서 인색한 말을 한다. 타인의 부정적인 말에 연연하지 말자. 다정한 사람이라면 다정하게 해석할 능력이 있다.

팀장의 말을 다정한 언어로 해석하면 이런 대답이 나온다.

"다음에는 자료를 어떻게 만들어드릴까요?"

다정한 사람은 상대방이 필요한 게 있어서 이렇게 말한다는 것을 알아차린다. 일일이 해석해야 하냐고, 왜 나만 노력하냐고 볼멘소리를 할 수도 있다. 나는 그런 노력이 우리의 삶을 더 행복하게 만들 것이라고 확언한다. 뾰족했던 내가 노력하는 데는 그만한 이유가 있다. 우리가 지금 책으로 만난 것도 어마어마하게 행복한 일 아닌가! 다정의 힘을 키우자. 다정은 순환한다.

핵심 **다정한 언어로 해석하는 능력을 기르자**

- (다정) 다정한 사람은 다정한 언어로 해석할 수 있다.
- (해석) 부정적인 말에서 다정한 마음을 찾아낸다.
- (뾰족) 과거의 상처에서 비롯된 뾰족함이라는 걸 알아차린다.
- (강함) 다정의 힘은 무엇보다 강하다.

실천 **일상에서 다정한 언어로 해석하기**

- (회사) "왜 아직도 안 했어요?" → "언제까지 할 수 있어요?"
- (비하) "제가 잘 몰라서요." → "많이 알고 싶어요."
- (연인) "너한테 이야기하고 싶지 않아." → "아무도 들어주는 사람이 없어."
- (심정) "얘기해 봤자 내 마음 모르잖아." → "있는 그대로의 나를 봐줘."

6장.

나를 설득하면 세상을 얻는다

다정하기 위한 각고의 노력

고백하건대 나는 까칠하다. 날카로운 이를 매일 뭉뚝하게 다듬는다. 각고의 노력이라고 할 수 있을 정도로. 나는 다정한 사람을 위대하다고 여긴다. 그 큰마음은 어디에서 왔을까. 처음 다정한 사람을 대할 때는 질투도 났다. 그는 필시 다정한 틈바구니에서 자랐을 테지. 그런데 그렇지 않은 다정도 있다는 것을, 스스로 결심한 다정도 단단하고 오래간다는 것을 알았을 때 나는 닮고 싶었다. 다정은 굳세게 걸어둔 마음의 빗장을 여는 힘이 있다. 나는 다정해지기로 했다.

▮▮ 달리는 길 위에서 한계를 높인다

당신의 인내심은 어떤가? 나는 피곤할 때 까칠하다. 체력이 높아지면 다정해질 수 있다. 나는 달리면서 인내를 기른다. 어느새 달린 지 4년째

다. 거의 매일 한 시간씩은 달리려고 노력한다. 길 위에서 달리다 보면 나의 '한계'를 마주한다. 어느 날, 언덕을 달리고 있을 때였다. 뒤에서 쫑알거리면서 뛰어오는 목소리가 들렸다. 젊은 남녀 네 명이었다. 순간 짜증이 났다. 나는 뛸 때 음악을 듣지 않고 새소리, 물소리, 잎이 흔들리는 소리, 내 심장 소리, 발소리를 들으면서 달린다. 그런데 저들의 목소리가 모든 소리를 덮어버렸다.

이윽고 그들이 내 옆에서 나란히 뛸 때는 목소리가 제일 큰 사람의 궁둥이를 발로 걸어차는 상상을 했다. 가파른 언덕이 나왔고, 나보다 젊은 그들은 유유히 앞으로 나아갔다. 나는 안도했다. 만약 그를 발로 찼다면 나는 수갑을 찼을지도 모른다. 그깟 게 뭐라고 짜증이 났을까. 내가 걸어가면서 봤다면 그저 청춘이 좋다고 했을 것이다. 술자리가 아니라 달리면서 썸도 타고, 얼마나 건전한가! 나는 오르막을 달리면서 체력의 한계에 부딪혀 예민했다.

예민함은 세상을 입체적으로 보는 감각이기도 하지만, 날카로운 이를 드러내면 같은 현상도 달리 보인다. 달리는 사람이 많을 때, 체력이 떨어지면 앞을 가로막아 신경질이 나지만, 체력이 좋으면 대한민국이 건강해지고 있다고 느낀다. 이 한계를 조금씩 늘려가면 나는 더 나은 사람이 된다고 믿는다. 그렇다고 무리해서 체력을 높이지는 않는다.

나는 왼쪽 손목에 'Pole Pole(천천히 천천히)'라고 새겨진 팔찌를 차고 달린다. 달리다가 힘이 들면 속도를 늦춘다. 그제야 풍경이 눈에 들어온다. 먹이를 찾는 오리가, 지나가는 사람들의 밝은 표정이 보인다. 이 팔찌를 준 이화연의 다정함도 떠오른다. 달리기 전지훈련으로 케냐에 가서 사 온 팔찌였다. 그 다정함과 함께 달린다. 달리고 나면 성취감이 든다. 달리는 길 위에서 온갖 마음이 들었지만, 이겨냈다.

그것만으로 나는 스스로 통제할 수 있는 사람이라는 확신이 자란다. 화가 날 수 있지만, 화를 내지 않을 수 있다. 예민할 수 있지만, 예민하게 반응하지 않을 수 있다. 마음이 넉넉해져서 관대한 사람이 된 듯한 기분이다. 이 마음을 안고 세상으로 나아간다. 그 기분이 좋아서 강의하러 가기 전에는 꼭 달린다. 사람들에게 건강한 에너지를 주고 싶다. 강의를 거의 매일 하니까 매일 달린다. 쉬는 날에도 내일의 강의를 위해 달리기로 다정을 비축해 둔다.

■ "다정하자" 마음속으로 외친다

체력이 올라가도 인내심이 무너질 때가 있다. 여유가 없을 때 그렇다. 나는 지방 출장을 자주 간다. KTX를 타러 용산역으로 올라가는 에스컬레이터에서 마음속으로 외친다.

"다정하자."

역사에 들어서면 수많은 사람이 분주한 발걸음으로 내 앞을 지나간다. 여유가 없으면 순식간에 짜증이 난다. 예전 같았으면 더 빠른 걸음으로 그 사이를 비집고 들어갔겠지만, 나는 나를 통제할 수 있다. 발걸음도 다정하게 옮긴다. 지나가는 사람이 급하게 오면 피하고, 서로의 길이 부딪치지 않도록 조심스럽게 비껴간다. 작은 구호가 나를 다정하게 만든다.

강의장에 들어설 때도 다정하자고 마음먹는다. 차에서 내려 건물로 들어설 때부터 고개를 들고, 다정한 표정을 한다. 누군가 내 다정한 눈빛과 미소에 마음이 풀어지도록. 오늘 우리의 인연은 또 다른 인연으로 이어질 테니까. 설령 오늘이 우리의 마지막 만남이라고 해도 기억 속에서 오랫동안 다시 만날 수 있을 테니까. 한 번 스치는 인연도 소중하기에 나는 다정하게 대하려고 노력한다.

"나에게 다정하자."

타인에게는 다정하지만, 자신에게는 그렇지 않을 때가 많다. 기준이 높을수록 자신을 혹독하게 대한다. 가령 달리다가 다리가 무거우면 혹독한 자아가 나를 다그친다. '그러게, 어제 일찍 잤어야지.' 다시 한번 "나에게 다정하자" 구호를 외친다. 혹독한 자아가 꾸짖는 소리가 들려도 무시한다. 결국 다정한 자아가 이긴다. 나는 달리면서 깨달았다. 어제의 내가 오늘의 나와 협력한다는 것을. 어제까지 꾸준히 달려온 내가 있어 오늘 이만큼 달릴 수 있다.

돌아보면 모든 것이 그랬다. 내가 말하기 실력을 기른 건 말하기에 대한 두려움 덕분이었다. 두려움을 깨부술 용기는 두려움에서 출발한다. 지난날 마음에 들지 않았던 나를, 내가 미워했던 나를 보살피고 안아준다. 나약해서 하지 못했던 게 아니라 나름의 최선을 다했다. 나는 사랑하는 사람이 나를 있는 그대로 사랑해 주기를 바란다. 그렇다면 내가 먼저 있는 그대로의 나를 사랑하자. 자신에게 다정해야 타인에게도 진심으로 다정할 수 있다.

■■ 다정한 문장을 수집한다

"오늘은 학교에서 무슨 일이 있었냐 안부를 물어줄 때. 구겨진 이불을 판판하게 펴주고 잠든 내 이마를 쓸어줄 때. 재하야, 다정히 나를 부를 때. 비정에는 금세 익숙해졌지만, 다정에는 좀체 그럴 수 없었습니다. 홀연히 나타났다가 손을 대면 스러지는 신기루처럼 한순간에 증발해 버릴까, 멀어져 버릴까 언제나 주춤. 가까이 다가설 수 없었습니다."

성해나의 『두고 온 여름』에 나오는 문장이다. 눈물이 고인다. 내 마음을 적시는 무언가는 나의 마음을 표현하는 창문이다. 다정의 반대말을 비정이라고 표현한 것이 마음에 든다. 불친절, 배려 없음이 아니라 비정. 아름다운 문장을 보면 그냥 지나치지 않는다. 내 언어로 만들기 위해 세 번 이상 필사한다. 밑줄을 긋고, 다이어리를 펼쳐 맨 뒷장에 손으로 필사한 뒤 사진을 찍어 간직한다. 다시 카메라를 갖다 대서 밑줄 그은 문장을 복사하고, 스마트폰 메모장을 열어 붙여 넣는다. 그중에서도 최고의 문장들을 뽑아 SNS에 올린다. SNS는 다정한 앨범이 된다.

시간이 지나 예전 게시물을 보면 다정이 또 스며든다. 말할 때 응용하고, 강의에서 인용하면서 나의 언어로 만들기 위해 애쓴다. 다정한 문장으로 하루의 틈을 채운다. 책 한 권을 꼭 챙겨 출장을 떠나는 KTX에서, 비행기에서, 미팅을 앞둔 회의실에서, 친구를 기다리는 카페에서 읽는다. 교통편이 지연되거나 사람이 늦어도 비정해지지 않는다. 이미 달리기로 시간과 마음에 여유가 생겼고, 다정한 문장까지 더해져 넉넉한 마음이다. 이 노력을 매일 한다.

유독 아끼는 다정한 책을 소개하자면 김금희 『크리스마스 타일』, 클

레이 키건『맡겨진 소녀』, 은유『싸울 때마다 투명해진다』, 이슬아『끝내주는 인생』, 한강『빛과 실』, 캐럴라인 냅『명랑한 은둔자』, 정세랑『시선으로부터』다. 마음의 온기가 떨어졌을 때 이 책들을 읽고, 또 읽는다. 곧장 마음이 해사해진다. 따스한 빛을 머금었으니 내게서 흘러나오는 말도 따스할 거라고 믿는다.

핵심 — 다정하기 위한 각고의 노력

- **다정** 다정은 마음의 빗장을 푸는 힘이 있다.
- **훈련** 다정은 훈련으로 키울 수 있다.
- **예민** 예민함은 세상을 입체적으로 받아들이는 능력이다.
- **자신** 자신을 가장 다정하게 대하자.

실천 — 매일 실천하는 다정한 노력

- **한계** 나는 어떤 상황에서 날카로워지는가?
- **체력** 내 한계를 늘려갈 수 있는 적합한 운동은 무엇인가?
- **구호** 예민해지기 전에 마음속으로 외치자. "다정하자."
- **수집** 내 마음을 따스하게 만드는 다정한 문장을 모으자.

나를 이해하는 확실한 방법

내 인생은 춤으로 점철됐다. 어릴 적 꿈은 댄서였다. 안무를 보면 곧바로 따라 췄다. 무대에서는 센터에 섰고, 친구들에게 춤을 알려줬다. 지금은 아이돌 춤을 따라 할 수 없지만, 나만의 리듬을 타면서 춤을 춘다. 거의 하루도 빠지지 않고 흔들거린다. 나이가 들면서 설 무대가 줄어들어(사실 클럽에 가지 못해) 아쉽지만 괜찮다. 나는 아무 데서나 춤을 추니까. 한때는 내가 우리 집 돌연변이가 아닐까 생각했다.

■■ 30년 만에 밝혀진 어머니의 과거

친척 어르신들과 대화를 나누고 있었다.

숙모　　너희 엄마가 얼마나 춤을 예쁘게 추는 줄 알아?

엄마	(흐뭇한 미소를 짓고 있다.)
나	네? 엄마가 춤을 춰요?
숙모	그럼, 너 모르는구나. 엄마 처녀 때 맨날 춤추러 다녔어.
이모	수야, 말도 마라. 네 엄마가 맨날 늦게 들어와서 아버지한테 혼날까 봐 내가 몰래 문 열어주고, 얼마나 고생했는지 모른다. 혼나도 밤마다 기어 나가서 새벽에 들어오고 난리였다.

어머니는 그날을 생각하며 회심의 미소를 지었다. 충격적이었다. 30여 년 만에 처음 듣는 이야기였다. 어떤 어머니는 딸이 클럽에 가면 예쁜 옷을 입으라고 꾸며주기도 하던데, 나의 어머니는 기겁했고, 제발 클럽에 가지 말라고 기도했다. 새벽까지 춤추고 들어오는 나를 보던 눈빛에는 안도와 함께 어쩌려고 저러나 하는 한심함이 서려 있었다. 어릴 때도 그랬다. 내가 방 창문에 비친 모습을 보면서 춤추면, 어머니는 뒤에서 물끄러미 바라봤다. 어머니는 아무 말 안 했지만, 내 귀에는 어디선가 쯧쯧 소리가 들렸다.

나는 왜 춤을 좋아할까, 늘 의문이었다. 가족과 노래방을 가면 어머니는 기독교인임을 광고하듯 찬송가를 불렀다. 교회에서 찬송가를 부르면서 울던 어머니는 노래방에서도 눈물을 흘리면서 찬송가를 불렀다. 나는 분위기를 망치는 어머니에게서 마이크를 뺏고 정지 버튼을 눌렀다. 그러고 나면 어머니는 노사연의 〈만남〉을 불렀다. 어찌나 경건하게 부르던지, 나는 한동안 그 노래가 찬송가인 줄 알았다. 어머니가 마이크를 들면 노래방은 예배당으로 바뀌었다.

그런 어머니가 나이트클럽 죽순이였다니! 그것도 1970년대에! 충격을 이루 말할 수가 없었다. 나중에 오빠한테 일러바쳤고, 충격을 나눌 사람이 있어 다행이었다. 어머니의 과거를 알게 된 순간 처음에는 배신감이 들었고, 곧장 웃음과 안도감이 들었다. 내가 어머니를 닮아 춤을 좋아하는구나. 어머니 딸이라서 내가 춤을 잘 추는구나. 오랫동안 이해되지 않던 나의 일부가 한순간에 받아들여졌다.

▌▌ 가족의 새로운 모습은 나를 이해하는 단초

그날은 할머니 없는 할머니 집에서 이야기를 나누고 있었다. 숙모 둘과 이모, 어머니는 할머니 병환을 이야기하면서 밥을 먹고 있었다. 예전 같았으면 나는 옆에 가만히 앉아 이야기를 들었을 것이다. 그날따라 다른 이야기가 듣고 싶었다. 할머니의 아이들, 내가 모르던 그들의 모습이 궁금했다. 나는 아나운서로서 출연자의 이야기를 끌어내던 진행 실력을 발휘했다.

"다들 결혼하기 전에는 뭘 하면서 노셨어요? 저는 요즘에는 카페 가는 게 전부인데, 이모는 친구들과 놀 때 어떤 게 재미있었어요?"

진행의 핵심은 전체에 질문을 던지고, 내 이야기로 가볍게 예를 제시한 뒤, 한 명을 콕 짚어서 묻는 것이다. 이모는 말했다.

"나는 친구들이랑 이야기나 하고, 집에서 뭐 만들고 놀았지. 지금도 어울리는 친구들인데, 어릴 때부터 비슷하게 놀았어. 네 엄마가 하도 나가 놀아서 아버지한테 맨날 혼나는 걸 보고 자라서 나는 얌전했어."

그때부터 어머니의 과거가 하나둘 밝혀졌다. 어머니가 과거를 숨긴 건 아버지 때문이었다. 남편에게 정숙한 이미지로 보이고 싶었던 그 시대의 한 여인을, 나는 이해할 수 있었다. 둘만의 사랑 방식이 있는 법이다. 어찌 됐든 이날 나를 알게 돼서 통쾌했다. 그날 밤, 어김없이 우리 가족은 다 함께 노래방에 갔다. 어머니는 노래방 무대에서 살랑살랑 춤을 췄다. 행복해 보였다. 그리고 진짜 춤을 잘 췄다. 숙모가 내 귀에 속삭였다.

"엄마, 진짜 예쁘게 춤추시지?"

■▮ 내 뿌리를 이해하는 대화

자신을 잘 모르겠다면 가족과 대화해 보자. 누구에게나 비밀은 있다. 그때는 말하지 못했지만, 이제는 말할 수 있는 진실이 있다. 만일 가족과 대화가 어렵다면 가족이라는 생각을 버리자. 맨날 보는 가족이 아니라 '오늘 처음 보는 낯선 사람'이라고 생각하자. 이 글을 쓰는 지금은 부모님과 함께 강원도 장사항에서 바다가 보이는 카페에 앉아 있다. 나는 작은 테이블에서 글을 쓰고, 부모님은 뒤에 앉아서 한 분은 책을, 한 분은 핸드폰을 보고 있다. 오늘도 낯선 부모님을 바라보면서, 우리의 세계는 저 바다만큼 깊고 넓어 속을 알 수 없다고 생각한다.

사람이 사람을 아는 방법은 질문하고 이야기를 듣는 것만이 유일한 길이 아닐까. 나를 낳아준 부모는 내가 아니다. 피가 통하고 살을 맞댄 세월이 길어도 우리는 서로를 알지 못한다. 다 안다는 건 착각이다. 시간은 흐르고, 어제와 오늘이 같지 않듯, 나도 부모도 변한다. 나도 나를 잘 모르는데, 하물며 가족은 오죽할까. 이를 명징하게 깨달은 날이 있다. 어머니와 처음으로 단둘이 방콕으로 여행을 갔을 때였다. 호텔 조식을 먹는데, 어머니는 망고만 몇 접시째 담아 왔다.

나	엄마는 과일을 진짜 좋아한다.
엄마	엄마 과일 안 좋아해.
나	무슨 말이야? 엄마 집에서도 맨날 과일 먹잖아.
엄마	그거야, 너나 오빠가 안 먹어서 그렇지. 아빠도 그렇고. 아깝잖아.
나	진짜? 과일을 싫어한다고? 왜?
엄마	차갑잖아. 그래도 수박은 좋아. 여름에는 더우니까.
나	나랑 똑같네! 나도 과일 차가워서 싫어하는데!

이날의 충격도 말도 못 한다. 내가 얼마나 무심한 딸이었는지. 그동안 어머니가 냉장고 앞에 서서 과일을 먹는 모습을 보고, 소파에 앉아서 과일을 먹는 모습을 보고, 마트에서 과일을 사는 모습을 보면서 어머니가 당연히 과일을 좋아한다고 생각했다. 나는 단 한 번도 어머니에게 묻지 않았다. "엄마 과일 좋아해?"라는 짧은 질문조차. 내가 아는 어머니가 전부일까? 그때부터 나는 어머니를 온전히 보려고 노력한다.

■■ 가족을 통해 나를 발견한다

마야 안젤루는 "자기의 역사를 아는 만큼 해방된다"라고 말했다. 가족을 발견하는 것은 나를 발견하는 일이다. 나의 기원을 알 수 있다. 스스로 이해되지 않는 행동이나 성격이 누군가의 영향으로 새겨진 것을 알면 깨달음을 얻는다. 이것이 왜 중요하냐면, 다음으로 넘어갈 수 있기 때문이다. 내가 돌연변이가 아니라 가족으로부터 물려받은 특질임을 깨달으면 진지한 사유와 실행을 할 수 있다.

예를 들어, 춤에 관해서 나는 타고나길 잘하는 것을 알았고, 그다음으로 넘어갔다. 춤에 대한 나의 열정은 몸에 새겨져 식지 않는다는 사실을 받아들였다. 나는 춤을 추면 순식간에 기분이 고양된다. 그렇다면 더 다양한 춤을 추자. 그러면 더 자주 행복해질 것이다. 그때부터 여행을 가면 그 나라 춤을 배운다. 하와이에서 훌라 춤과 타히티 춤을, 발리에서 벨리댄스를 배웠다. 다음 여행지도 신나게 몸을 흔들 수 있는 곳을 물색 중이다.

가족과의 대화를 통해 나의 미래를 예측할 때도 있다. 나는 어느 여름에 한강에서 달리고 나서 과일 가게로 뛰어 들어가 잘라놓은 수박을 사서 허겁지겁 먹었다. 방콕에서 어머니가 여름에는 수박이 좋다고 했던 날, 나는 오늘을 예견했던가. 싫어하던 수박을 맛있게 먹는 내 모습이 데자뷔처럼 익숙했다. 나는 또 어떻게 변할까. 그게 궁금해서 또 부모님과 대화한다. 한 번도 나누지 않았던 대화를. 오늘도 낯설고 변함없이 사랑하는 부모님에게 묻는다.

핵심 — 나를 이해하는 확실한 방법

- **부모** 오늘 처음 본 낯선 어른처럼 대한다.
- **낯섦** 당연하게 생각해서 한 번도 묻지 않았던 것을 묻자.
- **전환** 가족을 타인으로 대하면 신선한 대화를 나눌 수 있다.
- **특질** 나의 특징은 어떻게 형성된 것일까?

실천 — 가족과 타인처럼 대화하기

- **진행** 본인은 진행자, 가족은 출연자라고 생각해 보자.
- **사람** 가족이라는 생각을 지운 채 한 사람 자체를 궁금해하자.
- **과거** "어린 시절에 뭐 하면서 노는 게 즐거웠어요? 왜요?"
- **기호** "일주일 동안 한 음식만 먹으라고 하면 뭘 드시겠어요? 왜요?"

쓰면서 발견하는 내 목소리

나는 고민이 생기면 펜을 든다. 그리고 고요히 앉아서 고민을 마주하며 스스로에게 묻는다. 나는 무엇을 원하는가. 내 안에 목소리가 선명하게 길을 보여준다.

■■ 내가 주도하는 삶

나는 '혼자 하는 삶'과 '함께하는 삶'에 대한 고찰이 필요했다. 함께하는 삶을 원한다면 노력이라는 것을 해야 하지 않을까. 나이가 들면서 예전에는 보이지 않던 모습이 눈에 들어왔다. 사랑하는 사람과 결혼해 내 편이 생겨 기뻐하는 모습, 하늘의 선물처럼 기다리던 아이를 만나 행복이 깃든 모습, 모든 날이 다르게 예쁜 조카 리나, 아이의 존재로 진정한 어른이 되어가는 가족과 친구들을 보면서 어느새 그 마음이 궁금해졌다.

전적으로 사랑을 줄 대상은 아이가 아닐까. 나도 잘할 수 있지 않을까. 예전에는 내 몸 하나 건사하기도 벅찼다. 아이를 낳아 기르는 일을 생각하면 아득하기만 했다. 그에 비해 일은 열심히 하는 대로 성과가 나니 믿음직했다. 나는 일에 전력을 다했다. 그렇게 몇 해가 흘렀고, 사업을 키우면서 성숙했고, 혼자서도 안정적인 삶을 꾸렸다. 이제 함께할 준비가 됐다고, 누군가를 돌볼 여력이 생겼다고 여겼다. 함께하는 삶을 떠올렸을 때는, 긍정적인 마음이 들었다.

더 나이 들기 전에 답을 찾자. 다이어리를 꺼내서 제목을 썼다.

"미래 구성원에 관한 고찰─결혼한 삶과 그렇지 않은 삶에 대하여"

종이를 절반으로 나누고 왼편에는 '출산, 육아, 내 아이에 관한 생각'을, 오른편에는 '현재 삶을 유지하는 미래에 관한 생각과 꿈'을 적었다. 먼저 왼편에 열 개를 적었고, 그다음 오른편을 적다가 점점 손이 빨라졌다. 여덟 개까지 적다가 가슴이 벅차서 열 개를 다 채우기도 전에 결론을 내렸다. 나는 현재의 삶을 택했다.

▮▮ 미래의 내가 해주고 싶은 말

결정적인 문장은 '미래의 내가 현재의 나에게 해주고 싶은 말'이었다. 미래의 내가 말했다.

"미래를 생각하지 말고, 지금 네가 하고 싶은 걸 해. 괜찮아. 네가 행복하고 가슴이 뛰는 일을 해."

현재의 내가 말했다.

"가슴이 뛰는 일은 미지의 세계를 알아가는 일이야. 발걸음을 계속 옮겨서 내 삶을 개척하고 싶어."

이 문장 앞에 적었던 문장은 '현재의 내가 미래의 나에게 바라는 모습'이었다.

"마음껏 세상으로 나아가. 더 큰 시도와 미지의 세계로 항해를 멈추지 않기를."

내가 원하는 것은 오직 이것뿐이다. 항해를 멈추지 않는 것과 미지의 세계로 나아가는 것. 나는 계속 내 삶을 개척하고 싶다. 결론을 적었다.

"나는 내 삶을 살아야겠다. 현재의 충실한 삶을. 내가 주도하는 내 하루를."

모든 선택과 결정을 오롯이 책임지는 인생이라면 나는 스스로 주도하는 삶을 택했다. 이 글을 적으면서 지금도 가슴이 뛴다. 가슴이 뛰는 일을 택했을 때 후회한 적은 없다. 후회는 내가 하지 않은 선택일 때 온다.

언제부턴가 고민이 생기면 누구에게 묻지 않는다. 정답은 내 안에 있다. 각자 살아온 방식이 다르고, 똑같은 길은 없다. 프리드리히 니체는 말했다.

"모두가 가야 할 단 하나의 길이란 아예 존재하지 않는다."

누군가 조언을 줄 수는 있어도 그 결과는 혼자 책임져야 한다. 그렇다면 나는 어떤 책임을 지고 싶은가. 내가 선택한, 내 가슴이 뛰는 길을 택한 결과를 기꺼이 받아들이겠다. 그것이 나에게 용기를 주고, 단 하루를 살아도 살고 싶은 인생이다.

미래의 내가 지금의 나에게 말한다. 자신을 생각하지 말고, 지금 하고 싶은 걸 하라고. 미래를 위해 현재의 무언가를 포기하려고 했는데, 미래의 나는 그러지 말라고 했다. 나는 그 말에 용기를 얻었다. 다른 사람과 다른 길을 갈 때 이 길이 맞을까를 고민한다. 지금까지 걸어온 길에서 힘을 얻지만, 나약한 인간인지라 주저할 때가 있다. 저쪽으로 가야 할까 고민될 때 미래의 나를 만나면 답을 얻는다. 이것은 '나만의 답'이다. '나만의 인생'이라고 불러도 좋겠다.

▮▮ 글을 쓰면서 나를 만난다

나는 중대한 결정을 내릴 때면 펜을 든다. 다시 말해, 펜을 들지 않고는 중대한 결정을 내리지 않는다. 결정의 날을 미리 정해둔다. 고민할 시간, 종이에 글을 적을 시간을 마련한다. 머리가 맑은 오전 시간에 차분하게 앉아서 다이어리를 펼친다. 미래 구성원에 관한 고찰은 오전 9시 58분에 썼다. 마치 판결문에 판결을 내린 날짜와 시간을 기록하듯 중대한 결단 과정도 기록한다. 내 인생에 혁혁한 변화를 미칠 결정이다. 글을 쓰고 20분 안에 해결했다.

집에 대해서도 글을 적었다. '집을 소유하는 삶'과 '그렇지 않은 삶'에 대한 고찰이 필요했다. 나는 혼자고, 근무 환경이 자유롭다. 새로운 경험을 좋아하는 나에게 집이란 속박이 아닐까. 집에 들이는 비용을 다른 경험에 쓸 수 있지 않을까. 글을 쓰면서 내 안의 목소리를 발견했다.

"집이 주는 안정감을 경험한 적이 없다. 집에 대한 정의를 새로 쓰그 싶다. 떠났다가 다시 돌아올 곳 하나는 간직하고 싶다."

그래서 집을 샀고, 최초의 안정감을 누리고 있다. 이 책을 쓸 때도 글을 쓰면서 물었다. 무엇을 쓰고 싶은가. 진짜 하고 싶은 말은 무엇인가.

"나는 아주 강력하고 대범한 자기계발서를 원한다. 용맹무쌍하고 전략적이고 전술적이고 지적인. 언제 읽어도 좋은 그런 책을 지금 쓰려고 한다."

이 결심은 너무나도 중대해서 파란색 펜으로 썼다. 나는 인생을 바쳐 글을 쓴다. 글이 독자에게 어떻게 다가가기를 바라는지, 내가 인생을 바칠 만큼 말하고 싶은 건 무엇인지 깊숙이 들여다본다.

이때 '내가 좋아하는 글쓰기 환경'도 적었다. 내게 가장 흡족한 환경을 깨달으면 집필실을 정할 때 빠른 선택이 가능하다. 세 가지 핵심을 찾았다.

"'넓은 책상' 여섯 명이 앉아도 될 만큼 넓은 책상을 선호한다. '빛' 쏟아지는 햇살을 보면 마음이 녹아 따스해진다. '여백' 책상 앞에 공간이 있어야 한다. 사색의 공간이 필요하다."

이 글은 런던의 숙소에서 쓰고 있다. 창가에는 빛이 쏟아지고, 넓은 책상에는 버지니아 울프의 『런던 거리 헤매기』와 제인 오스틴의 『노생거 사원』이 놓여 있다.

■ 다이어리에 펜으로 적는다

인생을 결정하는 글은 다이어리에 쓴다. 신중하게 써야 할 글이다. 다이어리는 평생 간직할 내 보물이다. 나는 매년 두 권의 노트를 쓴다. 다이어리와 스케줄러다. 이 두 권을 거의 매일 가지고 다닌다. 다이어리에는 마무리한 일정, 일기, 필사, 올해 나의 10대 뉴스, 고민과 결정, 결심을 적는다. 스케줄러에는 앞으로의 일정, 기획, 아이디어, 목차, 초고를 쓴다. 스케줄러로 미래에 일어날 일을 준비한다면 다이어리로는 실현한 일과 실현할 미래를 쓴다.

  그래서 다이어리에 쓰는 글은 대담하고 묵직하다. 펜으로 쓰는 이유는 직면하기 위해서다. 수정테이프로 지우거나 줄을 긋고 고치지 않는다. 그대로 쓴다. 마음의 소리를, 내 안의 소리를 생생하게 옮겨 적는다. 날것 그대로의 고민이 내 앞에 정체를 드러내 마주하면 해결은 신속하게 이뤄진다. 한 번 쓰면 10분에서 20분 안에 고민에서 해방된다. 몇 날 며칠 붙잡고 있던 고민이 펜을 들자 단숨에 해결된다.

  글에 답이 있다. 대화하다 보면 관심 있는 것을 자주 언급하게 된다. 좋아하는 사람 이야기를 계속하고, 신경 쓰이는 일을 자꾸 이야기하는 것처럼. 글에서는 단어가 단서다. 앞서 말했듯 나는 미래 구성원에 관한 고찰을 적을 때 왼편에 '출산, 육아, 내 아이에 관한 생각'을 썼다. 여기에는 '배우자, 결혼, 가정'이란 단어는 없다. 이 발견을 통해 나는 이 단어와 관련해 고찰할 것인가를 물었다. 그러고 싶지 않았다.

  나는 한 여성으로서 생명의 탄생에 대해 진중한 물음을 던지고 싶었던 것이었다. 생명을 품을 수 있는 신체 나이가 있으므로. 사랑하는 연인은 노력이 아니라 자연스럽게 만나기를 바랄 뿐이다. 인생에서 중요한 건 방향이다. 나는 앞으로 나아가고 싶다. 탐험, 도전, 미지의 세계, 삶의 반경을 넓히는 일, 경험의 축적, 그 속에서 부딪쳐 깨닫는 것, 내 안에 해결하지 못한 숙제, 어린 시절의 나, 지금의 나, 미래의 나와 대화하고 싶다. 글을 쓰면서 내 목소리를 발견한다.

핵심 — 글을 쓰면서 발견하는 내 목소리

- **주도** 쓰는 대로 인생이 된다.
- **미래** 고민이 생기면 미래의 나에게 묻는다.
- **직면** 내 안에 답이 있다.
- **단서** 내가 중요하게 여기는 것이 단어로 나온다.

실천 — 다이어리에 글을 쓰면서 내 목소리를 듣기

- **고민** "현재 내가 안고 있는 고민은 무엇인가?"
- **미래** "5년 후, 10년 후 미래의 나는 현재의 내가 어떤 선택을 하기 바랄까?"
- **현재** "지금 네 인생을 살아. 지금 네 가슴이 뛰는 선택을 해."
- **중대** 중대한 고민일수록 이른 오전, 정신이 맑을 때 글을 쓰면서 나와 대화하자.

하루를 48시간으로 사는 법

운동 모임에 주기적으로 나가는 수강생이 있었다. 그는 사람들과 대화가 어긋나서 고민이라고 했다.

나　　　운동하면서 대화를 나누나요?
수강생　운동이 끝나면 다 같이 식사를 해요.
나　　　뭘 먹는데요?
수강생　치킨이나 파스타 같은 거요.
나　　　왜 운동하고 치킨을 먹어요? 그 모임에 왜 나가세요?
수강생　사교성을 기르기 위해서요?

▮▮ 시간은 목숨과 같다

당신도 이렇게 시간을 보낸 적이 있는가? 물론 나도 그런 적이 있다. 우리는 알고 있지만, 자주 잊는 분명한 사실이 있다. 우리는 태어났고, 죽을 것이다. 누군가와 시간을 보내는 건 '목숨'을 나누는 것과 마찬가지다. 만약 사교성을 기르기 위해 만난 사람들과 시간을 보내다가 죽는다면 후회하지 않을 자신이 있는가? 극단적인 질문이 아니다. 우리는 오래 살 거라는 근거 없는 자신감으로 이 귀한 시간을, 이 귀한 목숨을 낭비한다. 시간을 낭비하는 건 목숨을 낭비하는 일이다.

시간을 잘 쓰기 위해서는 내 목숨이 귀중하다는 진실을 먼저 깨달아야 한다. 지금부터 나와 세 가지만 약속하자. 하나, 당신의 시간을 허투루 보내지 않겠다고 결심하자. 그건 곧 당신의 목숨을 소중히 돌보겠다는 다짐이다. 당신은 존재만으로 소중하다. 둘, 그 사실을 언제나 기억하자. 그 누구 앞에서도 잊지 말자. 매 순간 당신을 행복하게 하는 선택을 한다면 당신의 하루가 빛날 것이다. 숨이 다하는 날에는 행복한 인생이었다고 말할 것이다. 당신이 여태껏 싫어도 참으면서 했던 행동은 그럴 만한 이유가 있었을 것이다. 수강생도 자신의 일부를 바꿔서라도 사람들과 잘 지내보려고 노력했다. 그런데 그 행동이 불행을 안긴다면 힘에 부치고 마음이 지친다. 무력해지고 공허한 시간을 보내게 되는 이유다. 과연 행복하기만 한 선택을 해도 될까? 의심이 들 수도 있다. 셋, 지금부터 내가 하는 말을 그냥 믿자. 내가 당신과 동행하겠다. 나는 뱉은 말은 반드시 지키는 사람이다. 우리는 분명 행복해질 것이다.

결심이 섰다면 이제부터 우리의 목숨을 어디에 둘지, 숨이 마지막으로 멈춰도 괜찮은 선택을 하자. 당신은 이 세상을 만끽하기 위해 태어났다. 그렇게 살아도 된다. 내가 그렇게 살고 있고, 그렇게 사는 인생이 풍요롭고 더 살고 싶다. 나의 하루에 최선을 다하는 일은 모든 사람의 하루에 최선을 다하는 일이기도 하다. 우리는 함께 얽혀 있기 때문이다. 다시 우리의 약속 세 가지를 되새기고, 마음속으로 새끼손가락을 걸고 맹세하자.

■ 오늘 죽어도 괜찮은 사람을 만난다

당신에게 최우선인 사람은 누구인가? 마지막 순간에 당신 옆에 있었으면 하는 사람은 누구인가? 아마 떠오르는 얼굴들이 있을 것이다. 먼저 그들에게 최선을 다하자. 그동안 만나지 못했다면 약속을 잡자. 빠르면 이번 주 안에, 늦어도 다음 주나 이달 안에 약속을 잡자. 책을 덮고, 바로 연락하자. 중간에서 만나지 말고 그 사람을 찾아가자. 나는 사랑하는 사람에게 달려간다. 그들의 집과 사무실 앞으로 간다. 오늘이 마지막이라면 달려가서 보고 싶지 않은가.

사랑하는 사람과 시간을 보내면 마음속에 행복이 충전된다. 보고 싶었지만, 일 때문에 만나지 못했던 사람을 한 명씩 만나자. 같이 밥도 먹고, 잠도 자자. 바쁜데 혹시나 방해하는 건 아닐까, 불안할 수 있지만, 실제로 만나면 마음에 볕이 든다. 나는 이 책을 마무리하는 중요한 순간에 집필실로 가족을 초대했다. 너무 보고 싶어서. 강원도의 바다를 보면서 가족은 쉬고, 나는 곁에서 글을 쓸 테니 와달라고 설득했다. 가족은 덧지게 달려왔다.

내 앞에서 조카 리나와 어머니가 얼굴을 맞대고, 단어 퀴즈를 내면서 정답을 맞히는 놀이를 한다. 사랑하는 사람들의 모습을 보면서 사랑이 담뿍 담긴 글을 쓰고 싶었다. 당신을 위해서, 그리고 나를 위해서. 물론 일은 중요하다. 하지만 일하는 목적은 사랑하는 사람과 사랑하며 살기 위해서다. 그 사실을 잊지 말자. 사랑하는 사람이 곁에 있다면 자주 행복해진다. 일하면서 소진된 마음이 사랑으로 채워지고 더 단단해진다.

단단한 마음이 들 때까지 사랑하는 사람들과 시간을 보내자. 나에게는 이런 사람이 가족을 포함해 열 명이다. 이들은 즐겨찾기에 등록돼 항시 작동되는 방해 금지 모드를 뚫고 전화가 온다. 어떤 순간이든 그들의 전화를 받는다. 분명 중요한 순간일 테니까. 내게 중요한 사람은 이들뿐이다. 나는 그들에게 시간과 마음과 사랑과 내 모든 걸 내어준다. 이렇게 사랑하는 사람들과 시간을 보내면 중요한 일에 몰두할 에너지가 생긴다. 그때가 오면 다시 세상 밖으로 나가자.

■■ 위대한 사람을 만난다

이제부터 중요한 건 당신을 위대하게 만들 사람을 만나는 일이다. 위대해지자. 위대한 사람으로 태어나는 사람은 없다. 위대함을 좇는 사람만이 위대해진다. 당신은 무엇을 이루고 싶은가? 한 번 태어난 인생, 무엇으로 획을 긋고 싶은가? 당신만의 세계를 구축하자. 그 세계가 우주만큼 넓든, 나 하나 설 수 있는 공간이든 상관없다. 당신만의 세계에 단단히 서자. 그 세계에 무엇이 필요한가? 닮고 싶은 사람이 있는가? 그곳으로 달려가자.

대학생 무렵 나는 똑똑한 사람을 동경했다. 당시 내 눈에 똑똑한 사람은 신문에 나온 내용을 이해하는 사람들이었다. 나는 신문과 친해지고 싶어서 신문사에 취직했다. 기자들이 멋있어 보였다. 언론인의 꿈을 품었고, 앵커가 됐다. 올바른 언론인의 정의를 내리고자 대학원에 갔고, 쇼호스트로, 기자로 일하면서 세상을 속속들이 관찰했다. 10년간 여러 현장을 다녔고, 수많은 사람의 삶을 들여다보고, 그들에게서 배운 점을 내 것으로 만들려고 노력했다.

첫 책을 쓸 때부터는 글쓰기 책과 수업을 섭렵했고, 위대한 작가의 책을 끼고 산다. 매일 위대한 작가를 닮으려고 분투한다. 무라카미 하루키처럼 뛰고, 읽고, 쓰고, 쉰다. 나는 하루도 빠짐없이 하루키를 생각하고, 따라 한다. 위대한 글을 쓰기 위해 위대한 작가의 숨결을 느끼고 싶어 떠난다. 하루키가 좋아하는 하와이로, 니코스 카잔차키스의 고향인 크레타로, 프란츠 카프카의 프라하로, 밀란 쿤데라의 브루노로, 헤르만 헤세의 몬타뇰라로, 제인 오스틴의 바스로, 버지니아 울프의 런던으로.

살아 있는 위대한 작가들은 또 얼마나 고마운가. 작가가 책을 내면 북토크가 열리고, 서점과 책방, 도서관에서 수시로 독자를 만나는 행사를 연다. 나는 책방 인스타그램을 확인하고 시간을 내서 강연에 간다. 배우기 위해 돈을 번다는 생각이 들 정도다. 이 세상에 위대한 것들은 얼마나 많은가. 배울 때마다 새로운 세계가 열린다. 하나의 세계와 다른 세계가 결합하고 융합하면서 새로운 것을 창조한다.

이렇게 내 삶에 우선인 사람과 나를 위대하게 만들어줄 사람을 만나면 시간은 이상을 실현하고, 위대한 것을 섭렵하기 위해 작동한다. 시간은 내 편이다. 사랑하고, 배우고, 쓰고, 읽고, 일하고, 쉬고, 먹고, 자고, 운동하는 일. 이것만으로 삶은 행복하고 충만하다. 삶의 우선순위를 정하자. 당신이 닿고자 하는 이상향을 그리자. 나를 행복하게 만드는 것들로 일상을 채우자. 그러고도 시간이 남으면 쉬자. 잘 쉬어야 주변에 널린 아름다운 것들을 발견하고 행복해진다.

■■ 어릴 적 시간 가는 줄 모르고 했던 일

시간을 어떻게 보내야 행복한지 잘 모르겠다면 어린 시절로 돌아가 보자. 어릴 때 시간 가는 줄 모르고 흠뻑 빠졌던 건 무엇이었는가? 여기에 해답이 있다. 본성은 변하지 않는 무언가를 담고 있다. 나의 과거가 나의 미래를 행복하게 만들 답을 품고 있다. 글을 써보자. 시간이 가는 줄 모를 정도로 행복했던 일을 쓰자. 3년 단위로 나누자. '영아기, 유아기, 초등학교 저학년과 고학년, 중학교, 고등학교, 대학교' 순으로 '누구와 무엇을 했고, 뭘 느꼈는지' 구체적으로 쓰자.

내가 어렸을 때 시간 가는 줄 모르고 했던 일은 일기 쓰기, 달리기, 발야구, 체육대회 참가, 드라마 보기, 피아노 치기, 춤추기였다. 이 행동을 성인이 돼서 그대로 하면 일상이 행복해진다. 더 중요한 건 이 행동이 나타내는 특성을 파악하고, 이 특성을 살려서 일로 만들면 나의 가치와 연결돼 나답게 일하고 성공할 수 있다는 점이다. 나는 그렇게 지금의 일을 찾았고, 나를 행복하게 하는 것들로 하루를 채우면서 즐기는 동시에 성과를 낸다.

일기는 일곱 살 때부터 쓰기 시작해 30년 넘게 쓰고 있다. 별거 아닌 일기라고 생각했지만, 일기는 갖가지 재능을 길러주는 행위였다. 가만히 앉아 몰입하는 능력, 나의 하루를 반추하는 능력, 생각을 글로 풀어내는 능력, 의견을 정리하는 능력, 주변을 관찰하는 능력, 이야기를 짓는 능력, 순간을 포착하는 능력을 길렀다. 이 능력은 긴 시간 동안 이어지면서 강화됐다. 덕분에 나는 작가로 평생 살아갈 미래를 알고 있다.

나머지 활동은 몸을 쓰고 함께하는 걸 좋아하는 특성이 있다. 이 특성은 강연하면서 여러 사람을 만나는 일에 잘 맞는다. 나는 한동안 고립한 채 글을 쓰다 보면 사람들이 만나고 싶어 몸이 근질거린다. 글을 마무리하면 전국을 돌면서 강연을 열고, 하루에 열 시간씩 강연하면서도 잠자기 싫을 만큼 행복해한다. 나를 행복하게 하는 것들로 시간을 보내면 모든 시간이 귀해 하루가 48시간처럼 흐른다. 이제 당신에게 묻고 싶다. 당신을 시간 가는 줄 모를 정도로 행복하게 하는 건 무엇인가?

> **핵심** ## 하루를 48시간으로 사는 법

- **목숨** 시간은 목숨과 같다.
- **죽음** 오늘 죽어도 괜찮은 선택을 한다.
- **행복** 나를 행복하게 하는 것들로 하루를 채운다.
- **약속** 시간을 허투루 보내지 않기. 존재만으로 소중하다. 그냥 믿기.

> **실천** ## 어릴 적 시간 가는 줄 모르고 푹 빠졌던 행동은?

- **3년** 영아기, 유아기, 초등학교, 중학교, 고등학교, 대학교 등 3년 단위로 쓴다.
- **행동** 시간 가는 줄 모르고 푹 빠졌던 행동, 사람, 놀이, 장소 등은?
- **특성** 그 행동의 특성은 무엇인가? 공통된 특성이 있는가?
- **미래** 성인이 된 지금 그 특성을 살린다면 무엇을 할 수 있는가?

이상을 실현하는 루틴의 힘

자신을 가장 꾸짖는 순간은 자기만 아는 게으름을 직면할 때다. 이를 극복하는 방법은 익히 알다시피 '루틴'이다. 세상이 루틴의 중요성을 외칠 때 나는 루틴이 없는 것이 나의 루틴이라고 외쳤다. 루틴에 나를 가두는 건 자유롭지 못하다고 치부했다. 솔직히 말하면 루틴을 간절히 만들고 싶었지만, 뜻대로 되지 않아 기나긴 좌절의 터널을 걸어야 했다. 이윽고 고비를 통과해 나만의 루틴을 만들었다.

■ 루틴, 그 따분함을 넘어서는 '이상향'

당신은 무엇 때문에 루틴이 필요한가? 나는 작가로서 오랫동안 살고 싶다. 글을 쓰는 한 내 삶은 더 나은 방향으로 흘러가리라 믿는다. 한강은 『빛과 실』에서 말했다.

"장편소설을 쓰는 일에는 특별한 매혹이 있었다. 완성까지 아무리 짧아도 1년, 길게는 7년까지 걸리는 장편소설은 내 개인적 삶의 상당한 기간들과 맞바꿈된다. 바로 그 점이 나는 좋았다. 그렇게 맞바꿔도 좋다고 결심할 만큼 중요하고 절실한 질문들 속으로 들어가 머물 수 있다는 것이."

한강의 말처럼 일이란 개인적 삶의 상당 부분을 맞바꾸는 것이다. 나는 글을 쓸 때 그렇게 맞바꿔도 좋다고 결심한다. 글을 쓸 때만 느껴지는 특별한 감정을 사랑한다. 순식간에 세상과 동떨어지면서 동시에 그 어느 때보다 밀착하는 기분이다. 글의 세계로 빨려 들어가 몸은 이곳에, 정신과 마음은 자유롭게 유영한다. 어떨 때는 가슴이 부풀어 날아갈 듯하고, 어떨 때는 가슴이 미어져 애달프다. 유쾌할 때보다 고통스러울 때가 많지만, 그마저도 사랑한다.

나는 글을 쓰기 위해 루틴이 필요했다. 나를 긴밀하게 조정해서 글을 쓰는 삶을 유지하고 싶었다. 나는 아직 전업 작가가 아니고, 일하면서 글을 쓰기 때문에 글 쓰는 시간을 확보해야 했다. 내가 선망하는 작가들은 하나같이 루틴을 지켰다. 한강은 『작별하지 않는다』를 쓰는 동안 몇 가지 루틴을 지키려 노력했는데, 아침 5시 30분에 일어나 가장 맑은 정신으로 전날까지 쓴 소설의 다음을 이어 썼다.

천쉐는 하루에 대략 1,000자에서 2,000자를 서너 시간 쓰고, 쓸 만큼 썼으면 손을 뗀다. 스티븐 킹은 하루에 열 페이지씩, 낱말로는 2,000단어쯤 쓴다. 일어나서부터 글을 쓰기 시작해 오전 11시 30분이나 오후 1시 30분쯤 그날 분량을 끝낸다. 무라카미 하루키는 아침 일찍 일어나 하루에 200자 원고지 20매를 쓴다. 좀 더 쓰고 싶더라도 20매 정도에서 딱 멈추고, 오늘은 잘 안 된다 싶어도 어떻게든 노력해서 20매까지는 쓴다.

▌▌ 나만의 루틴을 만드는 실험에 착수하다

나는 어떤 루틴이 잘 맞을까, 실험에 들어갔다. 작가들의 공통된 루틴은 이른 아침부터 글을 썼고, 하루치 분량이나 시간을 지켰고, 이후에는 운동하거나 독서했다. 과연 나에게도 맞을까?

나는 아침 일찍 일어나는 게 힘겨웠다. 늦은 밤 쌩쌩해지고, 오전에는 정신을 차리기 힘들었다. 그래서 나의 하루는 다르게 돌아갈 줄 알았는데, 실험 결과 나 역시 이른 아침에 가장 글이 잘 쓰였다. 속도가 빨랐고, 내용이 참신했고, 밝았다.

저녁에는 두세 시간은 잡고 있어야 겨우 글 한 편을 썼고, 이마저도 다음 날 보면 마음에 들지 않았다. 반면 이른 아침에는 한 시간 만에, 어떨 때는 40분 만에 뚝딱 썼다. 글 한 편의 분량은 보통 10포인트 글씨로 A4용지 서너 페이지다. 이 글은 새벽 5시부터 써서 한 시간이 안 돼서 다 썼다. 당연히 엄청난 수정을 오랫동안 거듭하지만, 초고가 어렵지 수정은 가뿐하다. 무에서 유를 창조하는 일은 난도가 높다.

해가 뜨기 전에 일어나 글을 쓰는 게 잘 맞았다. 아침 해가 세상을 밝히듯 글이 내 마음을 밝혔다. 숙면했든, 잠을 얼마 못 잤든 상관없었다. 4년 동안 네 권의 책을 쓰면서 얻은 루틴이다. 이런 루틴을 유지하려고 노력하다 보니 어느새 이른 아침에 잘 일어나고, 아침에 정신이 가장 맑다. 특히 초고를 쓸 때는 루틴을 지키려고 노력한다. 초고를 쓰는 기간은 보통 두 달을 잡고, 다른 일은 하지 않고 오직 글만 쓴다. 다음은 내가 초고를 쓸 때 지키는 루틴이다.

초고 집필 루틴

① 아침 5시, 늦어도 6시 전에 일어난다. 알람 없이 일어나면 환희가 느껴진다.

② 핸드폰을 옆에 두고 자지만, 시간만 확인하고 침대에서 벌떡 일어난다.

③ 나의 이상을 떠올린다. '멋진 소설가가 될 거야.'

④ 창문을 활짝 연다.

⑤ 이불을 가지런하게 편다. 나의 글이 정연하게 펼쳐지기를 희망하면서.

⑥ 집 안 곳곳의 창문을 연다. 하늘을 올려다보고 동네를 돌아본다.

⑦ 아직 잠들어 있는 세상을 보며 오늘도 살아났음을 만끽하고, 숨을 들이켠다.

⑧ 집으로 스며드는 새벽 찬 공기에서 서늘함을 느낀다. 정신이 맑아진다.

⑨ 화장실에 가서 거울을 보면서 내게 인사한다. "안녕, 오늘도 화창한 하루야."

⑩ 양치를 정성껏 한다. 이왕이면 가글로 마무리한다. 잠이 달아나도록.

⑪ 물 한 잔을 마신다. 한 잔을 다시 채워서 집필실로 가져간다.

⑫ 책상에 앉아 경건한 마음으로 노트북을 켠다.

⑬ 노트북이 로딩되는 동안 나의 마음도 로딩하기 위해 글쓰기 책을 편다.

⑭ 좋은 책은 언제나 용기를 주는데, 그중에서도 글을 쓰라고, 계속 쓰라고 말하는 책들을 읽는다. 이 책을 쓰면서는 나탈리 골드버그『뼛속까지 내려가서 써라』, 천쉐『오직 쓰기 위하여』를 매일 한 편씩 읽었다.

⑮ 내 글을 쓴다. 멈추지 않고 쓴다. 한 편을 완성할 때까지 계속 쓴다.

⑯ 오전 10시 이전에 글 한 편을 완성하고, 기운이 좋으면 두 편이 끝난다.

⑰ 자리에서 일어나 요가 동작으로 스트레칭한다.

⑱ 물 한 모금을 마시고, 집을 돌아다니면서 창문을 닫는다.

⑲ 두 편을 완성하지 못했다면 자리에 앉아 새로운 글을 한 편 쓴다.

⑳ 오후에는 짜임새 있게 글을 고친다. 마음에 쏙 들 때까지.

▮▮ 나를 기분 좋게 하는 루틴의 힘

루틴은 단순함에 힘이 있다. 반복된 행동으로 습관을 만든다. 처음에는 강제성을 부과해 자동으로 몸이 알아서 움직일 때까지 노력을 기울인다. 나는 초고를 쓸 때는 이제 새벽 4시 55분에 평온하게 눈을 뜨고 글을 쓴다. 나를 위한 루틴이기 때문이다. 루틴은 나에게 용기를 북돋는 행동으로 구성한다. 기분이 좋아야 지속할 수 있다.

초고 집필 루틴 중에는 '조금만 먹기, 달리기, 요가하기, 책 읽기'도 있다. 이 책의 초고는 치앙마이에서 대부분 완성했는데, 새벽부터 이른 오후까지 글을 쓴 뒤 운동하러 나갔다. 치앙마이대학교를 달리고, 요가를 배우러 갔다. 하루에 두세 시간씩 운동했다. 마지막 6장의 초고는 강원도 고성에서 썼는데, 새벽 5시부터 글을 쓰고, 오전 7시 30분에 요가를 한 시간 하고, 영랑호를 한 시간 동안 달렸다. 비가 내려 뛰지 못하면 요가만 했고, 오전 9시 30분부터 내내 글을 쓰고 책을 읽었다.

초고 기간 외에도 이 루틴을 반복하려고 노력한다. 책은 계속 나올 것이고, 무엇보다 글을 쓰는 것이 큰 즐거움이므로. 집필을 쉬는 기간에도 어떤 글이든 쓴다. 일기를 쓰고, 언젠가 쓰고 싶은 글을 쓰고, 책에 싣지 못한 글을 고친다. 루틴을 지키되 경계하는 것도 있다. 이 흐름에 갇히지 않는 것. 이 중 하나를 거르거나 매번 지키지 못해도 괜찮다. 언제 어디서든 쓰면 된다. 중요한 건 본질이다. 쓰는 사람이라는 본질.

> **핵심** ### 이상을 실현하는 루틴의 힘

- **규칙** 하루키 "장기적으로 중요한 일을 이루는 데는 규칙성이 필요하다."
- **이상** 한강 "내 개인적 삶의 상당한 기간들과 맞바꿈된다."
- **루틴** 단순하게, 그리고 기분 좋게 작동하는 힘.
- **하루** 하루하루 루틴을 반복하면 장대한 결과가 나타난다.

> **실천** ### 나만의 루틴 10가지를 작성하기

- **결심** 목숨과도 같은 시간을 맞바꿀 만한 중대한 것은 무엇인가?
- **중대** 당신에게 가장 중요한 일로 하루를 시작한다면 무엇을 하고 싶은가?
- **자신** 오직 자신에게 중요한 질문으로 들어가 답을 건져 올리자.
- **조건** 단순할 것, 그 행동을 지속하면서 내내 기분이 좋을 것, 갇히지 않을 것.

오리지널, 본질에 충실하기

세상은 빠르게 변하고 곳곳에서 혁신이 일어난다. 변화를 따라잡지 못할까 봐, 혼자 뒤처질까 봐 문득 두려울 때가 있다. 이런 시대에 우리는 어떤 능력을 계발해야 할까? 혼란의 시대에 흔들리지 않고, 나만의 길을 똑바로 걸어가는 방법은 무엇일까? 시대가 변해도 변하지 않는 것이 있다. 그것에 주목하자. 인간만이 가지는 고유의 것, '오리지널, 본질'이다.

■ 글을 읽고 쓰는 능력을 기르기

하루는 열 살이 된 조카 리나와 시간을 보내기로 했다. 학교에 빠지면 사유서를 제출해야 하는데, 가족과 시간을 보내면서 무엇을 했는지, 어떤 점을 느꼈는지 써야 했다. 조건은 부모가 도와주지 않고, 직접 아이가 손으로 쓰는 것이었다. 한 지인은 고등학교 선생님인데, 학생들이 독

후감을 숙제로 하지 않고, 교실에서 선생님 감독하에 직접 쓰도록 한다고 했다. 대화형 인공지능 서비스인 '챗지피티(ChatGPT)'를 이용하지 못하게 하는 대책이었다. 스마트폰이 없던 시대에 내가 학교에 다닐 때와 비슷한 모습이다.

글을 읽고 쓰는 능력은 시대가 변해도 여전히 중요하다. 글의 위상은 한 번도 떨어진 적이 없다. 글을 쓰는 도구가 다양해졌을 뿐 그 속성은 변함없다. 우리는 하루에 얼마나 자주 글로 소통하는가. 말보다 글로 대화하는 일이 늘었다. 지인들과 통화보다 카카오톡이나 SNS 메신저로 이야기를 나눈다. 메시지는 간결하게 쓰고, 부호와 이모티콘을 적절하게 활용하는 기술이 요구된다. 메일로 업무를 주고받고, 회사 메신저로 소통하고, 보고서를 작성하고, 발표 자료를 만든다. 글솜씨가 업무 능력을 대변한다.

SNS 게시물에는 짧은 글을 올리고, 광고와 홍보 문구는 눈에 띄게 써야 한다. 영화, 드라마, 영상 콘텐츠는 자막이 없으면 불편하다. 읽고 쓰는 능력은 과거에는 소수 특권층만 누렸지만, 오늘날에는 보편적인 역량이다. 역량이 보편화되면 그 역량을 누가 더 잘 쓰느냐에 따라 실력 차이가 드러난다. 이 차이는 잘 사는 데도 영향을 미친다. 챗지피티도 좋은 질문을 잘하는 사람이 잘 활용하고, 읽고 쓰는 능력이 있으면 답변을 빠르게 읽고 제대로 이해할 수 있다.

▎▎ 종이책을 읽고 손으로 글을 쓰기

전자책이나 오디오북은 접근하기 쉽고 내 책도 전자책으로 출간됐지만, 나는 과감히 종이책을 읽자고 주장하겠다. 그건 뭐랄까. 사랑하는 사람을 직접 만나는 것과 같다. 줌이나 페이스타임으로 얼굴을 볼 수 있지만, 직접 만나고 싶지 않은가. 얼굴을 맞대고, 눈을 맞추고, 손을 잡고, 안고, 만지는 건 함께 있을 때만 가능하다. 종이책도 그렇다. 종이책만이 책장을 넘기고, 밑줄을 긋고, 내 생각을 쓰면서 대화하고, 명문장을 손으로 쓰다듬고, 책을 껴안을 수 있다.

전자책이나 오디오북, 책을 요약한 영상은 듣고 보는 능력이 필요하다. 글을 읽는 능력은 눈으로 읽고, 머릿속으로 이해하고, 이야기를 상상하고, 마음으로 담고, 삶에 흡수하는 것이다. 그렇게 책을 읽으면 읽기 전으로는 영영 돌아갈 수 없다. 진정 의미 있는 독서는 삶을 혁신한다. 책에서 얻은 무언가가 내 삶을 깨부수고 통과하면 그전과 나는 같은 사람이 아니다. 그리고 새로운 말과 글이 탄생한다. 좋은 음식은 몸에 영양분이 되듯 독서의 영양분은 나의 언어에 자양분이 된다.

이 책의 초고는 전부 손으로 썼다. 목차부터 마지막 글까지 깨알 같은 글씨로 노트 한 권을 채웠다. 수많은 글쓰기 도구가 널린 지금 나는 과거로 회귀했다. 1년 동안 성실히 썼다. 바탕화면에 키보드로 글을 쓰면 계속 지웠다. 진도가 나가지 않았다. 내 글이 마음에 들지 않았고, 자신감은 사라졌다. 그래서 손으로 썼고, 멈추지 않는 데 열중했다. 그랬더니 나만의 글이 쓰였고, 전날 쓴 글을 읽으면 흡족했다.

내 손을 믿었다. 이건 내 안에 축적된 지력을 믿는 일이었다. 손으로 글을 쓰면 가슴에서 나온 글을 옮기는 기분이 든다. 나는 어릴 때 꽤 오래 서예를 배웠다. 붓을 들기 전에 먹을 갈고, 종이에 차분하게 붓글씨를 썼다. 그때를 떠올리면서 아침마다 펜을 쥐고 차분히 글을 썼다. 문자를 발명한 시대에서부터 선조들이 해온 것처럼 나도 손으로 글을 썼다. 노트북으로 글을 쓰지 않은 날은 있어도, 펜으로 글을 쓰지 않은 날은 하루도 없다.

▮▮ 감정을 표현하고 감응하는 능력을 일깨우기

'나'의 근원에서 나오는 생각과 마음, 감정을 밝히는 일은 오직 자신만이 할 수 있다. AI를 자주 쓰면 나의 데이터를 학습하겠지만, 그것으로 정녕 나를 알 수 있는가? 내가 느끼는 감정을 말로, 글로, 몸짓으로, 표현할 수 있는 능력이 태어날 때부터 이미 주어졌는데, 왜 그 능력을 도구에 맡기는가? 실시간으로 경험하는 수만 가지의 감정을 느끼고 표현하는 건 인간 고유의 영역이다.

    글을 읽고 쓰는 능력은 감정을 느끼고 표현하는 데 도움을 준다. 나는 책 중에서도 소설을 사랑하는데, 온갖 감정을 세밀하게 표현해 주기 때문이다. 보후밀 흐라발의 『너무 시끄러운 고독』의 주인공은 35년간 폐지 더미 속에서 일한다.

    "나는 맑은 샘물과 고인 물이 가득한 항아리여서 조금만 몸을 기울여도 근사한 생각의 물줄기가 흘러나온다. 어느 것이 내 생각이고, 어느 것이 책에서 읽은 건지도 명확히 구분할 수 없게 되었다."

나는 이 부분에 밑줄을 긋고, "멋지다!"라고 썼다. 나를 변혁한 문장들이 항아리 안에서 출렁거리는 이미지가 떠오른다. 내 마음을 정확하게 표현하는 문장을 만나면 감격한다. 시대를 초월해 비슷한 감정을 느끼는 작가와 감응하는 순간, 격한 기쁨을 느낀다. 수전 손택은 말했다.

"소설은 도끼와 같아서 당신을 깨뜨리고, 새로운 시각을 열어줍니다. 신경 쓰지 않았을지도 모르는 것들에 대해 어떻게 관심을 기울여야 하는지를 가르쳐주고, 새로운 보기를 제시해 줍니다."

인간이 느끼는 감정의 폭은 넓고 촘촘하다. 감정을 들여다볼수록 무궁무진한 감정의 세계를 알 수 있다. 그것은 사람을 이해하고 공감하는 능력이기도 하다. 상대방에게 일어난 사건과 감정에 내가 알지 못하는 세계가 존재한다는 사실을 받아들이고 관심을 기울이는 것이다. 소설 속에는 나와 다른 인물이 무수히 등장하고, 이는 곧 우리의 세계를 반영한다. 소설을 통해 타인과 살아가는 법을, 감정을 표현하고 공감하는 능력을 기를 수 있다.

▮▮ 감각을 발달시키기

감정의 폭을 넓히기 위해 감각을 깨우는 것도 필요하다. 몸을 쓰는 감각을 발달시키자. 달리는 인구가 늘고 있다. 사람들은 밖으로 나와서 강가를, 산을 달린다. 인간은 사냥할 때부터 달렸다. 달리는 즐거움은 우리 몸에 새겨져 있기에 달리다 보면 익숙한 감각이 되살아나고, 한 번 들리기 시작하면 멈추기란 쉽지 않다. 내 친구는 중학생 때부터 달리기를 시작해 20년 넘게 달리고 있다. 내가 달려볼까 하는 마음이 든 것도 이 친구 덕분이었다.

  꾸준히 달리는 이유는 기분 좋은 감각 때문이다. 처음에는 5분만 달려보자 하고 뛰었는데, 어릴 때가 생각나면서 신났다. 그 감각을 현재도 유지하고 있다. 나는 속도를 재지 않고, 뛰고 싶은 만큼만 뛴다. 대회에도 종종 참가하지만, 매일 달리기 위해 대회를 나가는 것뿐, 기록에는 연연하지 않는다. 달리는 자체가 즐겁다. 피곤할 때도 달리러 나가면 5분 안에 기분이 좋아진다. 비가 오는 날에는 맨발로 달리기도 한다.

  몸을 쓰는 감각은 여러 운동으로 키울 수 있다. 요가할 때, 이마가 발가락에 닿은 첫 순간을 기억한다. 그 차가움. 활 자세를 할 때, 손바닥을 귀 옆에 대고 땅을 밀면서 무릎을 펴면 세상이 거꾸로 보였다. 크로스핏 할 때, 철봉에 매달려 두 팔과 등 근육으로 중력을 거슬러 하늘로 올라간 순간을 기억한다. 그 감각이 내 몸 곳곳에 남아 이곳도 쓸 수 있구나 하는 새로운 사실을 깨달았다. 두 발로 땅을 차고, 몸을 뒤집어 세상을 보면 다른 시각으로 세상이 보인다.

  나는 또 어떤 눈으로 세상을 바라볼 수 있을까. 나는 또 어떤 감각으로 몸을 깨울 수 있을까. 내가 아직 느끼지 못하고, 알지 못하는 세계는 얼마나 많을까. 이런 궁금증을 안은 채 인생을 살아가려고 노력한다. 전문 영역을 강화하는 것과 더불어 다양한 경험을 늘려가는 일은 중요하다. 자신의 경험과 자아에 갇히지 않고, 발전할 수 있다. 무엇보다 여러 경험이 쌓여 직감이 발달한다. 본능적으로 이 사람이 나에게 좋은 사람인지, 이 길이 나에게 맞는 길인지 알 수 있다.

> **핵심**
>
> ## 오리지널, 본질에 충실하기
>
> (본질) 시대가 변해도 변하지 않는 본질에 집중하자.
> (인간) 인간만이 할 수 있는 고유한 능력을 계발하자.
> (지력) 글을 쓰고 읽는 능력을 강화하자.
> (교감) 감정을 표현하고, 감응하는 능력을 기르자.

> **실천**
>
> ## 인간의 고유한 능력을 계발하기
>
> (쓰기) 오늘 어떤 감정을 주로 느꼈는지 손으로 글을 쓰자.
> (읽기) 종이책으로 문장을 어루만지면서 마음으로 읽자.
> (소설) 소설을 읽으면 감정의 진폭을 이해하는 데 도움이 된다.
> (감각) 맨몸 운동으로 내 몸의 감각을 발달시키자.

지금 내 앞에 있는 가족을 사랑해

중학교 3학년 아들 때문에 고민하는 수강생이 있었다.

수강생 애가 방을 안 치워요. 사춘기라 그런가. 지 방에 일주일 동안 입었던 옷, 속옷, 양말까지 쫙 깔려 있어요. 이러고 어떻게 사냐고, 제가 정리 좀 하라고 하면 자기가 정리한 거니까 상관 말래요.

나 아버님은 정리를 잘하세요?

수강생 저는 책상이 너무 가지런하면 집중이 안 돼서 좀 어질러져 있는데, 걔만큼은 아니에요.

나 본인의 책상을 먼저 정리하시는 게 어떨까요? 아내는 아들한테 뭐라고 하나요?

수강생 지난번에는 한바탕했는데, 근래에는 엄마가 방 정리를 한다니까 또 가만히 있더라고요.

말 안 듣는 사춘기 자녀가 있다면 당신은 뭐라고 할 것인가?

■■ 자신이 할 수 있는 것에 집중하기

자녀를 바꾸기란 쉽지 않다. 이 세상에서 유일하게 바꿀 수 있는 건 '나 자신'뿐이다. 스스로 마음먹은 일을 해내기도 쉽지 않다. 오늘도 자신을 채근하지 않았는가? 하물며 타인을 바꾸는 게 가당한 일일까? 가족도 타인이다. 타인은 설득하지 않는 한 도움 되는 이야기를 하더라도 모른다. 그게 필요한 것인지도 확신할 수 없다. 같은 인생은 없으므로. 중요한 건 자신에게 집중하는 것이다. 나는 수강생에게 물었다.

"부부 사이는 좋은가요?"

배우 정은표의 첫째 아들은 사춘기 때 문을 쾅 닫고 들어가고, 말도 퉁명스럽게 했다고 한다. 정은표는 "너는 그래라"라고 하고, 아내와 평소처럼 사이좋게 지냈다. 사춘기라고 심각하게 생각하지 않았다. 어느새 아들은 방문을 닫지 않았고, 부모님이 무슨 이야기를 재미있게 하나 싶어서 다시 거실로 나왔다. 그 집은 가족 구성원이 네 명인데, 누가 집에 들어오든 현관에서 맞이하려고 앞다툰다. 가장 먼저 안아주기 위해서다. 아들은 서울대에 갔다.

이 일화를 듣고 수강생은 반성했다. 자녀 문제로 아내와 자주 다퉜다고 고백했다. 앞으로 아내와 잘 지내겠다고 말했다. 과연 부모가 자식 때문에 언쟁을 벌일까? 그저 자신이 만든 불안한 상상에 휘둘리는 게 아닐까? 사랑하는 사람과 사랑하는 일, 그것부터 잘 해내자. 타인을 바꾸려 하지 말고, 자신이 할 수 있는 일에 집중하자. 자녀를 바꾸고 싶든, 배우자를 바꾸고 싶든, 부모를 바꾸고 싶든 우리가 할 수 있는 건 단 하나다. 열렬히 사랑하는 것.

다른 수강생은 딸이 초등학생일 때 물건을 훔쳐서 경찰서에 간 일이 있었다.

"딸이 생리를 시작하면서 호르몬 변화가 심했나 봐요. 제가 더 신경 쓰지 못한 게 정말 미안했어요."

나는 그 딸이 부러웠다. 사랑으로 감싸주는 아버지가 있으니, 앞으로 어떤 문제에 봉착해도 잘 이겨나가리라는 생각이 들었다. 같은 상황에서도 올바로 커야 한다며 혼쭐을 내는 부모가 있다. 그건 사회적 잣대를 들이대는 일이다. 우리는 사랑을 해주자. 사랑하는 일이 우선이다.

■■ 색안경을 벗고 온전히 바라보기

사촌 조카 성준이가 초등학교 6학년이었을 때다. 어른들은 내가 성준이에게 말을 걸자 사춘기니까 이해하라고 했다. 사춘기 때는 툴툴거리고, 말이 짧아도 그냥 둬야 한다는 뜻이었다. 나는 사춘기든, MZ세대든 세대를 구분하는 표현을 쓰지 않는다. 이러한 표현은 이미 머릿속에 어떤 판단을 만들어 색안경을 낀 채 사람을 보게 한다. 그러면 한 사람을 온전히 바라볼 수 없다. 나는 사춘기에 접어든 성준이가 아니라 '오늘의 성준이'와 이야기를 나눴다.

나	성준이는 요즘 뭐가 제일 재미있어?
성준	(한 손을 바지 주머니에 넣고 짝다리를 짚은 채) 배드민턴이요.
나	(자세에 개의치 않고) 배드민턴 쳐? 친구들이랑 하는 거야?
성준	(툴툴거리면서) 네, 복식으로 쳐요.
나	와, 복식 경기를 하는 거야? 멋지다. (언제나 행동에는 분명한 계기가 있다.) 나는 네 나이 때 뛰어다니기만 했는데, 어떻게 배드민턴을 치게 됐어?
성준	(그때를 떠올리면서 즐거웠는지 말투가 한결 밝아져서) 학교에서 배드민턴 칠 기회가 있었는데, 하다 보니까 재미있었어요.
나	(아이들은 보기를 구체적으로 제시할수록 편하게 대화한다.) 배드민턴을 치면 어떤 게 재미있어? 공을 맞히는 게 재미있어? 경기에 이길 때가 좋아? 친구들이랑 같이하는 게 재미있어?
성준	음, (그중에서 뭐가 재미있는지 고르면서) 저는 친구들이랑 같이하는 게 재미있어요. 지고 이기는 거와 상관없이 아침 6시에 학교에서 훈련하는데, 재미있어요. 도 대회도 곧 나가요.

우리의 대화는 계속 이어졌다. 어른들은 성준이가 말을 많이 하는 걸 오랜만에 봤는지 신기해했다. 부모님이 사진을 찍을 때는 고개를 들지 않던 성준이는 내가 카메라를 들자 잘생긴 얼굴을 보여주면서 내 옆에서 사진을 찍었다. 성준이는 내가 잠깐 회사에 다녀오겠다고 하자 언제 오냐면서 아쉬워했다. 사춘기라는 색깔을 지우고, 아이 자체를 바라보면서 이야기를 나눴기 때문에 대화는 즐겁게 이어졌다.

가족들과 이야기할 때 색안경을 내려놓자. 회피형 남편이라는 색안경, 방에 틀어박혀서 잘 나오지 않는 딸이라는 색안경, 게임만 좋아해서 앞날이 걱정되는 아들이라는 색안경, 말 안 듣는 초딩이라는 색안경, 낯을 가려서 친구들과 지내는 게 염려된다는 색안경, 자기밖에 모르는 이기적인 인간이라는 색안경, 말을 심하게 하는 부모라는 색안경을 내려놓자. 그저 내 앞에 있는 그 모습 그대로 바라보자. 사랑으로 바라보면 본연의 사랑스러운 모습을 드러낸다.

■ 지금 내 앞에 있는 가족을 사랑하기

수강생들은 말을 배우려는 이유를 이야기하다가 눈물을 터뜨릴 때가 있다. 말문이 막힌 이유, 감정 표현에 서툰 이유, 싫어하는 것을 말하지 못하는 이유, 사람들의 눈치를 보는 이유, 오해받기 싫은 이유, 자신감이 없는 이유 등 여러 이유가 가족과 연관돼 있다. 자기 이야기를 하다가 서러움에 북받쳐서, 상처가 생각나서 눈물을 흘린다. 나도 한때는 부모님에게 받은 상처를 극복하지 못해 원망하고 미워한 적이 있었다.

드라마 〈디어 마이 프렌즈〉에서 배우 고현정과 고두심은 모녀다. 고현정이 고두심에게 소리치면서 사과하라고, "엄마 때문에 내가 이렇게 됐다"고 고함을 지르면서 물건을 부수는 장면이 있다. 나도 어머니에게 여러 차례 그랬다. 제주도에서 어머니와 드라이브하다가 갓길에 차를 세우고 운전대를 붙잡고 울분을 토했다. 지난날의 상처가 어머니를 할퀴었고, 나는 사과를 요구했다. 어머니는 처음에는 부인했고, 악에 받친 딸에게 용서를 구했고, 딸이 용서를 받아주지 않으니 억울해서 울었다.

그래도 설움이 사라지지 않았다. 지난 세월은 돌이킬 수 없다. 부도의 언행은 과거에 상처를 새겼고, 현재에도 이어진다. 습관이기 때문이다. 나는 미운 부모님을 떠난 적도 있었다. 그런데 아버지가 쓰러졌다. 그날, 나는 아버지가 입원한 병원에 가면서 운전대를 잡고 통곡하며 기도했다.

"우리 아빠 꼭 낫게 해주세요. 제가 잘못했어요. 그러면 제가 하나님 시키는 거 다 할게요."

병색이 짙은 아버지를 보면서 나는 깨달았다. 나의 사랑은 멈춘 적이 없었다. 과거는 지났다. 지금 내 곁에 아직 부모님이 계신다. 그 상처들이 있었기에 지금의 내가 있다. 지난날의 고통과 슬픔마저 사랑하며 나는 더 단단해졌다. 종내에는 상처를 준 부모님도 껴안았다. 나는 부모님과의 관계를 회복하면서 한 단계 높은 차원으로 진화했음을 느낀다. 단순하게 생각하기로 했다. 오늘 내 하루를 사랑하는 것처럼, 오늘 나의 부모님을 사랑하자. 지금 내 앞에 있는 부모님을, 그 자체로 사랑하자. 마음이 과거로 돌아갈 때 현재로 잡아당긴다.

▮▮ 내가 원하는 사랑을 달라고 표현하기

이 내용을 마지막 편에 싣는 이유가 있다. 설득에 뛰어나서 사업에 성공하고 부를 축적해도, 사랑이 없으면 한구석이 비어 있는 기분이다. 어느새 활력을 잃고 설득할 힘도 잃는다. 살아가는 즐거움을 상실했기 때문이다. 나는 당신이 사랑하는 사람들과 행복하기를 진심으로 바란다. 사랑이 대의를 이룬다. 나의 사랑으로, 아버지는 70대에 바뀌었다. 집 전화가 있던 시절, 무뚝뚝한 경상도 남자인 아버지는 일터에서 가족의 안부를 묻기 위해 집으로 자주 전화를 거셨다.

아버지　　밥 뭇나?
나　　　　네. 방금 먹었어요.
아버지　　오빠는?
나　　　　오빠도 같이 먹었어요. 아버지는요?
아버지　　(통화 종료음) 뚜뚜뚜뚜.

나는 아버지가 밥을 드셨는지, 어떤 음식을 드셨는지 들은 적이 없다. 통화는 3초 만에 끝났다. 아버지는 내가 일하러 간다고 하면 "일찍 자라", "내일 비 예보가 있다. 창문 닫고 가라"라고 말했다. 연락을 주고받지만, 마음 한쪽에는 서운함이 자랐다. 나는 아버지가 늘 궁금한데, 아버지는 왜 나한테 궁금한 게 없을까. 왜 맨날 똑같은 말만 하고, 나에 대해 묻지 않을까. 나는 가족이 나의 마음, 감정, 기분에 관심을 가지기를 바랐다. 이 얘기를 직접 했고, 책과 영상에서도 몇 년째 반복했다.

그러자 아버지가 진짜로 바뀌었다. 『대화의 정석』이 큰글자도서, 진중문고, 세종도서로 선정됐다. 이 소식을 유튜브에 올렸고, 아버지에게서 메시지가 왔다.

"축하! 여러 군데서 관심을 가져 수많은 도서 중에 선정됐으니 얼마나 가슴 벅찬 영광이 아니겠나. 아마 다른 작가들도 이런 맛에 펜을 놓지 않고, 집필에 몰두하겠지. 이번 일이 너의 영광이자 우리 가족 전체의 기쁨이지. 고생고생한 보람이 이제야 때가 되었나 보다. 재차 축하하고 고생했어. 오늘 강의에 가는 발걸음이 더 한 층 가벼우리라 생각하네. 잘 다녀와."

나는 이 메시지를 캡처했고, 사랑의 힘을 고스란히 느꼈다. 다음 날, 아버지에게 내가 지방에 강의하러 간다고 하자 아버지는 "일찍 자라"라고 말했다. 인간의 근본은 변하지 않는다. 그래도 노력으로 새로운 면을 기를 수 있다. 듣고 싶은 말이 있는가? 솔직하게 말하자. 필요하면 나처럼 울분을 토해내자. 가족에게 못 할 말은 없다. 부모는 언제까지나 부모다. 아이처럼 서러움을 쏟아내자. 시간이 훌쩍 지났어도 괜찮다. 그때 얼마나 힘들었는지 말하자. 왜 내 옆에 없었냐고, 왜 나를 안아주지 않았냐고 사과하라고 하자. 너무 외롭고 무서웠다고 안아달라고 말하자.

미안한 게 있다면 진심으로 사과하자. 나를 살피느라 너를 돌봐줄 여유가 없었다고, 나는 늘 네 편이어야 했는데 그러지 못해서 미안하다고 사과하자. 너의 상처를 보살펴주지 못해서 미안하다고, 내가 너를 돌봤어야 했는데 혼자 둬서 미안하다고 말하자. 앞으로 나는 무조건 네 편이라고, 무슨 일이 있어도 나한테 달려와서 기대라고 말하자. 몇 번이든 부딪히고 깨져도 괜찮다. 서러움이 풀릴 때까지 반복하자. 사랑은 다시 우리를 단단하게 엮어준다.

> **핵심** **지금 내 앞에 있는 가족을 사랑해**
>
> (변화) 내가 바꿀 수 있는 건 오직 나 자신뿐이다.
> (집중) 자신의 삶에 집중하자.
> (온전) 색안경을 벗고 온전히 바라보자.
> (오늘) 오늘 내 앞에 있는 가족을 사랑하자.

> **실천** **내가 받고 싶은 사랑을 표현하기**
>
> (요구) 내가 듣고 싶은 말을 해달라고 요구하기.
> (격정) 울분이 있다면 쏟아내고 부딪치자.
> (사랑) 사랑한다는 말을 아낌없이 자주 하자.
> (하루) 오늘의 나를, 오늘의 가족을 사랑하자.

―― 에필로그 ――

나의 가치를 높이는 설득

'몸값'은 중요하다. 자본주의 국가에서는 내가 받는 금액이 능력을 대변한다. 얼마를 버는 것보다 중요한 건 어떻게 버느냐, 어떻게 쓰느냐겠지만, 돈 이야기 자체를 어려워하는 사람이 많다. 이들을 위해 자신의 가치를 높이는 설득의 기술로 이 책을 마치겠다. 나는 방송하는 직장인으로 10년간 지내면서 매년 나의 가치를 어필하며 연봉 협상을 했다. 사업을 하면서는 거의 매일 수많은 기업과 비용을 협상한다. 나의 목표는 하나다. 가치를 드높인다. 품격 있게 돈 이야기를 하자.

■┃ 연봉 협상은 항시 높은 금액을 부르기

구글에서는 경력직 입사자 두 명에게 원하는 연봉을 물었다. 그들은 경력이 비슷했지만, 연봉은 크게 차이 났다. 한 사람은 구글에 입사한 자체가 기뻐서 "회사에서 주는 대로 받겠다"라고 했다. 다른 한 사람은 자신이 "구글을 키울 수 있는 인재"라고 말하면서 높은 연봉을 제시했다. 자신의 능력을 어필한 사람에게만 높은 연봉을 준 것이다. 이 결정을 내렸던 총괄은 나에게 말했다.

"왜 본인의 연봉을 협상하지 않을까요?"

연봉은 나의 가치를 숫자로 환산하는 것이다. 나의 시간을 들여서 일한 대가를 받는 것이다. 함께 만든 수익을 나눠 갖는 것이다. 자신의 시간에 대한 가치를 스스로 높게 평가하자. 그리고 고심하자. 자신의 능력을 최대치로 발휘하는 일은 무엇이고, 그 일이 어떻게 회사에 기여하는지 찾자. 수익을 내는 방법과 시스템의 안정, 신사업 아이디어, 고객 관리, 자동화, 회사 미래 먹거리, 조직 운영 등 자신이 잘하는 일은 무엇이고, 앞으로 잘하고 싶은 일은 무엇인지 탐색하자.

나는 연봉 협상을 앞두고 직원에게 말한다.

"이날 연봉 협상 미팅해요. 몇 퍼센트 상승하기를 원하는지, 그 이유를 설득해주세요."

직원은 연봉 인상률을 제시하고, 그 이유를 구체적으로 언급하면서 나를 설득한다. 나는 미래 아이디어를 들으면서 그 생각을 더욱 파고드는 대화를 나눈다. 며칠 뒤 제안을 수락한다.

현재 연봉보다 적어도 10% 이상 높게 부르자. 어차피 협상 아닌가. 조율하는 것이다. '너무 과한가?' 하고 생각한다면 실력을 올리자. 성인은 하루에 많은 시간을 일하고, 건강이 허락하는 한 아마 죽을 때까지 일할 것이다. 경제적인 자유를 이룩하더라도 성취감과 쓸모 있음에 대한 욕구가 일하게 만든다. 그렇다면 미리 즐겁게 할 수 있는 일을 찾는 것도 방법이다.

"알아서 책정해 주시기 바랍니다"라는 말은 삼가자. 이런 말은 자신을 과소평가하거나 돈 걱정을 해본 적이 없을 때 나온다. 과거에 나도 그랬다. 부모님과 한집에 살았고, 직장에서 꼬박꼬박 월급이 들어오는 것에 감사했다. 그런데 독립하고부터 달라졌다. 물 한 모금 마시는 것도 돈이 들고, 음식물 쓰레기를 버리는 것도 돈이 든다. 돈의 소중함을 깨닫자 실력을 키웠고, 연봉을 적극적으로 협상했다. 자기 손으로 모든 것을 해내자. 스스로 풍요로워지면 주는 즐거움을 만끽한다.

■■ 제안할 때는 최대 예산을 밝히고 설득하기

일을 제안하는 쪽이라면 처음부터 비용을 밝힌다. 나는 강연이나 방송 출연 제안을 이메일로 받는다. 그런데 비용을 말하지 않는 경우가 다수다. 마치 옷을 사러 매장에 갔는데, 가격 태그가 붙어 있지 않은 것과 같다. 이러는 이유는 돈 이야기를 먼저 하는 게 예의가 아니라고 생각해서다. 어떤 사람은 연락처를 알려달라면서 통화로 예산을 의논하자고 했다. 일을 함께할지 안 할지도 모르는 상황에서 모르는 사람한테 연락처를 알려주는 건 껄끄럽다. 이건 자신이 추구하는 협상의 방식이지만, 많은 사람에게 통하지 않는 방식이다.

함께 손을 잡는 건 일을 하고, 돈을 벌기 위해서다. 비용은 명확하게 밝히자. 누군가의 시간을 쓰는 것은 반드시 그 대가를 지급해야 한다. 처음 제안할 때부터 당신과 함께 일하고 싶은 이유와 목적, 일정과 참여자 정보, 원하는 결과와 비용, 장소 등을 상세히 말하자. 대신 장황하게 이메일을 쓰면 읽기 힘들고, 일을 못 하는 사람 같아 보여서 답장도 안 할 수 있다. 잘 쓴 이메일은 열자마자 함께 일하고 싶은 마음이 든다.

처음부터 비용을 밝히는 게 섭외 가능성을 높인다. 왜냐하면 진심을 담아서 설득한 글은 마음을 끌어당기기 때문이다. 만일 비용이 낮다면 '최대 예산'을 마련하기 위해 노력한 점까지 밝히자. 단, 진실일 경우에만 하자. 정직한 소통이 깊은 관계를 만든다.

■ 비용을 협상할 때 최대 금액을 말하기

나는 비용을 언급하지 않은 기업에 묻는다.

"강연료 예산은 어느 정도인가요?"

이어서 평균적으로 강연에서 받는 비용을 제시한 뒤 덧붙인다.

"충분히 협의 가능하니까 예산 안에서 제안해 주시기 바랍니다."

연봉 협상처럼 나는 항시 높은 금액을 말한다. 나의 가치를 끝없이 올린다. 높은 비용을 지급할수록 기대감이 클 것이다. 나는 그 기대감을 충족시키기 위해 막강한 노력을 한다. 계속해서 발전하고 싶고, 나를 발전시키는 일을 선택하기 위해 전력을 다한다.

나를 강하게 원하는 곳은 최대 예산을 솔직하게 언급하면서 왜 나의 강의가 꼭 필요한지 다시 한번 진지하게 설득한다. 그런 곳에 나는 기꺼이 시간을 쓴다. 그런 곳에 가야 모두가 시간을 귀하게 보낸다. 그래야 결과도 좋다. 나는 비용에 따라 움직이지 않는다. 그랬다면 전국 곳곳에 있는 군대에 수년째 가지 않았을 것이다. 나는 마음이 가는 곳에 간다. 그곳에는 진심으로 설득하는 사람이 있다.

비용을 먼저 밝힌 기업에도 묻는다.

"예산을 증액할 방법이 있나요?"

내가 원하는 비용을 제시한 뒤 설득한다. 특히 거리가 먼 곳일 경우에 이렇게 말한다.

"가고 싶은 마음이 강렬하지만, 이동 소요 시간을 고려하면 하루를 전부 들여야 해서 비용을 고려하지 않을 수 없습니다. 사업과 집필을 병행하기에 강연을 선택하는 기준에 비용이 높은 순위를 차지합니다. 예산을 올릴 수 있는 방안이 있는지 다시 한번 검토해 주시기 바랍니다."

예산을 높이기 위해 설득하기도 한다.

"제가 강연을 한다면 300명을 전원 모집할 수 있습니다. 이번 기회로 신규 고객을 확보하고, 앞으로 매출에도 좋은 영향을 줄 것입니다. 강연의 만족도는 역대 최고로 높을 거라고 자신합니다. 예산을 올릴 방안을 찾아봐 주시겠어요?"

자신의 가치를 제대로 인식하자. 이것 역시 나 자신을 설득하는 일이기도 하다. 기억하자. 당신은 설득자다.

KI신서 13918
설득자

1판 1쇄 발행 2025년 11월 26일
1판 2쇄 발행 2025년 11월 28일

지은이 정홍수(홍버튼)
펴낸이 김영곤
펴낸곳 (주)북이십일 21세기북스

인생명강팀장 윤서진 **인생명강팀** 박강민 유현기 황보주향 심세미 이현지
마케팅 이수진 유진선
디자인 박은정
영업팀 정지은 한충희 장철용 강경남 황성진 김도연 이민재 나은경 이정은
제작팀 이영민 권경민

출판등록 2000년 5월 6일 제1406-2003-061호
주소 (10881) 경기도 파주시 회동길 201 (문발동)
대표전화 031-955-2100 **팩스** 031-955-2151 **이메일** book21@book21.co.kr

(주)북이십일 경계를 허무는 콘텐츠 리더

21세기북스 채널에서 도서 정보와 다양한 영상자료, 이벤트를 만나세요!
페이스북 facebook.com/jiinpill21   포스트 post.naver.com/21c_editors
인스타그램 instagram.com/jiinpill21   홈페이지 www.book21.com
유튜브 youtube.com/book21pub

서울대 가지 않아도 들을 수 있는 **명강**의! 〈서가명강〉
'서가명강'에서는 〈서가명강〉과 〈인생명강〉을 함께 만날 수 있습니다.
유튜브, 네이버, 팟캐스트에서 '서가명강'을 검색해보세요!

ⓒ 정홍수, 2025

ISBN 979-11-7357-618-8 03190

- 이 책 내용의 일부 또는 전부를 재사용하려면 반드시 (주)북이십일의 동의를 얻어야 합니다.
- 잘못 만들어진 책은 구입하신 서점에서 교환해드립니다.
- 책값은 뒤표지에 있습니다.

삶의 나침반이 되어주는 이야기가 필요할 때 **21세기북스**

김덕진, 김아람 저
「적게 일하고 많이 버는 AI 워커스」

윤홍균 저
「마음 지구력」

유혜주, 조정연 저
「우리는 사랑 안에 살고 있다」

남디디 저
「내일도 흔들릴 나에게」

김규남 저
「기어코 반짝일 너에게」